以色列国防强大的奥秘

前首席技术将军的自述

（以）乌兹·埃拉姆／著
赵习群／译

中国书籍出版社
China Book Press

图书在版编目（CIP）数据

以色列国防强大的奥秘：前首席技术将军的自述 /
（以）乌兹·埃拉姆著；赵习群译. —北京：中国书籍
出版社，2018.7
书名原文：Eilam's Arc
ISBN 978-7-5068-6944-7

Ⅰ.①以… Ⅱ.①乌… ②赵… Ⅲ.①国防建设—研
究—以色列②军事实力—研究—以色列 Ⅳ.①E382

中国版本图书馆CIP数据核字（2018）第164079号

著作版权登记号/图字：01-2018-4695

以色列国防强大的奥秘：前首席技术将军的自述

（以）乌兹·埃拉姆　著　赵习群　译

责任编辑	王星舒
责任印制	孙马飞　马　芝
版式设计	中尚图
出版发行	中国书籍出版社
地　　址	北京市丰台区三路居路97号（邮编：100073）
电　　话	（010）52257143（总编室）（010）52257140（发行部）
电子邮箱	eo@chinabp.com.cn
经　　销	全国新华书店
印　　刷	河北省三河市顺兴印务有限公司
开　　本	710毫米×1000毫米　1/16
字　　数	230千字
印　　张	20.25
版　　次	2018年7月第1版　2018年7月第1次印刷
书　　号	ISBN 978-7-5068-6944-7
定　　价	56.00元

版权所有　翻印必究

以色列国防强大的奥秘：前首席技术将军的自述

CONTENTS

目录

第一章
童年

第二章 011 为什么我没能进入101特攻队
从青年军到理工学院 012 我要上学！
013 以色列理工学院
013 体检通过！

第三章 014 第一次见到沙龙
空降兵岁月 014 连长"苏爬坡"
017 黑箭行动
024 二连跳——从班长到连长
025 哈尔-锡安回到侦察连
026 负伤与康复
027 沙龙盯上了我的小号
029 胡桑行动
030 肖姆龙行动
031 卡代什行动

第四章	037	"伤残老兵"
不在军队里的那段时间	039	创建总参侦察营
	040	结婚后，我离开了自己的农庄
	042	卡汉教授
	045	达韦帝要我指挥第71营
	046	开始接触武器研发
	046	在太阳神庙镇当生产经理

第五章	049	建立新的预备营
第71营和"六日战争"	052	战前准备与训练
	054	我所经历的圣城之战
	059	走上戈兰高地
	060	圣殿山上的历史时刻

第六章	062	第一步：武器研发部二处
进入武器研发领域	063	德国来的武器研发狂人
	065	边境防卫策略
	065	将军之间的对决
	066	国防军的新式突击步枪
	068	紧急情况救援队
	069	关于防御工事的争论与思考
	070	苏伊士河边的消耗战
	070	狙击手之间的较量
	071	达扬来前线视察

第七章
在约旦河谷的日子

- 073　第一次执行主动预备役任务
- 074　第二次执行主动预备役任务
- 076　"追捕之地"
- 078　在约旦河谷当副旅长
- 081　"一个半摩西"参加的最后一次搜捕行动
- 083　约旦河谷之王
- 085　"黑色九月"

第八章
从武器开发部到研发所

- 087　巴列夫让我回到武器开发部
- 089　"必有灾祸从北而来"
- 089　坦克的火力控制系统
- 090　国防军与国防部，关于发展方向的争执
- 091　摩西·达扬的最终裁决
- 093　建立研发所，既需要勇气，也需要创意
- 093　中庸之道——在总参谋部与国防部之间周旋
- 095　在军事科技领域的合作
- 098　雅各布决定卸任
- 100　接待重量级来宾——对我的又一次考验
- 103　年终自测——总结一下自己作为副所长的成败得失

第九章
研发所与赎罪日战争

- 106　终于当上了研发所所长
- 107　战争开始了
- 113　艰难时刻
- 119　战争的转折点——跨过苏伊士运河

第十章 战争经验总结与"寻宝"行动

- 133 雷哈瓦姆·泽维就任行动处处长
- 140 视察北方
- 141 寻宝之旅
- 146 美国人下山摘桃子
- 149 转型时期
- 150 华盛顿会谈及北欧之行
- 156 基甸·马哈内米批判摩西·达扬
- 157 研发所的巩固与稳定
- 162 拉宾总理
- 163 新任国防部长佩雷斯
- 166 财政预算大战
- 167 国防科研新政策
- 174 我在研发所的最后岁月

第十一章 以色列核能委员会

- 178 总理接见
- 181 上任前的短暂休假
- 185 沙赫维·福莱尔
- 186 核电站
- 195 轰炸奥斯拉克核反应堆——收集信息，进行评估，做出决定
- 206 贝京执政时期的 IAEC
- 209 能源产出系统——现实与幻想
- 211 在 IAEC 的最后时光

第十二章
玛法特（MAFAT）

213 刚来到玛法特的那些日子
217 国防研发的总体策略
220 国防部长的国防研发咨询委员会
228 奥菲克人造卫星
244 "利箭"项目的故事——争议与决心
255 爱德华·泰勒教授，"奇迹"激光，以及鹦鹉螺工程
259 投标者，抗争，艰难的决定
261 国际交流与研发协议
284 特比昂计划

第十三章
与法国战略研究基金会的合作

287 在玛法特的最后一段时间
289 离开玛法特
290 圣热尔曼将军和法国战略研究基金会

第十四章
国防部驻巴黎代表处

第十五章
以色列国防安全奖

后记
小国如何发展高科技

附录
本书各章节中出现缩写索引

第一章

童年

关于童年的回忆无穷无尽，这次让我从外祖父说起吧。我的外祖父名叫什洛莫·科沃曼（Shlomo Kovelman），我两岁那年，他来到了约瑟夫山集体农庄（Kibbutz Tel Yosef）。我就是在这里出生并一点一点长大的。外祖父把我抱起来，放在他的大腿上，他那长长的白胡子正好能够从我的脸上轻拂而过，让我感觉痒痒的，很是舒服。外祖父的双眼炯炯有神，他的双手柔软而修长，是典型的文人之手，这在他抱我的时候我就注意到了。他会说俄语和意第绪语，直到现在，我还能记起他说话时那如同帕瓦罗蒂歌唱时的浑厚嗓音。

在移民到巴勒斯坦之前，外祖父一直住在乌克兰的斯克维拉（Skvira）镇，这个小镇就在乌克兰首都基辅南面。他是一位拉比，工作尽职尽责，整日待在自己的工作地点，一点儿也不感到厌烦。我的外祖母名叫米利亚姆（Miriam），她个子不高，但身体特别结实，做事雷厉风行。所有的家务都由她一个人来操持。不仅如此，外祖母还要负责掌管从祖辈流传下来的米面生意。

一战后，乌克兰也兴起了针对犹太人的大屠杀。有一天晚上，外祖父从工作地点回来时，遍体鳞伤，血流不止。他的衣服被撕成了一条一条的，胡子也被剃掉了半边。外祖母很快明白了是怎么回事，决定马上离开这里。

于是，就在当晚，他们离开了乌克兰。我的母亲名叫希夫娜（Shifra），我还有一个姨妈，名叫莎娃（Chava），她们不断迁移，最后来到了巴勒斯坦。当时正赶上一次犹太人移居巴勒斯坦地区的高潮，历史上称之为"第三次阿利亚"（Third Aliyah）。

我爷爷名叫约书亚·特拉亨伯格（Yehoshua Trachtenberg）。很遗憾，我根本就没有见过他。你很难想象，他平生只有一张照片，而且那还是在他被人虐杀后的遗体照片，你能从照片中清楚的看到他当时被打成了什么样子。那张照片现在就在我们家的相册里。

后来，我父亲零零星星地跟我谈到过关于爷爷去世前后的历史碎片，我逐渐搞明白，爷爷就是在乌克兰的一次反犹屠杀中被害的，那是在卡林诺卡（Kalinovka）小镇。我爷爷是一名铁匠，这在当时很少见，因为犹太人中很少有从事手工业的。子承父业，我父亲也当了铁匠，在我小时候，我经常与他一起待在以色列集体农庄的铁匠铺里，现在想起来，那些时光真是难忘。我喜欢闻煤炭燃烧的气味，也喜欢观察生铁是怎样在我父亲手中变成了各种各样的农具和生活用品。我最喜欢看的是他打马掌，那是一件细致活儿，不但要打马掌，还要把一个个同样是手工制作的马蹄钉整齐地安在里面。由于工作的关系，我父亲的手粗糙而且黝黑，但却十分强壮。在我眼中，父亲是世界上第一猛男。

我父亲名叫巴鲁克（Baruch），他生于1900年，16岁时加入了乌克兰当地的红军。不久，他开始参与犹太复国运动，当然，在当时，这一切都只能在地下进行。尽管万分小心，但他最终还是被捕了。当地政府对他进行了草草的审判，然后就被发配到了西伯利亚（Siberia）。1924年，他得知自己将被遣送到巴勒斯坦。一到巴勒斯坦，他就加入了劳动营（Gdud Ha`avoda），这一组织的成员主要从事采矿和铺路的工作。

写到这里，我必须申明：我从祖辈身上继承的遗产并不仅仅是智慧与力量，还有着对于反犹屠杀的深刻记忆，这些从我很小的时候就已经在我心中深深地扎下了根。直到现在，我还能清楚地记得我祖父那惨不忍睹的尸体，这种记忆就像是用烙铁在我的脑海中打下的烙印，痛苦，深刻，无法抹杀。对于很多人来说，他们也希望这样的事情"永远都不要再发生"，但是，由于这样的词汇已经被极度滥用，因此失去了其应有的力度。可是，不管什么时候，只要脑中一出现祖父的尸体照片，这样的字句就会从我的天空飘过。就算闭上眼睛，他们也会血淋淋地出现在眼帘上。

我们在以色列集体农庄的房子非常接近环绕着整个农庄的栅栏。栅栏的另一边就是阿拉伯农民的土地。有一天下午，我从学校回到家，奇怪地发现父亲正在和一位邻居一起往很大的铁桶里面装搅拌好的水泥，然后放到栅栏的一侧。原来，不久前，阿拉伯人透过栅栏袭击了我们家，在我们家客厅的外墙上，可以清楚地看到一个个的弹孔，那是他们突袭我们的证据。这就是巴勒斯坦地区暴力冲突的开端，当时是1936年，历史学家称之为"阿拉伯暴动"（Arab Revolt），一共持续了大约四年时间。正是在这一时期，英国特工温盖特（Wingate）在1938年建立了夜间特别行动队（the Special Night Squads），开始正式与阿拉伯人进行对抗。

作为农庄里的孩子，我们对这一组织十分好奇。我们知道他们的总部就设在我们农庄和艾因·哈罗德（Ein Harod）之间的剧院地下室里，因此经常悄悄地向那里靠近。他们经常越过栅栏向阿拉伯人发动夜袭。我们这批孩子都把他们看成英雄，十分钦佩他们的勇气。

到了1941年底，在农庄北面出现了很多帐篷。很快，为数众多的年轻男女住进了里面，这就是帕尔马赫（Palmach）先锋团，他们是哈加纳（the Haganah）中的精英，是建国后以色列国防军的雏形。先锋团的成员一面工作，一面训练。孩子的好奇心驱使着我们尽量靠近他们，偷看他们如何训练，特别是如何空手格斗，如何投掷手榴弹。他们使用的手榴弹被称作"摩擦

埃拉姆在农庄乐队

弹",因为只有在一个火柴盒上摩擦后才能将它们点燃。我们屏住呼吸,眼睛一眨不眨地看着他们投弹,心里在想会不会有臭弹出现。你看,我那么小就开始对武器有了浓厚的兴趣,看来我将来注定要干这一行。

有那么一天,在极其保密的情况下,有一位先锋团的指挥官在耶思列山谷(Jezreel Valley)会见了我。他要求我带上自己的小号,随着一队先锋团的成员一起去参加一项秘密任务。顺便说一句,我在八岁时得到了自己的第一把小号,而且一直坚持练习,直到现在,我依然保存着这把弥足珍贵的乐器。我训练非常刻苦,水平也算说得过去。

在那一时期,我们的农庄里有一支非常出色的管乐队,这主要归功于希蒙·沙得米(Shimon Shadmi),他是狂热的音乐爱好者,在移民巴勒斯坦之前,他就在俄罗斯的管乐队中演奏过。

离开农庄后不久,有一位先锋团员告诉我,我们马上要去的地方是哈罗德温泉(the Harod Springs)周围的一个果园,那里将会举行一个成立仪式,宣告又有一个新的先锋团小队诞生了。到达目的地后,仪式准时开始,等到升旗的时候,我被选中吹奏一首庄严的乐曲。这个仪式是在保密状态进行的,所以平添了几分神秘,这让我兴奋不已。尽管保密,各项活动却搞得一丝不苟,显得极为庄严。我在演奏时心情激动,却也高度紧张,最终圆满完成了任务,没有一个音符吹错。我带着前所未有的自豪感回到家里,绝口不向任何人提起此事。那是我与先锋团之间的秘密。

当时,农庄子弟不与父母住在一起,而是有自己独立的生活区域。1946年6月29日,那是一个周六,所有孩子都被早早地叫醒了,有人告诉我们要赶快跑到一个指定的房间,然后躺在地板上。有人告诉我们,英国人已经包围了农庄,那些士兵就在农庄的围栏外面,他们会向任何移动的物体开枪。英国人把这次行动命名为"痛击行动"(Operation Broadside),事件的起因是,在几个月前,哈加纳开始公开反对英国在巴勒斯坦的政策。英国人在声明中宣称,要解散以色列先锋团,逮捕哈加纳的领导人,并查抄在巴勒斯坦境内藏匿的武器和弹药,这些都大量隐藏在农庄、果园和树林中。

当时，农庄中谣言四起："英国人会逮捕所有农庄中所有的成年人，把他们带到一个秘密地点看押起来……谁要是敢反抗，就会被枪托打个半死，或者直接用刺刀捅。据说，一位名叫哈依姆·哈罗迪（Haim Harodi）的农庄成员已经被打死了……"到了晚上，我们这些孩子们发现，农庄里的成年人真的都被抓走了，没有人知道什么时候能够放出来。于是，只有我们这些孩子照顾农庄里的庄稼和牲口了。我们当时都只不过是十一二岁的孩子，但却对自己的能力充满信心。我们制定了一个详细的工作计划，每个孩子都有对应的任务安排。

1947年5月15日，联合国成立了一个巴勒斯坦特别委员会（United Nations Special Committee on Palestine，UNSCOP），以决定巴勒斯坦的未来。四个月后，委员会建议，巴勒斯坦应分治成两个国家，而耶路撒冷则由联合国任命一名市长进行国际托管。11月29日，联合国针对这项议案进行投票，结果获得了通过。由此，以色列独立战争正式开始。我永远忘不了投票通过的那个晚上。农庄里的所有人都涌进了餐厅，大家在一起唱歌跳舞，一直欢庆到黎明时分。

不过，伴随着联合国决议而来的是阿拉伯人发动的一系列针对犹太社区的暴力袭击活动，我们都在为自己的安全担心。耶思列山谷的战斗进入白热化阶段，这一直持续到1948年5月14日，也就是大卫·本–古里安（David Ben-Gurion）宣读《建国宣言》（Declaration of Independence）的那一天。在这一时期，犹太人的车辆必须穿过耶思列和哈罗德山谷（the Harod Valley），而这条道路多半被居住在孜林村（Zir`in）的阿拉伯人控制着，只要一有车辆经过，就会有狙击手在四周放冷枪。

3月的一天早上，农庄向我们发布消息，说在阿拉伯人控制的努里斯村[Nuris，现在这里被称为莫沙夫·努里特（Moshav Nurit），就在吉利波山（Mt. Gilboa）的山坡上]将会有大规模的战斗，那里的很多人都热衷于暴力反犹活动。当时，在特尔·约瑟夫农庄和艾因·哈罗德农庄之间有一片松林，那里搭建了一座战地医院，战场上负伤的战士会被马上送到这里。农庄里的很多人都在关注着这里的情况。没过多久，噩耗传来，我们农庄的丹·特兹维克（Dan Tzvik）阵亡，第二天村民们为他举行了葬礼，这就是我第一次见证独立战争给我们的生活带来的实际影响。直到那一刻，我们才真真切切感受到，在战争中，一个活生生的人会瞬间消失不见——那不是某个你素未谋面的陌生人，而是一个曾经就生活在你身边的近邻。

1949年春天，独立战争即将接近尾声，我有幸被选中去参加体能训练。这项培训是由夏普尔（Hapoel）组织的，培训地点在贺伦（Holon），时间是在逾越节（Passover）期间。参加培训的人有的来自各个农庄，有的来自普通市镇，其中值得一提的是艾米祖尔·夏皮拉（Amitzur Shapira），他当时已经在国际范围内有了一些名气，专长是短跑。夏皮拉有着一头金发，脸型特别像雅利安人，他有一双充满睿智的绿眼睛，那双眼睛只需看你一眼，就能够洞悉你的内心所想。我们两个人较为亲密，也许是因为我们都擅长短跑。

夏皮拉后来成了艾斯特·沙哈莫洛夫（Esther Shahamorov）的教练，那可是以色列历史上最为优秀的运动员之一。1972年，他作为以色列田径队总教练参加了慕尼黑奥运会，却在巴勒斯坦恐怖分子的枪口下丧生，一同遇难的还有其他10名运动员。对于像我这样一生致力于国防建设的以色列人来说，最戏剧性的时间往往发生在自己熟识的人们身上。

机缘巧合，就在1972年的5月30日，也就是夏皮拉遇害前的几个月前，我恰好在卢德机场（Lod airport，当时还没有更名为本-古里安国际机场）。当时我已经是以色列国防军（Israel Defense Forces）的一名上校，有着丰富的战斗经验，负责着国家的武器研发中心。当时，劫机事件频繁发生，所以政府决定为每一架以色列航空（El Al, Israel Airlines）的飞机配备武装警卫。这些警卫都身穿便衣，看起来就和一般的乘客没什么区别。我们需要考虑的主要问题是如何能够隐藏好他们的武器，既不让人发现，又能够在出现紧急情况时快速出枪。

那天，我正与一名年轻军官在机场调查，同时思考如何隐藏武器效果会更好。

我们正在工作，忽然听到航站楼那边传来了枪声与爆炸声。不到一分钟，我们就赶到了那边。现场的景象只能用"惨烈"来形容，三名日本赤军（the Japanese Red Army）①成员来到卢德机场，掏出突击步枪、冲锋枪和手榴弹，向刚刚着陆的无辜游客疯狂射击。几十人横躺竖卧倒在地上，有的已经死去，有的受了重伤，正在痛苦的呻吟。在一具尸体旁边有一个打开的布包，一支AK–47 突击步枪，还有几颗手榴弹。这具尸体真是惨不忍睹，它的上半身已经被手榴弹炸得四分五裂，一片血污。后来我们才意识到，这是一名赤军分子的尸体，他认为自己已经完成了攻击任务，于是就用手榴弹自杀了。

我急忙下令让机场警卫追捕恐怖分子，同时组织人员帮助这些受伤者撤离。这次袭击中，共有 24 人遇难，78 人受伤。遇难者中有一位是阿哈龙·卡其尔教授（Prof. Aharon Katzir），他是世界知名的生物物理学专家，以研究生物聚合体而著称，当时担任着威茨曼研究院聚合物部门（the Weizmann Institute's Polymer Department,）的院长。他刚刚参加完国外的一次学术会议，没想到刚回到祖国就遇上这样的惨剧。他的弟弟就是以法莲·卡恰尔斯基（Efraim Katchalsky），以色列的第四任总统（1973—1978），我在担任武器研发部门（the Weapons Development Branch）负责人时曾与他共事。

当然，在我刚开始参加青年军（Gadna）②培训时，我做梦也想不到我会一辈子和国防打交道。

1949 年暑假，我被选中参加青年军班长培训，地点在哈德拉（Hadera）镇附近的国防军80号营地。虽然名字叫作"班长培训"，但训练强度却非常高，不仅有严格的体能和武器培训，更为重要的是，纪律严明，一丝不苟。

在上十年级的时候，我也成了一名青年军教官，同时还担任特尔·约瑟

---

① 日本赤军（the Japanese Red Army）：日本恐怖组织，成立于 1971 年，宣扬暴力革命，在 20 世纪 70 年代制造了多起恐怖袭击。2001 年宣布解散。
② 青年军（Gadna）：以色列国防军组织的青少年军事培训，旨在为国防建设储备军事人才。

夫农庄儿童团的体能指导，负责他们的晨练活动。对我来说，最大的挑战来自于我的同龄人，他们既是我的高中同学，又是我在青年军中的学员，如何处理好这种亦师亦友的关系，让我着实费了不少脑筋。我喜欢教官这个工作，这源于我喜欢对别人发号施令，不然的话，我就不会心甘情愿地把自己每天的日程表都安排得满满当当。同时，我还要抽出时间来做功课，还有就是练习小号，当时我已经开始参与成人乐队的演出，而且我对自己在这方面的要求很高，不惜花费大量时间来练习，以期达到自己设定的目标。另外，我还在农庄的奶厂工作，这也是我生活中不可缺少的一部分。

1951年普林节（Purim）的前一天，父亲突然因心脏病去世，瞬间，我从一个男孩变成了一个男人。从那一刻起，我知道自己要自力更生，闯出自己的一片天地，自此就不要再有依靠任何人的想法。

我想改变自己的生活，第一步就是离开奶厂，到田间去工作。但申请了几次都没有被批准。因此，一直到高中最后一年开始，我只能待在乏味无聊的奶厂工作。当时我感觉自己就像是笼中鸟，网中鱼，没有一丁点自由。这让我想到了父亲，他大半辈子在农庄的铁匠铺里劳作，也像是生活在鱼缸中一样。我急于改变现状，于是下定决心去参加大学入学考试，当时，农庄中的大部分孩子还没有这个想法。在内心深处，我迫不及待地要逃离农庄。整个夏天，我都在苦读英语，希望能够积攒实力，为最后一年参加大学入学考试做好充足的准备。

高中最后一年开始后，我问班上的一位女孩，是否愿意和我一起准备应考。当时，农庄的高中都不会鼓励学生参加大学入学考试，因为那是一种打算脱离农庄生活的标志，而这在农庄里的人看来很不足取。所以，要想参加考试，就得去农庄之外的地方考。我问过班上不少同学，最终找到了七位愿意与我一同参加考试的人，我自然就成了他们的组织者。尽管学校当局一开始强烈反对，但我们不打算放弃。我们告诉老师，如果不答应我们的要求，我们会罢课，然后组成学习小组，自学应考。几周后，学校做出了让步，为我们提供了教授数学、物理、化学和英语的老师。

现在回想起来，我们当时能够成功的一个关键因素就是团结。我们八个人从来没有产生过内部斗争，总是可以在关键问题上达成一致，这样一个团结的集体坚不可摧。

英语是我们的弱项，因此我决定恶补英文，主要方法是借助词典阅读英语书籍。就算在军事训练过程中，我也不忘带着英文书。我的战友们，甚至我的上级都会开玩笑说，我的那个背包装得下一头大象。而里面既没有卷烟，也没有甜点，而是重量能压死一头牛的英文书刊。

高中课程结束后，我们参加了大学入学考试，当时的心情，既兴奋，又忐忑。等待考试结果的日子总是特别煎熬，不过还好，在被国防军征召入伍的前几天，我拿到了考试成绩。我竟然通过了所有的考试科目，包括最让我心里没底的英语！

第二章

从青年军到理工学院

以色列国防军征兵在大学入学考试前进行。第一步是体检。我没有想到,这一环节出人意料地给了我当头一棒。

我一共接受了两次体检。当有人告诉我要进行二次体检时,我心里就有不祥的预感。第二次体检结果显示:我的心脏在收缩时会产生杂音。这真是让我难以置信。在我自己心目中,我的体格超棒,因为我是运动员,几乎每天都要跑步锻炼,有时还会利用器械健身。我的心脏怎么会有这么明显的缺陷呢?我要求再次体检以查明真相,结果这一要求遭到拒绝,他们已经把我归到了"不适合参加战斗"这一类。当时我心情沉重,预感到自己已经很难上前线参加正式战斗。

不过,当时我心里还有另外一线希望——国防军新成立了一个科技人才储备库(the Academic Reserves),参加这个部门的士兵可以在正式服役前拿到一个学位。我当时希望能够进入希伯来大学(the Hebrew University)学习我最喜欢的两门课程——数学和物理。不幸的是,我提交申请时已经过了截止日期,因此这条路也被切断了。

入伍后,我赶忙去青年军培训基地报道。这个基地位于地中海沿岸的吉瓦特·奥尔加(Givat Olga),以前曾是英国警察局所在地。培训结束后,

青年军时期的埃拉姆

我们都被授予了下士军衔，然后成了青年军的教官。

为什么我没能进入101特攻队

1953年8月初，据传言，耶路撒冷旅（Jerusalem Brigade）要成立一个秘密的进攻小分队。想要参加的志愿者来自国防军以及大大小小的农庄和共耕社（moshavim），他们的招募方式有些奇怪，不是公开招募，而是成员推荐。报名者被集中在沙塔夫（Sataf，一个阿拉伯村庄，后来成为101特攻队的大本营）废墟周围接受严密的筛选，执行这一任务的是什洛莫·鲍姆（Shlomo Baum）和阿里埃尔·沙龙（Arikel Sharon）。最终，大约有50人被选中，随后就开始了艰苦的训练，其中包括远距离侦查、山地行进中射击、暗中破坏敌人军事设施，以及如何使用炸药和手榴弹。

这里的士兵所配备的武器与国防军常规部队有所不同。每个士兵都有一支汤普森冲锋枪（俗称汤米枪）和军用匕首，一般他们都身着便装（短裤加便鞋），而且官兵之间没有森严的等级制度，一切命令都可以在实战中灵活变动。他们所强调的是战斗精神，比如勇气、誓死完成使命的决心，以及丝毫不能迟疑的执行力。

1954年1月，就是在奇布亚行动（Kibya operation）之后几个月，101特种部队与第890伞兵营合并，沙龙被任命为营长。

我的很多同学都加入了特攻队，他们有的来自艾因·哈罗德（Ein Harod），有的来自其他农庄。其中包括迈尔·哈尔－特孜扬（Meir Har-Tziyon，著名的侦查员）和来自阿飞奇姆（Afikim）的耶尔·特尔－特祖尔（Yair Tel-Tzur）。耶尔是我的好朋友，后来他担任了第890伞兵营的指挥官，不幸的是，有一次他正在西奈沙漠中开吉普，却撞上了地雷，就此牺牲。

我急切地想加入特攻队，于是满心希望地提出了正式转岗申请。过了一段时间，我的申请却石沉大海，杳无音信。我再也等不下去了，于是要求直接和上级谈谈。见到他后我才知道，这位上级根本就没有将我的申请上报。

我的怒火简直难以遏制，这让我想起了父亲去世不久后我在农庄里的感觉，那时的我就是一头困兽，也正是这种感觉才让我下定决心和农庄领导人死磕到底，直到他们答应我参加大学入学考试。

我决心离开青年军，随后加入科技人才储备库。不过，当时我在重新考虑服役期满后应该学习什么科目。这次，我不再打算去耶路撒冷学习数学和物理，而是去以色列理工学院（Technion）学习电子工程。在我看来，工程学对我来说不仅适合，而且前途广阔。我很轻易地通过了所有考试，顺利被理工学院录取。

我要上学！

一周后，我被带到了国防军的人事基地办理转岗手续。离开基地后，我无比轻松，不过随后又陷入了沉思：接下来我该怎么办？我怎么跟农庄负责人说呢？我找到了负责农庄事务的书记，把一切原原本本地告诉了他。他答应我在农庄委员会开会时提出关于我的问题，并告诉我这件事要由农庄大会最终决定。现在，我重新回到了农庄开始劳动，勤勤恳恳，一丝不苟，这次我坚持要求到农田中去。

农庄大会刚一开始，我就感觉到了反对的声浪。反对最激烈者叫作史牧尔·海福特（Shmuel Hefter），他参与创建了我们这座农庄，也是一名哈绍莫（Hashomer）犹太自卫队的老兵。他个子不高，身体却很结实，由于长时间露天劳作，他皮肤黝黑，还满脸皱纹。在他眼里，任何长时间的学习都是浪费时间，特别是那些所谓的"学术研究"。他说，只需要九堂课的时间，我们就能学会怎么开履带拖拉机，而农庄中的所有学习都得以此作为基础。我们各持己见，争论得不可开交，最后，农庄书记宣布，还得开一次大会才能决定这一问题，到时会投票表决。

第二次农庄大会召开之际，我内心极度紧张，我害怕他们还会继续他们的论调，用各种荒谬的理由来反对高等教育。这次，书记发挥了重要作用。

他已经看出来我决心已定,便决定帮我一把。他改变了会议流程,先让我发言。我告诉大家,我提交的申请已经获得通过,国防军也已经放行,新学期已经开始,我已经落下了一些重要课程,而且这是我一生中最大的梦想。最后表决时,我获得了绝大多数人的支持,直到这时,我才长舒了一口气。

以色列理工学院

离开农庄后,我火速来到了海法,一到学校就投入了数据和公式的海洋,因为我要把落下的课程尽快补回来。学年结束,我通过了所有考试。强调一下,我实际上只用了半年的时间来学习。

科技人才储备库计划利用夏天的时间进行一个三个月的军官培训。在这段时间里,我再次见到了农庄书记。他告诉我,农庄负责人希望我能够学习农业,因为这是对于农庄最实用的技能。综合考虑所有这些信息,我感觉最好还是先完成军事培训,以后到底学什么,这个决定可以稍后再做。我向理工学院提交了我的申请。他们同意我的决定,并且答应,不管课程从哪儿中断的,我回来后都可以立刻接上。

体检通过!

对于参加军官培训项目,我满心期待,更让我兴奋的是,培训中并没有对于战斗型体格的要求。培训课程即将结束时,我再次与医疗委员会进行面谈。因为我申报的是伞兵部队,所以战斗型体格要求必不可少。我告诉为我做检查的医生:我马上就要完成军官培训,而且我经常进行长跑,战友累了的时候我也会帮他们扛枪。我觉得自己的体格没有任何问题,这次,医生同意了我的看法。

第三章

空降兵岁月

第一次见到沙龙

很快,我就得到通知:我要加入第 890 空降营的申请通过了!那时我真是欣喜若狂。我火速赶到了诺夫山(the Tel Nof)——当时第 890 空降营的基地,在那里,我第一次见到了营长艾里克·沙龙。

他开门见山,先是问我姓名和籍贯。他的嗓音很有特点,很快我们底下人都会去模仿。

他对我已经很了解了。他知道我出生于代尔·约瑟夫农庄,参加过青年军培训,还知道他在 101 特攻队的很多手下都是我的同学。

"我问过他们,他们都说你挺棒的。""他们"指的就是我那些同学。

我被分到了第一连,连长是萨迪亚·亚卡岩(Sa`adia Alkayam),我们都称他为"苏爬坡"。由于我在青年军接受过正规培训,我被任命为班长。

连长"苏爬坡"

空降部队的氛围和其他部队大不相同。在我看来,这支部队没有那些正规军队惯有的规章制度,而更像是一群四处游走的游击队员。我暂时与两位军官同住,一位是连长"苏爬坡",另一位是副连长摩西·亚努卡(Moshe

Yanuka）。

在武器方面，由于以色列军工（Israel Military Industries，常缩写为IMI）制造的乌兹（Uzi）冲锋枪刚刚投入生产，还没有大范围投入使用，所以士兵们都还习惯于扛着沉重的老式冲锋枪，而且即使这样，他们依然觉得十分骄傲。

我也拿到了一把汤米枪（Tommy Gun），口径是11.43毫米，而乌兹枪的口径只有9毫米。汤米枪的分量可是不轻，大概有5公斤，而乌兹枪因为使用的是木制枪托，重量只有3.5公斤。

完成了空降兵训练之后，我开始加入第一连并继续接受训练。我们的训练地点靠近国境线，现在这里被称作海沃尔（Hevel Lakhish），是位于耶路撒冷西南方的一片丘陵地带。在这期间，我亲历了一场具有一定国际影响的事件。那天，我们正在接受培训，当天的指挥官是泽伊夫·思沃德里克（Ze'ev Sverdlik）。他当时正走在队伍前面，忽然，我们发现在距离300米的一座小山上有两个人手里拿着武器，他们已经很靠近我们的边界了。我当时并不确定他们是在我们这边，还是在约旦那边。不管怎样，我们还是很快采取了措施，从侧翼向他们包抄过去，慢慢爬上小山，然后向他们开了几枪。两个人一个被射中，另一个扔下武器跑掉了。随后，我们把尸体和武器抬回了连部。

约旦方面对此事当然不会善罢甘休，他们向联合国停战协议观察员提交了一份正式抗议书，而这些观察员也不止一次来向我们询问当时的具体情况。沙龙很快赶来视察。在路上，我们偶然相遇，他显得很高兴，让我把事情原委跟他讲了一遍，随后就继续上路了。随后，上级要求我跟我们的联络员一同去参加以色列—约旦停战委员会的一次会议，然后又陪同联合国观察员来到出事地点，向他们证明这次事件发生在以方领土上。

在这次小规模的冲突之后，一些越过边界的恐怖分子（当时这些人还有另外一个名字——渗透者）在我国境内发起了一次袭击。作为回应，我们策划了一次针对苏里夫（Surif）警察局的报复行动。这个警察局位于玛沃·贝塔尔（Mavo Betar）和奈斯·哈里姆（Nes Harim）地区的一座山梁上，它同样位于耶路撒冷西南部，只不过距离圣城更近，海拔也更高。在这次行动中，我们班走在最前面。入夜后，我们排着长队出发了，越过边境线时，我的心微微有些发颤。我的心情是可以理解的，因为这不仅是我第一次越过边界，也是我第一次指挥一支军队进行正式的军事行动，我的身边就是营长的无线电通讯员。越过边境后不久，通讯员就告诉我，上面命令我们"把车往后拉"，这当然是一个暗号，意思是我们需要返回本国边界内。我感觉这个暗号挺傻的。"艾里克，"我转身对沙龙说，他就在我后面几米的地方，"上边通过无线电要求我们把车往回拉。"

"就当你啥都没听见。"沙龙小声对我说。

于是我们继续往前走。几分钟后，我们又收到一条命令："把车往回拉——必须执行命令！"很快，第三条同样的命令传来，沙龙知道我们已经没有其他选择，只好撤回边境线。返回基地后，我们才知道，也许是通过观察哨，也许是情报部门侦察的结果，不管怎样，约旦人已经察觉了我们这次行动，并做好了充足的准备，如果我们贸然偷袭，很有可能会损失惨重。几周后，我们又策划了一次偷袭行动，这次针对的是位于加沙的埃及指挥所。

自从独立战争后，加沙一直是阿拉伯人向以色列进行渗透的首选地带。这些渗透行动大多都是加沙本地人（其中大部分是难民）执行的，而埃及的情报部门会给予他们大力支持，他们的情报部门在加沙有一个很重要的办公地点。几个月前，也就是1954年8月，国防军从齐苏芬农场（Kibbutz Kisufim）出发，越过边界，摧毁了一个重要的埃及边界据点，这次行动被称为齐苏芬行动（Operation Kisufim）。而到了1955年2月28日，我们实施了一次更大规模的行动，后来这次行动被称作"黑箭行动"（Operation Black Arrow）。后来，我当上了沙龙的情报员，直到这时，我才知道他如何说服了他的上级——军区司令部和总参谋部——来授权他采取这次行动。

黑箭行动

我们预感到最近会发生一些军事行动，因为几天前，一辆属于第三连的吉普车在加沙地带巡逻时遇到了地雷，结果车毁人亡。沙龙马上向上级做了汇报。他成功说服了本-古里安和总参谋部，使他们同意自己在走廊地区（具体来说，在加沙城北部）对埃及军队的指挥所采取大规模的报复行动。由于上次针对苏里夫警察局的行动无疾而终，"苏爬坡"没有找到机会表现自己。也许是作为补偿，他在这次行动中将会担任重要角色，这可是他觊觎已久的任务。

根据计划，有五组人员将会参与到这次行动中：（1）从第一连抽调大约一排的兵力，由"苏爬坡"指挥；（2）从第四连抽调一排兵力，由莫塔·古尔（Motta Gur）指挥；（3）丹尼·马特（Danny Matt）负责指挥军队封堵通往加沙城南部的道路，同时还指挥着一个侦察排，侦察排中的士兵大多来自101特攻队；（4）一小批军队负责封堵通往北部的道路；（5）副连长摩西·亚努卡负责指挥一个小型排的后援兵力。

"苏爬坡"将这大约一排的兵力分为三组，每组大约10名士兵，分别委任了三名指挥人员。第一组由我的排长希勒尔（Hillel）指挥，第二组的指挥官是图韦亚·夏皮拉（Tuvia Shapira），而我负责指挥第三组。沙龙亲自参与到这次行动中，他身边有一个小型的参谋团队，其中自然包括副营长阿哈龙·达韦帝（Aharon Davidi）。总体来说，所有参与行动的兵力大约有一个连。

我们先是乘卡车一路向南，车上有几名折伞工，还有几位来自农庄里的女兵，带着他们主要是为了迷惑敌人，隐藏我们的真实意图。我们在车上边走边唱，玩得十分开心，有时竟然忘记了我们正在向战场开进。"苏爬坡"情绪高涨，因为这是他第一次在全营行动中担任主要角色。跟上次准备袭击苏里夫警察局的行动一样，我们连还是打头阵，"苏爬坡"让我所指挥的小组走在最前面。

入夜之后，我们照例享用出发前的最后一餐战饭，说是"享用"，真是有点儿侮辱这个词。这顿饭里雷打不动地会有难以下咽的土豆炖肉，如果只是难以下咽也就算了，关键是这些东西做得也不干净，吃完后很容易引起腹泻，等到了执行任务时没准儿会带来意想不到的麻烦。在这种让人神经紧绷的重大军事行动之前，我们自然没什么胃口。沙龙做了最后的战前动员，然后我们沿着加沙地带出发了。沿途我们可以看到大片大片的农庄田地，那种宽阔的视野总是让人赞叹。终于，我们到达了边界，其实就是一条用巨大的犁铧耕出来的深沟。我们跳进沟里，然后从另一边爬出来，这就算是越过了边界，尽管有点儿不那么正式，但我还是能够感觉到心脏在悸动。

我们的行进速度很慢，小心翼翼，尽量不发出一丝声响。大约走了两公里后，我们已经接近了那个埃及据点，这时，忽然有人用阿拉伯语喊："你们是谁？"

我们没有答话，继续往前走。突然，一声枪响划破了寂静的夜空，随后又是一声。这两枪都不是对着我们打来的，好像只是往天空放枪。我什么都没说，马上做了个手势，带着小队进入了据点。进去后我们发现，这是埃及守军基地的外部小据点，里面只有几名埃及士兵，我们一边跨过战壕一边开枪。突然，我发现战壕里有一条黑影正在我的面前。这是我遇到的第一个埃及士兵，他正用步枪向我瞄准。当时我们的距离已经很近了，在他还没来得及射击之前，我已经扣动了扳机，一声枪响，他倒在了战壕里。之后我们把战壕各处搜了一个遍，发现有的埃及士兵已经被打死，其他的都跑掉了，很可能是跑回了他们的大本营。但是，大本营里并没有传来枪声，一切重新恢复平静。

战斗结束后，沙龙来到我们连队，我亲眼目睹了他和"苏爬坡"交谈的全过程。现在我们遇到了一个困境：我们距离预定目标还有一段距离，可是在刚才的袭击过程中，敌人已经知道了我们的动向。现在我们该怎么办？沙龙决定，不管怎么样，进攻一定要持续下去。他的决定得到了两位随军观察员的支持，他们分别是陆军中尉大卫·艾拉扎尔（David Elazar）和少校迈克尔·卡丁（Michael Kartin）。艾拉扎尔当时在国防军的培训部（Training Department）任职。赎罪日战争（Yom Kippur War）期间，他成了总参谋长。当时，各级参谋人员都要参加相应的军事行动，以便于他们积累战斗经验，并收集一手资料。

我们继续前进，我和我率领的士兵走在队伍的最前面，"苏爬坡"的部队紧跟在我们身后。不久我们就到了埃及指挥中心附近，这里是这次行动的真正目标。沙龙带着自己的部队来到加沙城北部一个橘子园的角落处，这里距离敌方基地只有几百米。

"苏爬坡"开始一批一批地向目的地运送军队。按照计划，我们会分成两组从西侧进攻敌人的基地：我的军队从左侧进攻，夏皮拉的军队从右侧进攻。

我们的排长希勒尔率领的军队属于后援军，他们扛着一袋一袋的炸药，准备在我们进攻完成后把基地里的建筑物炸掉。我们紧跟在"苏爬坡"后面，越过一条铁路，然后沿着铁路向西边开进。我们行进了很长时间，在此期间，"苏爬坡"把部队向东移动了一些。"我们到达基地了！""苏爬坡"小声说，同时指着一条带有栅栏的小路。我们迅速跑向那个栅栏，用爆破筒炸开了大门，然后一边开火一边往里冲。后来，我突然感觉到右胳膊像是被剃刀划了一下，我心里明白，肯定是中弹了。等到枪声变得稀疏后，我让一名士兵草草地帮我包扎了一下，就又继续出发。

突然，我听到副营长达韦帝大喊："'苏爬坡'，我们搞错地方了！""苏爬坡"也马上意识到我们找错了地方，这里不是军营，而是一个水泵房。"跟我来。"他稳了稳心神，随后冲我们大喊。我们离开了泵房，排成一列向南边跑去。没过多久，我就看到了右侧栅栏上的灯光，还有埃及士兵的据点。"苏爬坡"命令我们快速沿着栅栏移动。当时，"苏爬坡"所率领的小队（包括机枪手尤里·思拜克特尔和两名火箭筒手）已经完全暴露在了埃及士兵的视线中。他们就像是案板上的鸭子一样，任人宰割，埃及士兵火力强劲，我们的伤亡十分惨重。还没到一分钟，我就听到了"苏爬坡"痛苦的叫喊，然后看着他倒了下去。我疾冲过去,看到机枪手尤里也已中弹,躺在"苏爬坡"身边,肚子上已经开了一个大口子。有一名火箭筒手也被击中。我赶紧呼叫医务人员。我俯下身来,看到"苏爬坡"的额头上已经出现了一个大洞。我知道他已经死掉了,于是让医务人员赶紧救治战壕里其他受伤的士兵。我也跟着他们爬进了战壕,想吸引一些埃及士兵的火力,好让地面上的兄弟们尽量摆脱敌人的火力攻势。

突然间,阿哈龙·达韦帝不知从哪儿钻了出来。他正站在路边的一棵桉树旁。我也站了起来,因为想到副营长都站着身边,我却坐在地上,真显得很丢人。

"情况怎么样?"他问道。

"'苏爬坡'牺牲了,很多官兵都挂了彩。"

"你正在干什么?"达韦帝不紧不慢地继续问我,仿佛他根本没有注意到身边密集的敌军火力。

"我们正在反击,干掉据点里的敌人。"我回答。

他从腰里摸出一颗手榴弹,朝距离最近的一个敌方据点扔去。我也拿出一颗手榴弹,朝另外一个据点扔去。随后,他没有再说什么,而我内心的声音央求我赶紧离开这里。

"现在你想怎么办?"达韦帝问我。我说,我的计划是从北侧进入敌方基地。受伤的士兵都经过了包扎处理,他们待在路边壕沟里,相对比较安全。我命令那些没有受伤的士兵都跟我过来。四名士兵站起来,跟我向基地的北侧冲去。很快,眼前出现了一道铁丝网。我们剪断了铁丝网,快速进入了基地。随后,就像一道闪电一样,我们清除了据点,攻进了大楼,最后占领了他们的总部。就在攻进总部时,来自吉努萨农庄(Kibbutz Ginnosar)的米哈·里夫尼(Micha Livni)中弹,倒在了我身边。我一往直前冲锋,而身后的战友不断把手榴弹和子弹夹递给我。我当时全部的注意力都在前方,完全达到了奋不顾身的境地。攻入总部后,我身边只剩下了两名士兵,其中一名叫做泽伊夫·思沃德里克。

战斗结束，一切都安静下来。在嘈杂的枪炮声和叫喊声之后，这种安静显得十分诡异，仿佛我们的耳朵都失灵了一般。我让思沃德里克去告诉达韦帝：基地内部的敌人已经全部清除，我们可以考虑炸掉这座建筑。当时我们的进攻速度快得惊人，现在回想起来，我已经不大能想得起当时的很多场景。但我依然清楚地记得各种弹药的味道。那就是战争的味道。我还记得米哈·里夫尼中弹时痛苦的呻吟，以及摔倒在地时那沉闷的声音……

然后，沙龙、古尔和达韦帝开始激烈争论应该如何撤退。争论的焦点一个是路线，一个是方式。我们可以选择乘坐卡车，也可以选择步行，但不管怎样都要带着那些伤亡的士兵；而路线也有两条，一条属于原路返回，而另外一条则距离更短些。最终他们决定选择距离较短的那条路步行回去，这样可以避免遭遇敌军的岗哨，但是这样的话，我们就需要背着那些伤亡士兵。我们把伤亡者从卡车上搬下来，然后用步枪和衬衫做成简易的担架。在这次战斗中，一共有8名士兵阵亡，12名受伤。队伍中的每个人都参与到了搬运过程中。我率领的小分队负责其中两个担架，另外，我还负责回程中的警卫工作。

我们知道，沿线的埃及堡垒都已经全副武装，戒备森严，所以在行军过程中，我们格外小心，速度很慢。又因为还要抬着那两副担架，所以整个过程让人筋疲力尽。我们还得从埃及据点间经过，这次他们的炮火异常猛烈。还好，他们使用了曳光弹，这样我们就可以知道子弹是从哪里射来的，以便找到合适的地方躲避。一轮枪击过后，我们爬起来继续往前走。尽管这样，有些人还是在返回途中受伤了。靠近国界线时，我们发现了一片很深的河床，这可以使我们趁机躲避敌军的炮火，安全通过边界。

直到现在，我才有时间照看一下那些受伤的士兵，给他们提供必要的医疗救护。

刚跨过边界，我们就看到了一辆救护车，还有一名军医站在车旁，他名叫做什洛莫·石伯雷（Shlomo Shibolet），是专门分派给我们营的。等到把所有士兵都安置好以后，我走向那名医生，告诉他说："我也受伤了。"

"你搞什么搞？"他冲我大喊，"赶紧去医院！"

在凌晨时分，我来到了哈休莫山（Tel Hashomer）医院。在昨晚的战斗中，我的胳膊被子弹击中，当时基本上没什么感觉，可现在战斗结束了，它开始钻心的疼。他们很快把我送到了手术室，交到了魏思曼教授（Prof. Weisman）手中，他是医院骨科的主任医师。他看了看我的伤势，很有信心地说："不是很严重。"随后给我进行了缝合，然后送到了病房。

中午时分，总理兼国防部长大卫·本-古里安来到医院看望战斗中受伤的战士，沙龙和达韦帝在一旁陪同。沙龙一眼就看到了病床上躺着的我，好奇地问："乌兹，你怎么在这儿？"

"我也受伤了呀。"我半是严肃半开玩笑地说。

"你什么时候受的伤？"达韦帝也走了过来。

"进攻那个水泵房的时候。"我如实回答。

达韦帝觉得不可思议。"我当时真是没有看出来。"

对我们所有人来说，在加沙的这次行动是一次重要的实战机会，它考验了我们面对敌军炮火时的反应速度、我们完成任务的决心和意志力，还有我们相互之间的默契程度。我受到了总参谋长摩西·达扬（Moshe Dayan）的表彰，在1970年《勋章法》（Decorations Law of 1970）颁布后，我的这次表彰转化成了勇气勋章（Medal of Courage）。

陆军少尉乌兹·埃拉姆（编号245829）

英雄事迹

1955年2月28日，在加沙的一次战斗中，陆军少尉乌兹·特拉亨伯格（现已改姓为埃拉姆）英勇战斗，在负伤后依然坚持进攻，最终圆满地完成了战斗任务。在攻下预定的据点之后，他又受命进攻第二个据点，在这场战斗中，他表现英勇而果敢，不仅完成了自己的任务，还帮助另外一支小分队歼灭了众多敌人。在随后的撤退行动中，他作为班长指挥自己所率领的士兵运送伤亡人员，起到了良好的表率作用。

为此，特授予其勇气勋章一枚。

1973 年 4 月
总参谋长中将大卫·艾拉扎尔

几天后，我的胳膊上打着石膏离开了医院。我来到位于特拉维夫附近的第 12 训练基地，这里训练的主要是女兵，我的女朋友娜奥米（Naomi）在此担任教官。

这座训练基地不对外开放，特别是不对男士开放，我使出浑身解数来说服守卫让我进去。为此，我拿出了我的红色贝雷帽，我的少尉肩章，甚至还特意展示了一下自己用石膏裹着的手臂。

说到这里，有必要提一下我的这次感情经历。我第一次遇到娜奥米是在几周前，那是一次音乐演出的现场。当时，我已经结束了我的空降兵培训课程，正准备去训练第一连。这段时间我请了几天假，打算与农庄里的流动乐团一起去参加几场音乐会。我建议乐团演奏海顿的《小号协奏曲》，他们竟然同意了。我到现在也不明白他们当时中了什么邪，竟然能够同意我这一想入非非的建议。不管怎么说，他们同意了，这让我又惊又喜。第一场音乐会在乌沙（Usha）农场的餐厅里举办。开演前，我站在舞台上，扫视着下面的观众。

在餐厅后几排，我忽然看到一位女兵，她长着一双迷人的绿眼睛。一曲结束，在中间休息时，我径直朝她走去。我什么都没说，只是注意到她戴着训练时用的标签，级别是班长。几天后，我从我们农场一位小姑娘口中得知，那位女兵来自乌沙农场，名叫娜奥米·梅厄（Naomi Meir）。后来，我去参加了她的结业典礼，后面的事情就不用我多说了，有兴趣的话去看我们家的家族史好了。

看完女朋友，我回到了自己所在的营地，他们正处在班长培训的最后阶段。我向丹尼·马特上尉报到。他当时已经接替牺牲的"苏爬坡"担任了连长。学员和教官的父母都被请来参加班长培训的最终检阅，我的母亲也应邀前来。

检阅期间，马特要我站在众人前面朗读我的嘉奖令。这让我受宠若惊。我想不出为什么他们会如此看重我在这次行动中所起的作用，不过我隐隐约约感觉到，这一定跟沙龙和达韦帝有关，我至今还记得他们看我躺在病床上时那一脸惊讶的表情。

二连跳——从班长到连长

等到我的身体基本康复后，阿哈龙·达韦帝把我喊到他的办公室。"我们打算用一连和 101 特攻队侦察排现有的士兵组建一个新的步兵连，你来担任连长。"听到这话，我吃惊非小。尽管这一任命能够充分显示出他们对我的信任，但是面对这么一个重要的职位，我还是能够感觉到自己的压力和焦虑。我把自己的真实想法告诉了达韦帝，他回答我说："别担心，我来协助你。"他说话的声音很轻，就和那次在加沙的行动中的声音一模一样。就这样，我一下子从班长变成了连长，几乎没有接受过任何相关培训。

我们连一共有两个排，排长分别是夏皮拉和奥韦德·拉迪金斯基（Oved Ladizinski）。夏皮拉在此之前一直是一连的一位班长，而拉迪金斯基曾是帕尔马赫先锋团成员。两人都比我年龄大，资历老。对我来说，这是一段艰难而极富挑战性的使命的开始，而达韦帝没有食言，他确实在关键时刻给了我不少指导与建议。有了他的帮助，我逐渐在这一岗位上树立了威信。

隶属于第 890 营的一连是侦察部队（Sayeret Tzanhanim）的先遣队，他们同样也擅长特殊军事行动。这支部队最有名的指挥官当然是迈尔·哈尔-锡安（Meir Har-Zion），只不过此时他还在艾因·哈罗德农庄放羊。我们以后再详细介绍他。

黑箭行动发生在 1955 年 2 月，而可汗·尤尼斯行动（Khan Yunis Operation）发生在 1955 年 8 月，在此之间，我们从连里选拔了几名骨干，执行过几次跨境侦察巡逻。我们还在耶路汉姆（Yeruham）镇附近的内格夫（Negev）沙漠里举行了首次全营范围的大练兵。

直到这时，我才意识到，我竟然可以和如此优秀的指挥官并驾齐驱，他们包括四连连长莫塔·古尔、五连连长拉斐尔·艾坦（Rafael Eitan）和二连连长马特。

在达韦帝和沙龙执掌帅印期间，第890营不断扩充，实力不断壮大，不断有新兵入伍，不断有新的番号产生。各连长官有很高的独立性，所以连队训练基本由他们全权负责。而营部指挥官主要负责筹划各种报复行动，并组织跨境袭击和巡逻。不断有武装分子从加沙地带、约旦和叙利亚越境进行袭击，我军士兵的反应基本是自发的，同时也为下一次复仇行动发出了信号。不过，在采取行动之前，先要争取军区指挥官的支持，还要取得总参谋部和国家最高领导人的同意，这同样需要耗费一些时间。对于采取报复行动，沙龙从来不会放弃任何一个机会，因此，他喜欢让全营各连都在训练基地待命，这样就节省了调动军队的时间。所以，一旦敌方有袭击行动，我们就会在基地整装待命，等待上级批准，随时准备采取报复行动。不过，很多时候报批的结果会让人很失望。

哈尔－锡安回到侦察连

1955年下半年，在经过了几个月的停职处理后，哈尔－锡安回到了营部。事情的起因如下：1954年，他的妹妹肖莎娜（Shoshana）和男朋友奥代德·瓦格迈思特（Oded Wagmeister）去约旦境内远足。他们从耶路撒冷出发，穿过朱迪亚沙漠（Judean desert）来到了艾因·哥第（Ein Gedi）。两人进入约旦境内不久，就被几个贝都因人（Bedouin）抓获，然后惨遭杀害。

听到这个消息，迈尔难平胸中悲愤，喊上几个刚刚从101特攻队退役的朋友，赶到谋杀发生的地点，干掉了四个贝都因人，然后让第五个回去把复仇行动的消息传播出去。

复仇行动很快被外界知晓，约旦人就此向联合国发出了一份抗议书。本－古里安告诉沙龙，这件事必须认真处理。梅尔一行五人刚回到家，就被警察带走了。本-古里安下令让哈尔-锡安停职查看,回他自己的农庄待上几个月。

回到营部后,哈尔-锡安被任命为总参侦察连一连连长,在此之前,一直是我代替他管理这支部队。迈尔的回归让我长舒了一口气。他是我的高中同学。我深知,周围没有任何人(包括我在内)具有他那样的领导能力和作战经验。1951年夏天,迈尔和他妹妹去以色列北部远足,跨过边境后被叙利亚军队俘获。尽管他从没跟我提过他在叙利亚当俘虏的经历,但毫无疑问那对他有深刻的影响。

迈尔和我很自然地在指挥侦察连方面形成了这样一种关系:迈尔当连长,我来当助手。我们继续对士兵进行航行和战斗训练,包括跨境侦察行动。侦察连原来属于第890营,后来划归了空降旅,这支部队对于航空技术和跨境行动的要求极高,需要我们不厌其烦地反复训练。

负伤与康复

有一天晚上,我们的训练内容是在加利利(the Galilee)地区进行夜间定向越野,我经过一个定居点时,看到一群从北非来的犹太移民。我和门口全副武装的守卫打了一声招呼,他们也和我招呼。可是,当我走出二三十米后,他们不知怎么想的,忽然认定我是个谍。于是他们开始向我射击,我的胳膊和腿都被击中,倒在地上不能动弹。还好,定居点的安保员跑了出来。这位安保员是本土出生的以色列人。他知道警卫肯定是搞错了,于是赶紧去叫救护车。我很快被送到了位于海法的第十军医院,在这儿有一位来自拉姆班医院(Rambam Hospital)的外科整形医生,他三下五除二就给我缝合了伤口,速度很值得称道,遗憾的是,他的技术还差些火候儿,给我留下了不少后患。

由于训练任务紧急,我无心在医院里多待。还没有完全康复时,我就回到了部队。结果,在一次夜间跳伞训练中,我又受伤了。当时我的腿还没有痊愈,跳伞落地时对双腿的冲击力让我难以忍受,竟然当场晕了过去。几个月后,我们组织了一次长达五天的越野训练,这次需要我们背着"大象背包"

（这是我们对我们那沉重的军用背包的戏称）穿越朱迪亚沙漠，目的地是艾因·哥第。我只走了两天就顶不住了，因为有一条腿决定全面罢工。

训练归来后，营长沙龙把我叫去狠狠地训了一顿："你不能再拿自己的身体开玩笑了。你必须先把自己的身体恢复好再说别的。在这段时间，你来当我的情报员。"我告诉沙龙，我还没有完成情报员的培训课程，他却毫不在意："没关系，边干边学嘛，我来教你。"我当时还没有意识到我是多么幸运。跟在沙龙身边，就等于考进了一所超高级别的军事学校，而沙龙就是校长。从这里我不仅能学到情报知识，而且还能够学习战略战术，学习如何别出心裁而又小心谨慎地策划一项军事行动。

很快我就来到了沙龙身边，尽心竭力地学习如何出色地完成情报员这份工作。此后一年多时间里，我正式考入了我自己编造的"沙龙情报与军事行动学校"。每天的课程都截然不同。一开始，我是第890营的情报员。随着空降旅的不断成型，我又成了旅部的情报专员。

空降旅的管理层人数不多，却组织严密，和谐统一。他们精力集中，异常活跃，策划并实施了大批复仇行动，当然这些都是在沙龙校长的不断授意下完成的。在这段时间里，我发现：自己经常在获取最新情报方面被沙龙甩在后面。必须承认，沙龙是一位经验丰富的情报人员。他曾在南部方面军担任过这一角色，他知道如何从总参谋部的情报机构中直接获取最新消息。

沙龙盯上了我的小号

作为沙龙的情报人员，难以避免整日工作中的忙忙乱乱。我要学会揣测沙龙的想法，一旦发现他脑中有了某一行动的萌芽，就要立刻着手为他准备相关情报。

这份工作也让我对于沙龙的一些经常被人们诟病的做法有了更深刻的认识。作为第890营的指挥官，沙龙既不专心训练士兵，也不太关心连队中士兵的生活状况。他认为自己的首要任务是为各种复仇行动争取上级的批准。

真正关心士兵训练与生活状况的是达韦帝,他亲自参与训练,并对营中士兵的各种动态了如指掌。作为他的情报员,我还发现,他利用自己旅长的职权,投入大量精力搜集关于其他高级军官的个人信息。后来的事实证明,搜集这些个人资料使他在争取上级支持这方面成了行家里手。

在与沙龙相处的一年多时间里,我逐渐了解了他的思维方式。不管他所策划的各种行动是否得以实施,这长长的策划各种行动的单子成了我们学习军事策略的第一手材料。策划每次行动时,沙龙都会充分展示出他的独特匠心。他会充分考虑战场的情况,估计敌人的实力,并分析他们在防守上的优劣。不过,除了这种常规性分析外,他所策划的每一次行动都会有一些个人风格在里面,这使其显得格外与众不同。在有些行动中,突击部队会以很奇特的方式来进行组合;而在其他一些行动中,我们会选择一条与众不同的攻击路线,或者运用一种独特的方式来截断敌人的增援部队。沙龙从来没有停止过思考,思考如何把各种创意融入每次突击行动中,这使他能够不断让敌人怀着些许期待战战兢兢地等候下一次遇袭。刚才我在小标题里提到了"小号"这个词,其实这也是曾经使用过的突袭技巧。

有一天,我们正在策划如何能够端掉加沙地带的第108据点,偶然之间,沙龙看到了我的银色小号,于是便在这上面打起了主意。每次突袭行动前,我们这些军官都会聚集在餐厅里一起唱以色列民歌,这时,我总会用小号吹几个曲子来助兴。那天,沙龙盯着我的小号说:"一会儿出发的时候,带着你这家伙,等到了据点附近,你带着一个小队迂回到据点后面,什么时候你一吹这玩意儿,我们就进攻。"听完这话,我一时目瞪口呆。我耳朵没出毛病吧?莫非我们穿越到了一百多年前的拿破仑时代?只有那时才会用这种前现代的进攻指令。我告诉沙龙,我更喜欢用乌兹冲锋枪做武器,而且这把小号属于我出身的集体农庄,不适合用来指挥如此严肃而又充满危机的局面。听完我的解释,他才放弃了这个蛮有创意的想法。

胡桑行动

1956年9月时,我觉得自己已经在情报员这个岗位上工作的时间够长了,而且已经学到了一切必要的知识,因此我提出调换岗位。沙龙答应得很爽快,很快,来自高地旅(Givati Brigade)的基甸·马哈内米(Gideon Mahanaymi)承担了我的工作。

我现在要回到医院,准备接受一个复杂的臂部手术。手术还算比较顺利。出院后,我被分配到位于葡萄园山(Mt. Carmel)山坡上的第三疗养院,在这里我遇到了来自空降侦察部队的米哈·卡普斯塔(Micha Kapusta)。

我们偶然听到,在1956年9月25—26日,我们准备进攻位于胡桑(Husan)的约旦据点。我们无法打电话给任何人询问消息,进攻的具体时间和路线也完全保密。但是我了解沙龙,知道自己可以顺利加入进攻行动中,于是便从疗养院里偷偷溜了出来,来到了部队的集结地点。见到沙龙时,我的整个胳膊还都打着石膏,很显然,我不太可能加入战斗部队。不过,什么事儿都难不倒沙龙,他想了想,对我说:"马上去第8空军基地,让他们用飞机拉着你在行动地点上空飞一圈。我了解你,你对这一地区以及我们的计划非常熟悉。注意约旦人在附近有没有增援部队,特别是从希伯伦(Hebron)方向,然后马上向我汇报。"

在我从希伯伦飞往伯利恒(Bethlehem)的途中,战斗就已经打响了。很快,我就听到了来自约旦据点的枪声和手榴弹爆炸的声音。一个车队从希伯伦开了出来,起初还开着车灯,但很快就关掉了。我马上把这一情况告诉了沙龙,他得知消息后沉吟了半晌,然后问我能否把车队的具体位置告知我们的炮兵,这样我们就能准确发炮,阻止车队继续增员。那时,我们的25磅炮弹真的是数量有限,不能不省着用。我马上与炮兵营取得了联系,由于车队此时关掉了车灯,我只能根据经验测算他们的行驶路线和速度,然后告知炮兵发炮的时间和角度,以此尽量保证弹无虚发。

第二天我们得知,昨晚的炮火非常精确,敌方车队受到严重打击,只能停在路上。多年后，这一插曲成了以色列炮兵部队的一段佳话。

肖姆龙行动

之后，我又回到了第3疗养院继续进行治疗，这次耗时之长几乎已经超出了我的忍耐力极限。胡桑行动两周后，以色列又遭受了来自约旦方面的沉重打击——在耶胡达城（Even Yehuda），几名工人被杀害。很明显，当局打算进行反击，于是沙龙又开始着手鼓动总参谋部和政府部门批准他实施一次报复行动。

我又一次偷偷地从疗养院里溜了出来，穿上了空降兵的服装，搭车来到了卡法萨巴（Kfar Saba）。当时我并不知道沙龙会在哪儿集结军队，但是，我在他手下当情报员有一年多的时间，对他也算是了如指掌了，于是我竟然凭直觉找到了集结点。这次我还是直接去找沙龙，当时我的整个左臂还完全在石膏包裹中。沙龙还记得我在胡桑行动中所扮演的角色，于是毫不犹豫地命令我去特尔·诺夫机场，驾驶一架派伯（Piper）飞机在行动地点上空侦察，以尽快发现敌人的增援部队。这次的行动地点是位于西岸恰尔其力耶（Qalqiliya）镇的警察局（位于卡法萨巴东面几英里处）。

这一次，莫塔·古尔负责率领第88营进攻本次行动的主要目标——警察局，这对于他们来说真是求之不得。艾坦的第890营作为后备力量进行支援，我看到了他那张满是皱纹的大红脸，知道他十分不情愿仅仅承担增援任务。增援部队人数众多，这明白无误地显示出这次行动规模之大，任务之艰巨。我们驱车来到了诺夫山，随后我在飞行员餐厅中享用了一顿饱餐，不过，后来在飞行途中，我对于自己的这一决定后悔不已。

我们靠近警察局附近时，地面部队已经开始炮击这一地区，几分钟后，我就发现从纳布卢斯（Nablus）方向来了一只增援力量。我马上向沙龙汇报。而这只车队也很警觉，很快关掉了灯，但我依然可以根据经验准确预测他们的行军路线。

在飞机上，我能够清楚地看到，进攻警察局的行动难度很大。我的通讯设备与旅部的通讯系统是一体的，因此，所有的通讯信息我都可以捕捉到。进攻行动持续了将近一小时，我发现侦察部队开始向约旦增援部队开火。约旦军队是由英国人协助建立并进行培训的，他们对这种情况并不陌生，因此反应速度快得惊人。他们的步兵迅速下车，开始从侧面包抄我们的侦察部队。在侦察连与旅部之间没有直接的通讯渠道，于是我就成了他们的通讯中转站。

我在飞机上一共待了将近七个小时，每时每刻都紧张刺激，只是，我在空军餐厅吃的那些油腻腻的东西时刻准备着从胃里跑出来，我拿出全部的意志力才努力把它们压了回去。飞行期间，我们在位于拉姆拉（Ramla）的空军基地加了一次油，随后又马上返回了战场。

在诺夫机场着陆后，我径直来到旅部，走进了沙龙的办公室。这次行动中，我方伤亡不小。沙龙在前一个晚上肯定备受煎熬，因此，我见到他时，他显得神情疲惫，心绪不宁。他最关心的是侦察连，他们苦苦战斗了一个晚上，伤亡完全超出了预期，而且指挥官也受伤了。"你快去萨塔夫（Sataf）基地，看看有什么我们能够做的。"沙龙命令我。我马上来到了耶路撒冷附近的萨塔夫，那里的景象对我来说并不陌生——苦战后一支伤亡惨重的部队。当时还没有"战争创伤"这个名词，这个词是在赎罪日战争后才开始使用的，但在那天我看到的景象完全符合这一说法。我和这支部队中的很多人都聊了很长时间，他们慢慢回忆着自己在昨夜的战斗经历。在与我聊天的过程中，我发现他们逐渐恢复了平静。

卡代什行动

入夜时分，我回到了旅部。在官方看来，我还没有正式出院。我还要等着再做一次臂部手术，然后在第三疗养院休养一段时间。但是，看到整个旅都还没有从激烈战斗的创伤中恢复过来，我觉得自己不能这样拍拍屁股走人。于是，一回到沙龙的办公室，我就对他说："我现在还不想回医院，我想在你这儿继续待下去。"

沙龙抬起头，用布满血丝的眼睛盯着我，"你不想回医院？"

"至少现在还不想。我想留在部队，我觉得自己多少能发挥一点儿作用。"

"好吧。莫塔营的一个连长牺牲了。你现在就去那里担任临时连长。"

我很快来到了比卢（Bilu）军事基地，那里是第88营的所在地。15分钟后，我见到了莫塔·古尔，他已经得知我要来担任二连连长。我的胳膊还打着石膏，从肩膀一直到手掌，但不管是古尔还是沙龙都不会因此质疑我的指挥能力。我自己也坚信，面对任何战斗，我都能够沉着应对。到了傍晚，我见到了连部的其他一些军官，其中包括副连长品哈斯（亚鲁什）·诺伊（Pinhas（Alush）Noy），他刚刚由于在进攻恰尔其力耶警察局中的英勇表现被授予了勇气勋章。

第二天，我们在奈斯·哈里姆（Nes Harim）附近进行了一次练兵，我借此机会很快与二连官兵打成了一片。这是我第一次遇到连队的军士长兹维·范德（Zvi Vander）。在此后的岁月中，他给我们提供了无穷的动力和高昂的斗志。后来，我在第98营担任预备役军官，后来又在第71营担任军士长（这是我指挥的第一个营级部队）。在那段时间里，范德尔一直在我身边给予指导。

在奈斯·哈里姆进行了一周的训练之后，我感觉自己已经完全融入了连队生活。那段时间，不断有小道消息传来，说马上会有大仗，大家都人心惶惶。我觉得应该去把事情调查清楚，于是就想到了当时我认为最可靠的消息来源——旅部情报员。老马没有让我失望，他小心翼翼地告诉我，法国正在帮助我们在深夜空运武器，还有，英法两国答应我们在西奈半岛提供空中掩护。听完这些消息，我心神不宁地回到了位于哈里姆的连部宿营地。我告诉连部其他军官：我们听到的小道消息有事实根据，战争随时可能爆发，我们很快就会接到任务。

我此时要做的是去掉胳膊上的石膏，这样我的胳膊就能自由活动了。我找来了连部的军医，要他把我的病历拿来，等他不注意的时候，我用剪刀把病历毁掉了。几分钟后，我把石膏砸碎，我的胳膊又恢复自由了。现在还没有时间去除掉胳膊上那像拉链一样的缝合线，这条线一直跟随我到战后。

战争开始后，我们先是驱车长途跋涉，然后在哈茨瓦（Hatzeva）合作定居点露营，那个地方在阿若瓦（Arava）山区，靠近通往艾拉特（Eilat）的公路。这样做是为了迷惑埃及人，让他们误以为我们要进攻约旦。离开哈茨瓦后，一直有卡车护送我们通过法兰（Faran）河床，然后来到了位于艾拉特附近的埃及昆提拉（Kuntila）警察局。行军途中，我们有时还得下来推车，因为大部分卡车都没有前轮驱动，而道路总是泥泞不堪。但过了那段路程之后，我们就来到了一片荒原上，那里的地面不但坚硬而且平坦，我们就像是在柏油路上开车一样爽。

到达目的地后没多久，我们就收到了我们旅先头部队的消息：他们已经占领了警察局，我们可以继续前进。

我们在向西奈中西部的米特拉山口（Mitla Pass）行进时接到命令，让我们占领位于比尔·阿-太莫德（Bir A-Temed）的防御工事，另外还要击退位于半岛中部纳凯尔（Nakhel）地区的埃及军事基地。接到命令后，我们的车开始在路上狂奔，天刚蒙蒙亮，我们就已经到达了防御工事附近。

我命令士兵们下车，然后分散在道路两边，悄悄进入了防御工事附近的战壕，很轻易地就把那个防御工事夺了下来。不过，没过多久，我们就遭到了埃及米格战斗机的轰炸。整个下午，我们都在起劲地挖战壕。空袭结束后，有士兵发现了三名埃及士兵试图靠近这里的工事，于是便把他们抓了过来。我告诉一个手下，去把他们拉进一个战壕，然后枪毙了事。"乌兹！你刚才说的是什么？"旁边突然响起了一个严肃的声音。我转头一看，原来是本尼·格芬（Benny Gefen），联络班的班长，也是一名预备役老兵。"我都不敢相信自己的耳朵！你是要把他们杀了吗？"我忽然意识到我将要犯下一个多么可怕的错误。于是我赶紧叫住那个手下，让他把这三名士兵押送到后方的空降部队去。

这次事件在我脑中停留了很长时间，在我参与的所有战争中都会不时浮现,我要感谢本尼·格芬,没有他的话,我很有可能会成为一个滥杀无辜的刽子手。

我们连没有参加在米特拉山口发生的血腥战斗,当争夺关口的战斗结束后,上级命令我们一路北上,准备在西奈半岛南部把我们空投到地面。我们坐在飞机上等待起飞,可是还没等飞机飞起来,前方就传来了消息:亚伯拉罕·约菲(Avraham Yoffee)率领的第9旅已经攻占了沙姆沙伊赫(Sharm el Sheikh),不再需要空投了。

战斗全部结束后,我们花了三天时间开战后情况说明会,所有连级以上军官都要参加。各个阶段的战斗情况都有详细的汇报。其中最引起争议的是发生在米特拉的战斗。沙龙命令士兵进入这一地区,却没有充分注意隐藏在战壕中的埃及士兵,因此造成了几十名空降兵牺牲。事后我得知,一些高级军官就这次战斗和沙龙进行了严肃的会谈,其中包括艾坦、达韦帝,以及副旅长伊扎克·胡菲(Yitzhak Hofi)。在米特拉经历了惨烈战斗的军官无法原谅沙龙,因为他当时根本不在战斗一线。这一指控确切中了沙龙的命脉。西奈战斗结束后,沙龙被迫交出了旅部的指挥权,去总参训练部挂了一个闲差。

战后,一队卡车拉着我们营在西奈半岛的南海岸行驶。在途中,几件有关战利品的小事一直深深地印在我脑海中。车队停在了阿布·茹得思(Abu Rudeis)镇,这里的居民基本都逃走了。其中既有本地人,也有很多外国专家,他们来这里主要是指导如何开采锰矿和石油。我们停在镇外准备吃午饭,这时却发现很多士兵对午饭根本没有兴趣,他们感兴趣的是专家公寓里会不会有什么值钱的东西。我叫来连里的传令官,让他和我一起站在十字路口,我们一个一个地拦住那些溜出去抢东西的人,不管是士兵还是军官。他们手里拿着各种各样的好东西,比如收音机、电扇等等。没人能从我们设立的这个检查点逃脱,没多长时间,那些抢来的东西就堆成了一座小山。我们拿了一个煤油桶,把这些东西烧了个干干净净。

随后,我们很快到达了我们预定要守卫的地方。这块地方面积很大,北边一直到了达哈布(Dahab),这个地方在六日战争后迅速成为以潜水著称的度假胜地，南边一直到阿-图尔（A-Tor），这里最近空投了我们的一批军队。我们在这片区域进行了彻底的搜查与巡逻，这大约用了两周的时间。在此期间，一个贝都因羊倌带着我们找到了坐落在山顶上的一座神庙，这座神庙是古代埃及人用来供奉女神哈索尔（Hathor）的。

要想进入这座神庙，只能沿着一条很窄的小路往前走。在山脚下时，这座山看上去没有什么特别之处，可爬到山顶后，这里的景色着实让我们惊叹：首先是一排用红色的努比亚砂岩制成的巨大石板，上面写满了奇奇怪怪的象形文字；还有一个保存完好的巨大祭坛；另外还能看到一些巨大石柱的地基部分。我们由此可以猜想到，为表示对于哈索尔女神的崇敬，这里曾有一个规模宏大的建筑物。

几周后，我们再次来这里巡逻，发现有两个刻满象形文字的石柱正被装上空军的一架直升机。我们只知道这两根石柱要被运往北方，具体位置不得而知。

很多年后，有一次我有机会到国防部长摩西·达扬的家里做客，他在当年的西奈行动中担任国防军总参谋长，在他家中，我无意中发现了那两根被装上飞机的石柱。直到那时，我才明白了事情的原委。

当时，耶路撒冷已经被分而治之，而我们的下一项任务就是在停战线附近巡逻。那两个月奇冷无比，有时还大雪纷飞，我们在风雪中无数次沿着那条弯弯曲曲的停战线走来走去。就是在这次执行任务的过程中，我逐渐意识到，最近几年，我已将自己的全部时间和精力献给了第88营。这次战争后，以色列与邻国享受了一段相对平静的时光，我趁机返回理工学院完成了机械专业的学习。

在我服役的这段时间里，以色列频繁地向邻国发动复仇行动，其中以卡代什行动最为典型，这些都对后来的以色列国防军产生了持久的影响。回头来看，我们似乎应该更客观地评价这些行动所产生的影响。

数年后，已经成为总理的沙龙说出了这样的话：

我们在评价这些复仇行动时，不仅仅要看到它们在军事方面的影响，更要看到我们借此在过去的50年里所取得的建设成果。在这些复仇行动中，我们最可信赖的职业军人手持利刃，不仅用勇气，而且也用巧妙的战术保证了我们的道德价值，这样，其他人们就可以安心地安置新来的犹太移民，建设工业和农业，以及教育和科研机构，同时不屈不挠地寻求和平之路。正是由于当时我们找到了解决安全问题的合理方式，才使我们在此后获得了相对和平的局面，这让我们可以直面现在，并对未来充满希望。我们希望在和平条件下生活在一个经济繁荣、民主自由的犹太国度中。来时的路并不顺畅，而且我知道还会有更多挑战在迎接我们。但只要看看我们现在所取得的成就，我们就会坚信当时的辛劳付出是多么值得。

毫无疑问，当时的我们是一群有着坚定信仰和无限勇气的年轻人，而我们身上的那种天真无邪也是现在的年轻人所不具备的，这一点我与沙龙没有意见冲突。但沙龙说这些复仇行动带来了安全以及邻国对于以色列的畏惧感，这一点我就不敢苟同了。这一时期的历史数据表明，在抑制地方渗透与攻击方面，这些行动并非特别有效。

摩西·达扬曾说："我们从未在和平时期挑起过战争。"沙龙也随声附和。但我却只能大摇其头。很多情况下，我们是在主动挑衅，而且就是依照沙龙的命令来制造冲突。如果真的仔细分析当时的冲突起因，就会很轻易地暴露我们自己身上的很多污点。

同时，我们也要承认，20世纪50年代的复仇行动，特别是那些越过边界袭击敌军阵地的行为，从宏观历史来看，正是指引以色列军队建设的一支火炬。要知道，独立战争后的数年间，国防军的士气一直非常低落。而这些复仇行动延续并发展了30年代温盖特（Wingate）和夜间特别行动队所推崇的"越过栅栏，采取行动"原则。这些行动犹如冲天的火柱，为国防军确立了新的主动出击战法。

第四章

不在军队里的那段时间

"伤残老兵"

从军队复员后,我又回到了集体农庄。尽管先前为我治疗的整形医生已经尽了全力,可我的左胳膊还是处于半瘫痪状态。也许再做一次手术会让情况好一些,于是我再次来到了哈休莫山医院,想预约一个手术时间。可院方告诉我,医院已经无法再接收我,因为我现在既不是在编军人,也不能算作残疾退伍老兵。这话听起来很费解,那我就再解释一遍:现在的我要经过一个特殊委员会的审查,判定我是否属于残疾退伍军人,如果属于,我才有资格来这家军用医院接受治疗。

那年夏天,我的身体在慢慢复原,不过还是无法参加任何体力劳动。于是我便成了农庄里的一名守夜人。这份工作很轻松,于是我便有了充足的时间来思考自己的未来。夏日将尽,忽然有一天,丽芙卡·温斯坦(Rivka Weinstein)跑来找我,问我愿不愿意给她帮忙。丽芙卡·温斯坦的名头可是不小,她被称作"青年军之母"。她打算在住棚节(Sukkot)期间组织一次农庄大会,地点就设在我们的农庄。有这么重要的人物来请我帮忙,我当然不会拒绝。

负责这些活动的是温斯坦和兹维·布雷纳(Zvi Brenner)。兹维·布雷纳个子不高,但却精力充沛,而且还有点儿神经质。建国以前,他就是帕尔马赫先锋团成员,有一次作战中腿部受伤,尽管接受了治疗,但依然留下了一眼就能够看出的残疾。不过,他的行动似乎完全没有受到影响。他与本-古里安有一些私人关系,这可有些不寻常,究其原因,可能是因为在内心深处,他是铁杆儿的以色列工人党(Mapai party)党员。

在这三天的会议期间,我整天四处奔忙。我们的准备非常细致,而且也能够快速处理一些突发事件,这让所有参会者都印象深刻。忙完之后,我又回到了理工学院进行学习。

我刚开始学的是电子工程,在三年服役期间,我没少思考这个专业的利弊,于是这次我选择了一个更为实用的专业——机械工程。学期初,我与农庄的秘书讨论过我能不能去理工学院继续深造。我当时提出不会找农庄要任何资助,不管是学费或者其他什么方面,我的身份只是一个长期休假的农庄成员。我知道我要自食其力。后来我发现,残疾退伍军人可以得到一笔助学金,还有一笔足可以支付我生活费的贷款(我当上工程师后,很快就还清了这笔贷款)。当时我通过做家庭教师来赚取生活费,那些学生都是还没有取得什么军衔的初级海军士兵,他们需要通过入学考试,科目中自然少不了数学、物理和化学,而这些都是我的强项。

参与国防军科技人才储备库的学生都是在高中毕业后直接来理工学院进行学习,他们的学习能力着实让我吃惊不小。我简直都有点儿嫉妒他们,因为他们学习起来显得那么轻松。他们因为年轻,所以有着超强的记忆力,而我就不同了,我的学习能力必须依赖于逻辑思考和以往的经验。

尽管工作与学习任务繁重,但我还是愿意参加各种集体活动。第二年时,我当上了本专业的学生会主席,而到了第三年,我就已经是整个学院的学生会主席了。这几年中,我的周末去处基本只有两个:要么回农庄看望母亲,要么去耶路撒冷看望女朋友,她当时正在那里学医。

创建总参侦察营

在学校第二年的某一天，我正在焦头烂额地处理自己的作业，忽然收到沙龙写来的一封信，希望我能去总参谋部参加一个会议。当时沙龙正在训练部担任一个部门主管，这是他由于西奈战争中的失误所受到的惩罚。终其一生，这个雷厉风行而又充满创意的人物一直在人们的争议中生活着，一旦他的反对者占据了上风，他就会遭遇人生低谷。这次很明显又是一个低潮时期，不过他依然保持着斗志，而且时刻都在琢磨一些富有创意的点子。在沙龙的办公室里，我遇到了迈尔·哈尔-锡安，这完全在我的预料之中。他当时正在劳尔·加里里（the Lower Galilee）经营着一家名为肖莎娜（Shoshana）的养牛场，这个名字是他妹妹的名字。

会议刚开始，沙龙就直奔主题：总参谋部决定建立一个特殊的战斗分队，直接归他们指挥，这个分队会按照参谋部的需要执行一些特殊任务。哈尔-锡安和我花了两天时间来思考这个战斗分队的组织纪律与战斗原则。哈尔-锡安主要负责考虑整体作战原则，而我则要设计出整个团队的组织架构。我只是参与了前期的规划工作，后来就退出了这一工作。后期参与筹划的主要是亚伯拉罕·阿尔南（Avraham Arnan）与哈尔-锡安，他们进行了广泛的交流，对于这一特殊团队的创立做出了很大贡献。

在理工学院学习的第三年，我参与了很多课外活动。作为学生会主席，我组织了一次大型的学生罢课，目的是抵制学校的一些规章制度。我们不断地召开记者会，还接受电台的采访，最后与校方进行了针锋相对的谈判。当时的院长是雅各布·多利（Yaakov Dori），他可是国防军中一位富有传奇色彩的人物，独立战争时期曾担任过总参谋长。可是在处理学生罢课的过程中，他却表现得非常软弱无能，这让我大跌眼镜。

学生会主席是我所担任的第一个面对公众的职务，从中我学到了很多，其中很重要的一点就是：在面对一场组织严密的公众事件时，领袖人物也会变得非常无助。几个月后，罢课活动结束，我们与校方达成了协议。事后我发现，就算不罢课，这个协议也依然可以达成。尽管课外活动繁多，我还是每周抽出时间来去上我喜欢的法语课。

多年之后，我在法国巴黎住了几年时间。那时我住在战略研究基地（the Foundation for Strategic Research,（FRS））附近，那是一个致力于战略和军事科技研究的智库。此后，我又成了国防部驻巴黎代表团的负责人。直到那时，我学的法语才算派上用场。现在我依然记得那位法语老师的名字——以诺（Enoch）。每次当我脱口说出一个法语短句时，我自己都有些不相信自己的耳朵，我没有想到很多年前学习的东西现在竟然还能这么记忆尤深。这时，我会在心中默念："谢谢您，以诺。"

结婚后，我离开了自己的农庄

在学校的第三年结束后，我和娜奥米决定结婚。我找到了我们农庄的书记迈尔·沙哈尔（Meir Shachar），告诉他我准备离开农庄。不知大家是否还记得这个名字，当年他在我能否去理工学院学习的争论中发挥了重要作用。对他说完这话，我感觉好像站在了一个似乎熟悉的新世界的入口，那时的我浑身轻松，满怀自信。我知道我将独自面对这个纷繁的世界，但是我相信自己一定可以闯出一片天地。

我告诉沙哈尔，我打算把我在伞兵部队服役时积攒的所有存款都转到农庄名下。这些钱我根本就没有动过，我觉得，当时虽然我在部队服役，但我的人事关系还在农庄，所以这笔钱不应属于我个人。当时，离开农庄的人不会得到任何补偿，而我也从未想过这些事情。离开时，我从农庄拿了一张铁架子床，一张棉毯子（它从我婴儿时期就一直陪伴着我），还有三件铁制的家具（这都是我自己设计打造的，上面还有精巧的塑料饰品）。

我和娜奥米搬到了乌沙农庄（Kibbutz Usha），她的父母就住在那里。在农场边缘的一家平房里，我们开始布置我们的新房。暑假期间，我们被海法炼油厂招去当学徒。其间，我们请了两天假，然后去特拉维夫举办了一场基本只有家人参加的小型婚礼。婚礼后，我们乘火车返回了农庄，同行的有她的父母和姐妹，第二天我们继续回炼油厂上班。迫于当时的财政情况，我们决定无限期推迟蜜月。幸好，在以后的日子里我们有很多次机会一起旅行，每一次都可以算作是对于蜜月的补偿。

1959年的一天，阿摩·伯科威茨（Amos Berkowitz，学院学生会的主席之一）拉着我去参加一个由工人党组织的集会，会上我们见到了摩西·达扬、加德·亚库比（Gad Yaakobi）等人，那时他们都还相当年轻。他们在台上的演讲满怀热情，极具说服力，我仔细聆听，感觉他们确实是想打破原来工人党的陈规陋习，建立一个真正为社会大众服务的政党。只不过当时我对于政治还没有多少兴趣，于是告诉伯科威茨（Berkowitz）我还是想先当个工程师，从政的事儿以后再说。

虽然暂时不想从政，但我却从未放弃过社会活动。我依然是校学生会的成员，主要负责外联工作。这一工作使我有机会第一次到远东地区逛了一圈，对那里的了解不断增多。

一天，朋友鲁文·梅尔哈夫（Reuven Merhav，当时以色列全国学生联合会书记）告诉我，亚洲学生领袖将在马来亚（Malaya，现在的马来西亚）首都吉隆坡举办一个论坛，为期五周，问我有没有兴趣。全国学生联合会将会选派两名代表，其中一名出自理工学院。马来亚？吉隆坡？这两个名字充满了异国风情，而且感觉有万里之遥。听到这样的消息，我激动不已。尽管这意味着要长时间地中断学习，可我还是不忍心放弃这样一个好机会。

研讨会在马来亚的吉隆坡大学举办，参会的学生来自斯里兰卡、印度、印度尼西亚、新加坡、马来亚、日本、越南和以色列。研讨会每周都会推出一张报纸来报道会议实况，我自告奋勇加入了编辑部，在这一过程中，我的英文水平得到了极大的提升。

这次研讨会使我更为深刻的了解了亚洲人民及其文化。我还学到了很多关于他们的政治知识，并了解了各民族之间的关系。我发现来自印度的学生都精于世故，让人捉摸不透，而来自斯里兰卡的学生更为直截了当，也更为富于勇气。还有，他们都特别能吃辣，我们一闻到他们的食物，就会被呛得双眼流泪。越南学生很有绅士风度，而来自新加坡的学生更有学者气质，而且做事也更为严谨。

这次的经历使我大开眼界，回国后不久就写就了一份非常详尽的报告，提交给了外交部。

卡汉教授

我们在学校里有一门生产工程学，学习的是工业工程与管理，任课老师是约尔·卡汉（Yoel Kahan）教授，他是一名杰出的工程师，而且实践经验极其丰富，据说，二战前他就在荷兰主持铁路的修建工作。二战期间，他一直藏在荷兰，竟然没有被德国人发现。尽管如此，他在那段时间还是吃了不少苦，幸好他总可以随机应变，而且特别乐观幽默，这在他教书过程中得到了充分体现。到了最后一节课，他跟我们说了几句很重要的话，这些话到现在我还记忆犹新："你们马上就要成为年轻工程师了，不过，你们还有一年——最多两年的时间——来问出各种傻乎乎的问题，这些问题以后你们就真不敢再问了。所以，抓住这点儿时间，尽情发问吧。"

约尔·卡汉开办了一家小型的工业工程咨询公司，名叫凯谢特（Kheshet）。我的一位朋友已经在这家公司干了三年了，由于他的推荐，我也很荣幸地进入了这一团队，成为这家公司里第七位工程师。这家公司提供各种咨询服务，既包括工业组织类咨询，也有非工业组织来找我们提供服务，比如特拉维夫市政部门。

加入公司后不久，我们就新添了一家用户，是一家名为弗里德曼家族（Friedman and Sons）的工厂，坐落在耶路撒冷。在将近两年的时间里，我一直被外派到这家工厂来工作，这正好使我有机会陪妻子度过了她学医生涯的最后两年时光。与此同时，我打算再修一门工程类专业，这一专业需要我进行一次社会实践项目。最后我选择了家用冰箱配送，这也是弗里德曼家族工厂的三大主打产品之一。卡汉教授答应做我的顾问。

我在凯谢特的工作经历还给我带来了意想不到的收获。不知有没有人知道泰迪·温舍尔（Teddy Weinshel）博士，他是一名工程师，参与了与卡汉教授共同创建咨询公司的最初阶段。后来，泰迪·温舍尔去美国哈佛大学深造，取得了企业管理的博士学位，回到以色列后，位于耶路撒冷的希伯来大学邀请他去企业管理系任教。他当时急需一名助手，于是便向我们公司求援，我自告奋勇，接下了这份工作。他将要教授的是生产管理基础这门课程，作为助手，我负责安排与学生们的讨论环节。那批年轻人都很优秀，勤奋好学，脑子里常有新鲜想法。

可是，还没等正式开课，温舍尔博士竟然神秘失踪了。企业管理系的主任丹·哈夫特（Dan Haft）教授找到我说，温舍尔教授与系里在他的待遇方面没有谈拢，所以，在最后时刻他们没有达成协议。温舍尔教授拂袖而去，不会再来这里任教了。系主任问我能否承担起授课任务，既教课，同时也组织讨论。这可是有点儿连升三级的节奏，像极了我在军队中的升迁经历，从班长一步成为连长。尽管我也有些紧张，但还是毫不犹豫地答应了，我实在是不想失去任何锻炼自己的机会。于是，在后面的两年里，我既是咨询顾问，又是大学讲师。

尽管如此，我似乎还觉得肩上的担子很不够重，于是又开始在理工学院的运筹学专业攻读理科硕士。我设法把学习任务压缩在周四和周五这一天半的时间内。我去找卡汉教授，问他我还能否参加当初选择的家用冰箱配送项目，如果可以参加的话，我该如何分配时间。卡汉教授又一次显示出了他的伟大之处。他说："项目你当然要参加。时间方面，一半你要牺牲一下假期时间，另一半公司会提供给你。"

到了我在希伯来大学教书的第三年，我们全家搬到了海法，当时娜奥米已经怀孕，但她坚持要完成在瑞本（Rambam）医院的实习，而我也开始了我在硕士阶段的学习。在这一时期，我以副营长的身份参加了预备役军官的培训，培训一结束，我赶紧跑到海法的医院，因为我的女儿奥斯纳特（Osnat）

已经出生了。孩子出生后不久，娜奥米回到瑞本医院继续她的实习工作，而我则像练就了分身术一样在各处奔忙：首先我是凯谢特的员工，会被派到全国各处去进行咨询工作；其次我是希伯来大学的讲师，要定时跑到耶路撒冷去教授企业管理课程；还有，我还在以色列理工学院读硕士呢。

有一天，丹·哈夫特教授告诉我，来自美国斯坦福大学的以斯拉·所罗门（Ezra Solomon）教授要来我国访问，他希望我能抽出时间来与这位教授一起共进午餐。这样的好机会我当然不想错过，于是我按时来到了耶路撒冷的一家餐馆（当时，那里的餐馆都非常简陋）。所罗门教授个子不高，皮肤黝黑，虽然戴着眼镜，却无法阻挡住他锐利的眼光。用餐时的谈话很愉快，涉及很多话题。我以为只不过是一顿饭的事儿，谁知，两周后哈夫特教授给我打电话，非常兴奋地告诉我："你知道斯坦福大学的企业管理专业要办一个讲师培训班吗？恭喜你，你被录取了！"

这个国际项目是由美国政府出资赞助的，培训对象主要是来自印度和巴西的相关专业讲师。这个项目提供的条件非常优厚，不仅有大笔的助学金和生活资助，而且参加者及其家人的旅行费用都可以报销。当时我们的情况也允许我们参与这个项目。娜奥米刚刚完成了实习，拿到了医学学位。我们在家里讨论后决定：一定不能放过这个天上掉下来的馅饼。我把这个决定告诉了哈夫特教授。然后我又去与我在理工学院的导师谈。导师名叫阿迪·本－以色列（Adi Ben-Israel），当时他正带领我探索线性规划的奥秘。每个月我都会神经紧张的翻看那些专业文献，以确保自己的研究具有原创性。每天工作结束，我还要泡在各种数学算法中几个小时。到了年底，我提交了毕业论文，通过了答辩，而且得分还比较高。

20 世纪 60 年代的美国简直就是人间天堂。我们在加利福尼亚的那段时间对我们影响很大，不光是我，也包括娜奥米，因为她得以在斯坦福大学附属医院进行深造。我们还结识了一对无比善良而又性格开朗的犹太夫妇，丈夫名叫戴夫（Dave Silver），妻子名叫温妮（Winnie）。在美国期间，我们一直住在他们家里。直到现在，我们依然保持着联系。

同样让我惊喜的是项目参与者来自世界各国，这又成了我了解世界的一扇大窗户。这些学员来自亚洲各个地方，包括菲律宾、泰国和中国台湾，另外有很大一部分来自印度。中东地区也有很多人参加，其中有两名埃及人，一名以色列人（就是我）和一名伊朗人。

达韦帝要我指挥第 71 营

1月份的时候，我回到以色列，随后马上开始着手安家并找工作。陆军准将阿龙·达韦帝招我去见个面，当时他已经是国防军的步兵伞兵总指挥官。我在第890营任职时就认识达韦帝，后来在伞兵旅时关系变得更为亲密。现在能见到他确实有老友重逢的感觉。虽然已经是总指挥官，但他的办公室去依然简朴如初。我们有很长时间没有见过面了，这次相见确实看到了他的很多变化：他已经把根根直立的红色头发剪得很短，虽然还留着和以前一样的胡子，但胡子中有些地方已经变得花白。不过，最重要的是，他的目光中依然充满了智慧与和善。他笑着欢迎我，像从前一样亲切地喊着我的小名："吉尔！吉尔！欢迎回来！"

寒暄几句后，他直奔主题："我们打算成立一个预备营，而你是营长的最佳人选。"也许在平时，我会很痛快地答应下来。可当时我的思绪还在美国加州，我只能告诉他我会回去考虑一下。

两周后，我再次来到了他的办公室，毫不犹豫地答应了下来。我曾经在以利沙·夏勒姆（Elisha Shalem）手下当过两年的预备营副营长，所以大概知道后面将会面对什么。我知道，从副营长到营长，身上的担子会显著增重，而且站在指挥塔的顶端，很多事情都需要你自己决定。最后一次预备役军官培训中，我曾在后期指挥过一个营。但这次，我要独自指挥第71营，而且是白手起家，这种感觉真是不一样。

开始接触武器研发

我还在继续找工作。首先，我与国防军行动分支的武器开发部取得了联系，希望能够见到部长伊扎克·雅各布（Yitzhak Yaakov）上校。在此之前，我在硕士生导师阿迪·本－以色列博士（同时也是一位武器开发部的后备研究人员）向部长引荐了我，因此我很快就获得了面试机会。雅各布上校在他的办公室接待了我。他身体壮实，有着一头短短的卷发，蓝色的眼睛仿佛能够看透人心。他把部里情况大致向我做了介绍。他的声音低沉，而且非常庄重。我考虑了很长时间，最终还是决定先去其他地方试试。

在太阳神庙镇当生产经理

我把目光投向了民用工业，找来找去，最后找到了位于太阳神庙镇（Beit Shemesh）的一家工厂，担任那里的生产经理。这家工厂主要生产煤油家用热水器、洗衣机，以及各式大型冰箱。这里的生产线与位于耶路撒冷的弗里德曼家族工厂类似，而我在凯谢特工作期间没少往那家工厂跑，因此感觉业务很熟练。

不管在哪家工厂，生产经理的工作都耗时耗力，而我所在的这家小工厂时刻都有倒闭的危险，所以压在我身上的担子就更重了。我儿子宁录（Nimrod）要出生时，我开车把娜奥米送到了特哈休莫医院，然后赶紧回工厂继续忙活。幸运的是，老板法外施恩，允许我早点儿下班去看看我儿子。我急匆匆赶到产房，儿子已经出生。娜奥米给我讲了讲分娩过程，其实也没什么可讲的，因为一切顺利，没有任何意外发生。

忙就忙点儿，累就累点儿，这些我都能扛，不过后来发生的事情就让我内心无法平静了。自从我被任命为预备营营长后，达韦帝一直鼓动我去参加一个营长集训，他跟我说："时间不长，只需六周。"我去向老板请假，老板一听说六周就一个劲儿地摇头。看来没什么戏，我只好对上面实话实说。

我的上级莫塔·古尔（Motta Gur）旅长全副军装（头戴红色贝雷帽，还戴着上校肩章）来到了工厂，要亲自帮我向厂长请假。古尔跟厂长苦苦相求，结果还是被人家回绝了。

最后，我想到了一个折中的办法：我只参加一半的培训课程。我去见沙龙，向他说明了情况。当时他已经是上将军衔，担任训练部部长。沙龙丝毫没有迟疑，马上叫来了位于内坦亚（Netanya）附近的训练基地的指挥官，告诉他我会参加三周的训练。最终，我参加了第一周和最后一周的训练，中间还来了一周。印象最为深刻的是最后一周，临近结尾了，上边决定给我们一次真正的考验。我的任务是指挥一个连，让这个连乘坐直升机安全达到地面，还有一个实弹演练，目标非常不好找，只有通过地图和航拍的照片才能看到。不管怎样，我还是非常圆满地完成了任务。训练课程一结束，我马上被召到中部军区指挥官乌兹·拉凯斯（Uzi Narkis）的办公室，他亲手为我授予了少校军衔。

不过，有喜就有忧，训练场上的出色表现解决不了工厂里的问题。厂长去欧洲参观那里的工业发展，待了一个多月，在这段时间里，我不仅是生产经理，而且还得代理厂长的职责。在这段时间里，工人们与厂方发生了一些矛盾，我在其中巧妙周旋，终于平息了事态，而且当月的产量还创造了新高。不过，不知为什么，我的这些努力丝毫没有引起厂长的好感，他从欧洲回来后，我们的关系越来越僵。我实在忍受不了这种工作状态，于是果断辞职，准备另谋出路。

伊扎克·胡菲上将在伞兵旅刚刚成立的时候曾是沙龙的副手，现在他是总参谋部行动部门的一把手。他从古尔那儿得知了我的情况，于是向我伸出援手，打算给我一份国防部的工作。他们需要为武器采购与生产管理局招聘一名有经验的工程师，我觉得这很适合我，于是决定试一试。招聘是以招投标形式进行的。与投标委员会见面时，我发现里面没有一个我认识的人。我只是听说，委员会主席是一家大型军工厂的主管。这位主席头发花白，戴着金边眼镜，这让他看上去像是一位来自普鲁士的军官。他开始向我发问，这时我才发现，他比我想象的更为经验丰富。尽管如此，我还是很顺利地回答了他们的所有问题，自我感觉良好，可是，两天后，他们告诉我，我是这一职位的第二人选，这让我极度郁闷。

第二天，委员会主席给我打电话。他自我介绍说自己是某家公司的老板，然后问我愿不愿意为他工作。我马上知道了这里面的潜台词，尽管怒不可遏，我还是保持了应有的礼貌，告诉他我会好好考虑他的建议。内心深处，我发誓打死也不会接受这份工作。

伊扎克·雅各布上将依然是总参谋部武器开发部门的负责人，他还是想方设法要我到他那里工作。他告诉我想让我管理这个部门的第二个分支机构。我征询了达韦帝和胡菲的意见，他们都鼓励我尝试一下，于是我答应接受这份工作。于是我又来到了训练基地，穿上了军装，接受了军人都要接受的各种装备，然后向总参谋部走去。前面等待我的是武器开发这样一个未知的世界。不过到此为止，我十年的平民生活就算是结束了。

第五章

第71营和"六日战争"

建立新的预备营

不管建立任何性质的新组织,那种体验都独一无二,让人久久不能忘怀。其中包含了期待、希望以及深深的不确定感,你会充满焦虑,不知能否跟预期一样。你要面对各种各样的人物,他们的态度与表现都是你喜怒哀乐的缘起。

对于一个预备营来说,最初的训练方式至为重要,它能够让士兵明白这支部队的努力方向以及将来要发挥的作用。大家刚刚走到一起,相互之间非常不熟悉,你无法知道他们各自有什么能力,也不确定他们能否形成和谐的人际关系。你也不知道临时指派的各级军官能否很快在官兵中树立权威,形成"军令如山"的可喜局面。最怕的是有些军官总是唯唯诺诺,难以有效指挥手下的士兵,那就很难处理了。

由于工厂里的繁杂事务,我比原计划迟了两天才到营部。我驱车一路向南,开往阿拉德(Arad)附近的营部。我感觉自己驶入了一个陌生的世界。当时还是冬天,天上却下着瓢泼大雨,这对于以色列南部来说非常少见。透过车窗,我看到常年干涸的河床已经积水很深,而且水都已经漫到了公路。到达营部后,副营长丹·齐夫(Dan Ziv)出来迎接,紧接着,我们对全营士兵进行了一次检阅。检阅过后,我照例发表讲话。在讲话中,我强调了我们将要面临的挑战以及这支部队与其他部队的不同之处。我告诉大家，这次的训练会使我们成为一支强悍的部队，我相信我们肯定能够成功。40年后，我与泽伍伦·奥列夫（Zevulun Orlev）相遇，他当时就是我们营的士兵，他告诉我，在听我讲话时，他们都对我充满了敬意，都为有我这样一位营长感到骄傲。

齐夫来自第890营，我们早就认识，而其他军官我就是第一次见了。齐夫个子不高，身体结实，一眼就能看到他身上的腱子肉，他的发色很浅，上唇还留着尖尖的小胡子。在卡代什（Kadesh）行动中，他担任排长，由于在米特拉战斗中的出色表现，他被授予了勇气勋章。他曾经指挥过一个预备连，现在成为副营长对他也是一种重用。军士长维卡·范德（Zvika Vander）也在我们营中。我在担任第88营二连长期间，他就是我们连的中士，后来我到预备役第98营担任一连长，也把他带到我们连里担任上士。

雨整整下了一周，但我们的训练按照原计划进行。训练过程中，我们感觉到营里的一切都在步入正轨。这一阶段的最后一个训练项目是实弹演练。我们的目标是动用所有兵力，用从邻部借来的迫击炮和重机枪攻占有围墙的要塞。我知道旅长古尔和其他军官会来视察这次的训练，于是就更想让训练过程进行得完美无缺。我向各连长发出命令，语气有条不紊而又斩钉截铁。当然内心深处我还是非常紧张，但我不会让这种紧张情绪表露出来。之所以紧张，主要是因为这是实弹演练，闹不好是要出人命的。我要非常准确地判断炮火的方向，以使官兵能够与它们拉开适当的距离，不至于出现炮弹打伤自家人的情况，特别是在晚上。演练开始后，古尔一直在我身边。我们两人都神情紧张，生怕出现意外。整个演练过程还算顺利，但确实出现了一些惊险场面。当时，有两个连冲在最前面，他们已经到了可以向目标发起进攻的一条警戒线旁，这时我发现，射向目标的炮火正在慢慢地远离目标，并向这两个连队靠近。情况紧急，刻不容缓，我马上命令这两个连停止前进，同时让炮兵停止炮击。从眼角的余光，我看到古尔已经脸色煞白，正擦着冷汗。还好，我没有机会看到自己的脸。

我们第71营还参与了一次由整个旅协同作战的行动，我们要在夜间进行两栖登陆，并袭击带有围墙的要塞。我们的登陆地点在位于海法南部的阿特利特（Atlit）附近的一处海滩上，登陆后马上沿着北部的山梁负重行军（包括迫击炮、重机枪和所有弹药），接近目标后马上进行攻击。在筹划阶段，我信心十足，一方面基于先前训练所积累的经验，另一方面基于我对官兵们的了解。我们在海军提供的登陆艇上晃荡了几个小时，实在说不上舒服。随后我们在阿特利特南部的海滩登陆，登陆后一路向东，穿过一片香蕉林向山梁行进。按理说，我对这条路线非常熟悉，所以应该满怀信心才是。可是这次，我却担心自己选择的路线过长，恐怕不能按时到达攻击目标。假如我真的搞错了怎么办？如果我们迟到，进行实弹演习的准备工作的时间就不得不相应缩短，这样仓促进行，可能会引起一些本来可以避免的事故。这可如何是好？

就这样，一边走着，我心里一边盘算，压力就像大山一样压在我的肩头，所以我使劲眨了眨眼睛，晃了晃头，努力保持头脑清醒。不久，我们到达了一个集合点。从这里开始，部队要开始分开行动，各自执行任务。我有些担心，因为这次的行军路线实在太长，战士们都已精疲力竭，如果他们的注意力不能高度集中的话，那么对于其他部队也是一种威胁。率先开火的是迫击炮，隆隆的炮声打破了夜晚的寂静，随后，重机枪、来复枪和轻机枪一起欢叫起来。训练结束，我赶紧听取各连的汇报，他们说所有任务都已完成，而且没有人员伤亡，这才让我松了一口气。

尽管已近破晓，天色依然漆黑一片，我把全营官兵集合到了我们刚刚攻击过的堡垒旁边。空气中充满了各种火药的味道，经历过战争的人对此并不陌生。我宣布整个训练任务圆满结束，并高度赞扬了全营官兵的凝聚力与执行力："有了这样一支部队，我就敢接受任何分配给我们的任务，不管多么艰苦！"官兵们尽管疲惫不堪，却依然在努力凝神静听。当时我怎能知道，六日战争的残酷考验就在眼前。

战前准备与训练

几个月后,埃及赶走了联合国观察员,同时关闭了位于沙姆沙伊赫的蒂朗海峡(the Straits of Tiran),这使以色列大为恼火,开始动员国防军的几乎所有后备部队。在所有的预备役都被动员起来后,伞兵部队也被动员了起来,接下来的两周里,他们都接受了集中训练,以确保官兵之间能够协调一致。按照作战计划,我们要被空投到艾尔-阿里什(El-Arish),这已经进入了埃及军队防守的区域之内,我们的任务是帮助以色列·塔尔(Israel Tal)少将的军队(当时是第84师,现在改编为第162师)安全地从西奈海岸行进到目的地。

我们打算训练营内官兵如何在密集的高层建筑中进行巷战,而且还不能告诉他们将来具体要执行什么任务。现在回想起来,这是对于耶路撒冷战斗至关重要的训练项目。本·谢门(Ben Shemen)青年村中有很多三层楼房,有些楼房之间的距离很近,非常接近城市巷战的感觉。我请求村里的负责人允许我们在这里进行训练,他却拒绝了,理由是:这里不是用来"进行训练的"。

我没有放弃,对他说:"这种训练很关键,你马上就能够看到它在马上到来的实战中发挥的作用。"最终,那位负责人还是同意了。于是,我们以连为单位,分批来到这里进行演练。六日战争结束后,我还特意回到村子里感谢这位村长。

6月3日是个周六,也就是战争爆发前的两天,旅长古尔和他的随从一起来到了耶路撒冷。事后想来,莫非当时他已经知道了什么内部消息?还是当时他已经有了什么预感?当时,我们这些营长没有参加这次考察,而是奉命回家休息。因为我们预定的任务是在艾尔-阿里什空降,所以他当时让我们休息也是可以理解的。不过,我还是有一种事后诸葛亮的感觉,那就是古尔应该带我们这些营长一起去耶路撒冷。

不管怎么说,在战前的那个周六,我陪了老婆孩子一整天。我们家还养了一只德国牧羊犬,名叫朱比特(Jupiter),当时还没有完全成年,它看到我回家来也是特别高兴。当然，就算休息一天，我也没有闲着，而是赶紧把防空沟挖好。这是战前每个家庭都要准备的。第二天，我们来到诺夫机场，为即将到来的空降行动做准备。

我们在一个农庄的果园里搭起了帐篷。第二天，6月5日，星期一，以色列空军开始行动，我们耳朵里满是旁边诺夫山机场的飞机起落的巨大噪音。收音机里捷报频传，我们也欢欣鼓舞。中午之前，我对手下官兵进行了最后一次讲话，我只是把任务重申了一遍，并没有多说什么。看着手下的官兵那么紧张，我觉得应该给他们打打气。说完打气的话，我又重申了两条纪律：第一，绝不允许抢夺财物；第二，敌人只要放下武器，举起双手，就决不允许伤害他们。这些都是我在以前的战斗中积累的经验。这不仅仅是从道德层面考虑，更是保持战斗力的必要措施。一支哄抢财物、虐待战俘的军队绝对不会有什么战斗力。

天有不测风云，计划赶不上变化。刚给官兵们讲清楚任务，任务就变了。约西·亚菲（Yossi Yafe）率领的第66营接到上级命令，要求他们立即奔赴耶路撒冷，我们以为他们去了只是增援一下边境的守军。而这个旅的其他部队，也很快接到了类似的命令。

我和部下各连长直接赶往耶路撒冷，而副营长齐夫、营部连长兹维·巴什（Zvi Bash）和军士长范德负责指挥全营官兵乘坐公交车前往市郊的葡萄庄园镇（Beit Hakerem）。刚刚跨过内毕·撒母耳（Nebi Samuel）来到耶路撒冷附近，我们就听到了重机枪的子弹从我们头上"飕飕"飞过。这时我们才明白，圣城的战斗早已打响。

第71营的战斗任务是从瓦迪·约兹（Wadi Joz）和西蒙（Simon）墓的方位突破敌军防线，这两个地方都位于旧城北部。我带着几位连长在这一地区巡查了很长时间，以确定合适的进攻方案。这座城市已经惨遭枪炮袭击，从边界处不时传来枪炮的声音。几乎没怎么动脑子，我的两条腿就自动带我来到了先知撒母耳大街（Shmuel Hanavi Street）北部纵横交错的壕沟里。夜幕降临，我们看到了约旦士兵开火时用来隐蔽的地方，以及附近的铁丝网和地雷阵。我们终于找到了一个适宜的进攻地点。另外一个进攻方向就是曼德巴姆门（Mandelbaum Gate），从那里我们可以接近瓦迪·约兹以及附近的谢赫·亚拉（Sheikh Jarah）。古尔同意了我的进攻计划，不过我还得争分夺秒地计划进攻中的细节。

此时，对于我们来说，最大的困难在于，我们只有一张耶路撒冷的航拍地图。基甸·马哈内米（Gideon Mahanaymi）中校（我在伞兵部队认识的好朋友）掌管的中央情报处（Central Command Intelligence）有关于约旦士兵部署的详细资料。总指挥部也有更为详尽的地图可以参考。但遗憾的是，这么好的资料我们都拿不到。39年后，也就是在2006年，第二次黎巴嫩战争爆发，历史再次重演，情报处有关于黎巴嫩南部各种军事设施的详细地图，可它们就躺在情报处的保险箱里，在前线浴血奋战的官兵们却始终无缘得见。

我们在制定战斗计划时需要灯光，但我们自己却没有，于是只好求助当地居民，请求他们把门打开为我们照亮。我们也知道，这对于他们来说也蕴藏着一定的危险。有一对夫妇从防空洞里走出来，为我们打开了房门。当时，我感觉他们为我们打开的不是房门，而是心门。因为他们没有马上返回防空洞，而是冒着被枪炮击中的危险为我们准备食品。不一会儿，他们就拿出了自己制作的三明治，里面塞满了各种可口的原料，另外还有热腾腾、甜丝丝的咖啡。战斗结束后，我们才了解到，他们还给了一连连长约拉姆·扎姆什（Yoram Zamush）一面以色列国旗，就是这面国旗，在我们攻占旧城之后飘扬在了圣殿山上。

我们营最终推进到了瓦迪·约兹以及附近的谢赫·亚拉，我在6月15日，也就是战争结束后不久，把这段经历写了出来，题目是"第71营进攻行动始末——耶路撒冷战斗"。虽然记述的有些单调乏味，但却非常详细。

我所经历的圣城之战

在打开缺口后，我们进攻到了谢赫·亚拉附近，这段时间里，我虽然名义上是营长，但和一名普通士兵没有什么区别，因为我们进攻的速度很快，我身边的人没有几个，要按人数来算的话，我顶多是个班长。刚刚打开的缺口已经被约旦方面注意到了，有一个约旦据点正在向我们的位置猛烈射击，阻止了我们前进的方向。我决定悄悄摸过去端掉它，于是，我叫上我的行动专员、情报官、营部连长，还有一名传令官，悄悄地向前蠕动。我们很快被敌军发现，子弹向我们这个方向扫射过来。一旦遭遇袭击，作为士兵的第一反应是确认子弹的来路，我们当时就是这样做的。战斗结束后，我们营每年都要在耶路撒冷统一节来到这里聚一次。我当时的步话员跟我说，当年进攻时，约旦军队扔过来一个手榴弹，正好落在他脚边，我看到后马上冲过去把他按倒在地，身子压在了他身上。"你就是这么救了我一命。"我支吾地答应着，因为我实在不记得这一场景了。不过，我能清楚地记得，我们当时已经跟全营士兵拉开了很远的距离。尽管我也知道这是暂时的，而且我还一直和各连长保持着通话联系，但我依然感到不安，害怕发生什么不测。

在刚才的战斗结束后，副营长齐夫顺利扩大了缺口，这样，带着无后坐力炮的吉普车就可以开进来了。我爬上一辆吉普车，看到我们营的官兵正在各处作战。凌晨时分，我们已经设立了一个临时营部。这是一幢大房子，房主很富有，我告诉手下只占用一两个房间，尽量不要打扰这家人的正常生活。女主人一看就是一位很有教养的女士，她不停地看着我，眼睛里难掩感激之情。

到了下午，各处基本停火，古尔命令我和第66营营长去参加指挥官会议。会议在洛克菲勒博物馆（Rockefeller Museum）的院子里举行，他在会上下达了新的指令。第28营营长约西·弗雷德金（Yossi Fredkin）还在里沃里（Rivoli）酒店附近苦战，敌人躲在旧城的城墙后面，占据着很大的优势。古尔决定，在当晚攻下奥古斯塔·维多利亚（Augusta Victoria）和橄榄山（the Mount of Olives）。我们第71营是进攻主力，因为我们的伤亡相对较小。他下完令后，我走过去告诉古尔，如果我们要进攻旧城的话，第1连连长约拉姆·扎姆什想第一个攻进去。古尔马上说："没问题。"到现在我也不明白，他说这句话时有没有认真思考，很有可能他正在考虑进攻奥古斯塔·维多利亚和橄榄山的计划，随口答应了一声。

在洛克菲勒博物馆举行的会议上，就压根没有提旧城。国防军的首席拉比什洛莫·格伦（Shlomo Goren）在我们下达完命令后也来到了这个博物馆，他也没有提进攻旧城的事。他倒是提起他母亲的墓地就在橄榄山上。我答应他，一旦攻下橄榄山，我会亲自护送他去墓地祭拜。当时，我绝对想不到，只在短短的一天之后，我会与他一起走进旧城，然后一同来到西墙旁边。

当晚的进攻被迫中止了一段时间，因为协助进攻的坦克部队路线出现了偏差。他们本应向左攻击奥古斯塔·维多利亚和橄榄山之间的低洼处，而他们却一路逼近客西马尼（Gethsemane，耶稣被犹大出卖而被捕之地）附近的桥梁。由米哈·卡普斯塔（Micha Kapusta）率领的第80旅的侦察部队赶来增援，他们向坦克部队发出信息，让这些大家伙回到了正确的方向上。不过，他们的努力也付出了代价，无名战士被躲在城墙后的约旦人射中，牺牲在战场上。就在我们等待进攻命令的这段时间，总指挥部发来消息：约旦第60装甲旅已经开始向这里发动反攻。古尔只得取消了进攻奥古斯塔·维多利亚和橄榄山的计划，整个晚上我们都在装备特攻队，以阻止约旦派来的装甲部队。我们配备了火箭炮和枪榴弹，还有一个排的SS10反坦克导弹（产自法国）助阵。破晓时分，我精疲力竭地回到了临时指挥所，已经两个晚上没睡觉了，也许有些读者能够感同身受。刚走进屋子，行动中士艾力泽·拉维（Eliezer Lavi）便走过来说，女主人送来了食物和咖啡。我又惊又喜，往桌子上一看，有一盘炖鸡块，还有一杯热气腾腾的现磨咖啡。这真是求之不得的享受，我马上狼吞虎咽起来。那种美味，我现在还记忆犹新。

黎明时分，古尔又把我找了去，这次他又重新提起了夜间进攻奥古斯塔·维多利亚和橄榄山的任务。"这次，我们会有空军支援，还有第155炮兵营的掩护。"古尔指挥的这个旅在弹药山（Ammunition Hill）的战斗中伤亡不小，而奥古斯塔·维多利亚的约旦守军可以躲在防御坚固的工事中，进攻难度可想而知。我知道这又是一场硬仗，但我对自己的官兵信心很足，而且进攻计划也已经考虑到了各种危险因素。

营部的早晨安静而又凉爽。窗子敞开着，从窗户里可以看到一条峡谷，峡谷对面就是我们马上要进攻的奥古斯塔·维多利亚和橄榄山，初升的太阳还只是一个暗红的火球，正可以映衬出深邃而宁静的蓝天。谁能想到，在如此残酷的战争间隙，竟然会有这样的沉静的氛围，有时我都觉得空气中能嗅到些许节日气息。我们现在并不是很关心在奥古斯塔的约旦军队会给我们带来什么威胁，因为我们还没有把进攻旧城真正纳入计划之中。一连连长约拉姆·扎姆什留下来指挥预备役军队，他们有两辆半履带车，我们曾用它们把前一天的伤员运送到了后方。扎姆什知道他们要一直在王宫酒店（the Palace Hotel）附近橄榄谷（the Valley of Olives）内待命。我们估计可能用不到他们参战，事后证明这一估计倒是很准确。

爬上山脊到达约旦军据点的战斗比预想的要简单，正是在山顶，我们通过无线电收到传来的命令：通过狮子门（Lions' Gate）进入旧城。在此之前没有任何的预警，也没有作战计划和协调工作。看来，重新夺回旧城的历史意义已经超越了任何常规的作战程序。

扎姆什的部队最接近狮子门，所以我下令让他马上率军进入旧城。我脑中能够很清楚地显现出旧城城墙与城门的景象，所以我感觉让所有部队都通过一个城门入城不太现实。所以，我命令副营长齐夫率领第4连和协同作战的连队通过粪厂门（Dung Gate）入城。我带领随从快速朝客西马尼与狮子门的方向跑去，泽夫·巴尔凯（Ze'ev Barkai）率领的第3连在后面紧紧跟随。我现在都已经想不起到底我是怎么到达狮子门的。我感觉自己在飞，而且如梦境一般。

狮子门前

第五章　第71营和"六日战争"　<<<<<　057

在路上，我们遇到了第1连，他们和那两辆半履带车一起待在路边。我跳上了其中一辆车，汽车的轰鸣声很大，我只得冲着扎姆什大喊："为什么你们不进城？"他说我们的坦克部队还在轰击城门，他们得等炮轰结束后再进入。他还没有说完，一辆半履带车隆隆地开过来，车上正是旅长古尔，他认为自己应该是第一个进入旧城的人。在我看来，这种热望已经超越了所有其他的军事考虑。我让1连赶紧跟上，自己也紧随其后。城墙上、城门里都还有不少约旦士兵把守，我们在前往圣殿山的路上多次与他们交火。

很快我们就到达了圣殿山广场，我举目四望，惊叹于这里宏大的气势、洁白的墙壁，还有这里肃穆的氛围。古尔早已达到，我请求他允许我去寻找西墙的位置。这时，一面国旗已经飘扬在了西墙之上。我已不记得我是怎样找到了通往西墙的台阶，反正在几分钟之后我就与71营的其他军官矗立在西墙旁边的小院子里。这个院子里空无一物，十分静谧。我看着那些巨大的石头和其中努力伸展出来的小花小草。我既没有祈祷，也没有哭泣，但我们都知道，我们正在经历一个无比重要的历史时刻。

我的武器发展专员本尼·罗恩（Benny Ron）正好拿着一个相机，他记录下了那激动人心的一刻。从无线电中得知，拉比格伦和他的助手已经到达了圣殿山广场，他们现在与2连士兵在一起。我命令一名士兵把拉比请到西墙旁边，在那里我们会面了。格伦的情绪十分激动，简直有些不能自已。他手里拿着一只羊角号。他想在西墙下把号吹响，可是也许是太激动了，他竟然发不出一点儿声音来。见此情景，我自告奋勇："拉比，把号给我。我是吹小号的，应该也能吹响羊角号。"拉比把号庄重地给了我，我不负众望，吹出了嘹亮而高亢的号声。本尼赶紧拍照，留下了很多珍贵的记忆。我

西墙下，埃拉姆吹响羊角号

们高声唱着以色列国歌《希望》（Hatikva）和《金色耶路撒冷》，随后我们返回圣殿山广场，准备接下来的战斗。

城中的战斗还远没有结束，我们营有不少士兵被约旦士兵射伤，那些士兵躲藏在旧城的街巷里打游击。我们营在城中的最后一次战斗中又有不少伤亡，地点就在新门（the New Gate）附近。我来到了 3 连，他们正在对付不远处的约旦人。我们的一个战友被杀，很多人都受了伤。敌军很顽强，没有一点儿退缩的意思。我们在城中已经战斗了两天，而且也拿下了西墙，所以在潜意识里，我感觉战斗已经结束了，但其实远非如此。我带上一个名叫巴旺（Bar-On）的长着红头发的排长，一名机枪手，还有其他两名士兵，顺着酒店的排水管向上爬去。我们悄悄地爬上二楼，约旦人就藏在那里。我们蹑足潜踪地爬进去，搜索了大厅和各个房间，却没有发现敌人，看来，他们已经顺着楼梯爬上了屋顶。枪声又响了起来，他们借着有利地形不断射击，击中了副营长齐夫的胳膊。我们冲上屋顶，一阵枪战过后，那几名勇敢的约旦人倒在地上。这期间，我也被弹片划伤。我让第 4 连连长穆萨·吉尔伯（Musa Gilboa）代我指挥，并对他承诺，我只要稍微包扎一下就会回来。我叫上我们营的军医伊戈尔·吉纳特（Yigal Ginat）和我们一起去哈达萨（Hadassah）医院，目的是"让医院不会强制我们留下来疗伤"，军队医院一般会这么做。伤口包扎完毕，吉纳特向医院承诺会一直照顾我们，这样我们才重新回到了营部。

当晚，我们在齐什拉（Kishla）待命，那是从奥斯曼帝国时期就一直存在的一座监狱。那个晚上很安静，我们趁机好好休息了一下。第二天，全营开进到了耶路撒冷东部的阿布迪斯（Abu-Dis）附近。

走上戈兰高地

战斗还没有结束，我们还要与叙利亚人交手。古尔暗示我说，他打算让手下的军队分头行动。尽管在后勤保障方面我们还是要统一调配，但他不打算让整个旅集体行动。6月9日，星期五，我命令齐夫和营部连长巴什安排交通工具，带领我们营赶赴戈兰高地（Golan Heights），随时准备参加那里的战斗。我在此之前已经率领部分营部官员一路向北，赶往北部军区司令官艾拉扎尔的指挥部。当天下午，艾拉扎尔接见了我，当时，格兰尼旅（Golani Brigade）已经在法克尔山（Tel-Fakher）打了一个漂亮仗，而第8装甲旅也正在进攻叙利亚堡垒。"我从耶路撒冷带来了一个伞兵营，不知我们能否参加这里的战斗？"我迫不及待地对他说，尽管知道队伍尚未到达。艾拉扎尔回答时声音非常温柔，这对于一名军人来说很不寻常。这个声音我多年后还一直记得，特别是在赎罪日战争期间，那时他是总参谋长。"你们快去找集团军司令艾拉德·佩雷德（Elad Peled），他们明天要去进攻戈兰高地的中部地带。与他们并肩作战吧。"

第二天清晨，我见到了艾拉德·佩雷德，我们两人眼望着戈兰高地，对战局进行了初步的判断。我受命在当天下午率领一支部队乘坐直升机跨过叙利亚边界，攻占法雷山（Tel Fares），并在戈兰高地南部守住拉菲德路口（Rafid Junction）。当时，我们营在经过了战火的磨炼后，已经变得像经过了磨合期的机器一样运转自如。我已经可以和各连长进行没有任何障碍的沟通，而且负责后勤保障的是营部连长巴什和范德，这也让人十分放心。周六下午，我们在位于下加利利地区的萨罗纳（Sarona）北部平原上集结，等待直升机前来接应。我们在飞越叙利亚军队上空时，可以看到他们的坦克和军用汽车，它们大部分都在向东移动。我们降落在法雷山的山坡上，在这里几乎没有什么有效的阻击。到了晚上，我们已经离开戈兰高地，再次回到了耶路撒冷。

圣殿山上的历史时刻

旅长想要定格占领旧城的历史时刻，于是他决定在圣殿山广场对全旅士兵进行检阅。在奥马尔清真寺（the al-Omar Mosque）附近，各营的军旗从各处冒出来，全旅官兵——包括那些受伤不是特别严重的士兵——都参加了这次检阅。我也感到有必要为第71营官兵举行一个独特而又更为直接的仪式，以纪念这次战争的结束。

全旅的检阅仪式结束后，我召集我们营的官兵来到圣殿山广场南面的台阶上，这个位置似乎正好形成了一个小剧场。我站在全营官兵面前开始讲话。首先，我重申了我们在这次战斗中所取得的战绩。我告诉大家：在不久的将来，我们在战争中的地位会得到充分肯定。然后，我又提到了以前提过的一个话题："在最后一次全营的实弹演练中，我告诉大家，你们的表现足以让我有信心带你们去参加任何艰苦的战斗。现在证明，我的判断是正确的。能成为这样一支军队的指挥官，我感到骄傲之极！语言已经显得苍白，唯有向你们致敬才能表达我的真情实意！敬礼！"

当时我头戴钢盔，身上穿着血迹斑斑的军装，庄严地向全营官兵行了一个军礼。以色列的战斗部队中很少行军礼，而在预备役中更是少见。战士们知道我这个军礼与众不同，于是大家肃穆地全体起立，齐刷刷地举起了右手。只有经历过战争、体会过战友情的人，才能够明白我们此时的心情。

作为营长，我还有一项任务——探望战死者的家属。等到全营官兵解散回家后，我又开始了这趟艰难而又让人伤感的旅程。探望前，我在全营进行了详细调查，基本知道了每位战死士兵牺牲的全过程。很多战死者家属要求到他们的亲人战死的地点去凭吊，我答应一定满足他们的愿望。几周后，营部军官和各连连长与战死者家属一起踏上了这一旅程。其间，让我印象最深刻的是五位战士牺牲的场所。那是一片住房。这五位战士都是第3连的士兵。他们的连长已经受伤，副连长还在后方指挥战斗。约旦人顽强抵抗。这几个房间中，有一个被我们称作"烧掉房顶之屋"，而另一个叫作"死亡之屋"。搀扶着战死士兵的父母，我们走过外面的楼梯，来到了"死亡之屋"的第二层。台阶上还有血迹，此时已经凝结。现在想起来，我还会浑身打战。

第六章

进入武器研发领域

第一步：武器研发部二处

刚刚还在圣城真刀真枪地和敌人拼命，现在却来到和平宁静的办公楼里坐机关，这样的转变真是有些突然。我们处负责为全军进行武器开发。我们这个部门人员不多，却像是一只手上的每一个指头，单独一个看起来都很柔弱，可合在一起就可以随时给你来一拳。我们部门主要负责开发各种枪炮、装甲、军用电子设备，以及光电设备和夜视设备，当然，后两者还只是处于初级阶段。

下面我要挨个介绍一下我们部门的各位武器开发高手。利昂·多斯特（Leon Dostes）少校来自装甲部队，他曾在希腊军队服役多年，后来移民到此。伊莱泽·佩雷德（Elizur Peled）负责枪炮开发，这位有着上尉军衔，说话轻声细语，一双蓝眼睛十分迷人。亚历克斯·阿尔哈纳尼（Alex Alhanani）少校负责弹药开发，他在我们的地下室里放满了各种弹药和引爆装置。想象一下，整个武器开发部都在地面上办公，要是他的这些玩意儿哪天不安分……想起来就让人心惊肉跳。多夫·阿德鲍姆 – 伊登（Dov Adelbaum-Eden）不是军人，他只是作为平民被国防军招募至此，他是一位电子专家，在美国受的高等教育。丹尼·阿维维（Danny Avivi）负责光电设备，他同样不是军人，而且同样移民自美国。他的移民经历也颇为特别，据说他在美国期间就与以色列安保部门有联系，最后因为种种原因不得不从美国逃了出来，而且再也回不去了，你懂得。还有一位是本尼·罗恩（Benny Ron），曾做过我们营的武器开发专员，现在是中尉军衔，他总是创意无限，活力四射，而且还是个武器开发方面的多面手。

1967年7月26日，行动处处长埃泽尔·威茨曼（Ezer Weizman）少将授予我陆军中校军衔。由于战争的原因，军队晋升的最低年限被大大缩短，我只当了八个月的少校就被提升成了中校。不久，我又收到了由总参谋长拉宾签署的军方邮件，再次委任我为第71预备营营长，同时任命我为武器开发部二处的处长。多重身份自然带来多重的责任，我预见到此后几年我将十分忙碌。但我依然满心欢喜，首先来自于上级对我的信任，其次，我对于71营感情很深，不想与他们分开。当然，还因为我不喜欢整天闷在办公室里。作为军人，我需要参加实战，尽管后面的三年我们进行的是消耗战。营长一职可以让我了解自己开发的武器在实战中到底效果如何。这是整天坐在办公室里想不出来的。所以，我把这些都看作是上天的眷顾。

刚刚结束的六日战争给了武器开发部一个大大的红包，我们可以借机搜集数据，分析双方坦克的攻防能力。阿拉伯人使用的都是苏联制造的坦克，西方国家（特别是美国）特别需要关于这些坦克的数据分析。这是因为，美苏正处于冷战时期，双方都对彼此的武器装备高度关注。但是自从1950—1953年的朝鲜战争之后，美苏之间就没有过正面的军事冲突，所以美国才会感觉六日战争中搜集到的数据特别珍贵。关心苏联武器装备的不只是美国，还有联邦德国。自此以后，以色列和联邦德国就在武器防御方面形成了长期的合作关系。

德国来的武器研发狂人

六日战争给我们带来的第一个合作伙伴是MBB（Messerschmitt-Bölkow-Blohm）公司，这是一家德国的航空航天公司，当时的掌门人是路德维希·博尔科（Ludwig Bölkow）。MBB是一家私有公司，最初创立于二战时期，二战时期德国飞机制造业的辉煌全世界有目共睹，这家公司就是其中一员。六日战争后不久的一天晚上，伊扎克·雅各布上校让我第二天早上带两名客人前往西奈半岛。第二天是周六，我开着我的那辆苏西塔（Susita）来到位于特拉维夫的丹丹酒店（Dan）。苏西塔是以色列第一批自主开发的小型轿车，车身是玻璃纤维制成的，这是当年国防军中校军衔的标配。我当时并没有意识到车上这两位是什么大人物。年龄较大的就是博尔科，而年龄较小的是海尔德博士，他是博尔科公司实验室的主管。事后我才知道，两个人是坐着博尔科的私人飞机来到以色列的，现在却要挤在我这一开就四处山响的汽车里。我一路狂飙开往西奈，身后两人跟着我的节奏左摇右晃，连个伸腿的地方没有。当时正赶上沙尘暴肆虐，我们的视线只能看出去几米远，而且道路中间还有刚刚不断堆起的小沙丘。

尽管一路危险不断，我们最终还是到达了目的地。那里陈列着几十辆苏联制造的坦克和装甲车，这些都是在战争中被我军飞机和坦克打残了的。两个人兴奋地跑下车去查看那些坦克和装甲车，就像是两个孩子跑进了玩具店。他们细心地查看这些坦克上的弹痕，不断交换着意见。忽然，他们发现在几辆报废的护航车旁边还有一堆苏联制造的反坦克手雷，这让他们更为兴奋，简直有些大呼小叫起来。海尔德博士还想亲自试试这些手雷的威力，出于安全考虑，我好说歹说才让他放弃了这个念头。我们整整在那里待了一天，直到晚上，在我的软磨硬泡下，他们才同意返回酒店。

从那一天开始，我们部门就开始了与博尔科公司的合作，当然，我们接触更多的是海尔德领导的实验室人员。我们在内坦亚（Netanya）南部的军事基地开辟了一块实验场地，拖过来几辆报废的苏联坦克供他们研究。海尔德博士正在开发反坦克导弹，在刚刚结束战争的以色列进行研究简直是天赐良机。海尔德博士喜欢戴着眼镜，他的胳膊和腿都很长。他的英语说得不错（尽管还是有浓浓的德国口音）。每天，他都早出晚归，一点儿也不浪费在试验场的宝贵时光。显而易见，他十分热爱自己的工作。看着他一丝不苟地在坦克旁忙碌，我不禁想到二战时期。那时，德国的实验室里肯定也有很多像他这样头脑聪明，而且受过高等教育的专业人士在紧张地忙碌着，而他们的实验成果，很快就变成了战场上分分钟要人性命的家伙，想到这里，我不禁浑身打了个冷战。

就这样，我们的合作关系一直持续着，很多开发成果都基于海尔德博士聪明的大脑。

边境防卫策略

对我们来说，与《圣经》上的表述相反，以色列无法享受"四十年的和平时光"（士师记3：8），我们要想过上平静的生活，就必须保证边境安全无虞。在处理这些事务的过程中，我们二处享有高度的自主权，本尼·罗恩中尉很快想到了在边境树立电网的主意。

这种电网的工作原理是，在普通铁丝网上装弹簧，然后用小型开关控制电网的移动。在地中海沿岸的一个军事基地同意作为试点，事实证明这一创新确实能起到警戒作用。不过，几周后，我们发现了一个问题，这是由地质运动引起的，栅栏柱子的角度会不断变动。这会引起铁丝网张力的变化，从而发出错误的警报。罗恩再次发挥自己的聪明才智，用"弹性油泥"来固定铁丝网上的感应器。

六日战争前，美国人也在帮我们想如何巩固以色列的边境防御。美国人也想帮助我们阻止阿拉伯人的不断渗透，而且不想再用20世纪50年代那样的复仇行动的方式。我们与美国签署了一项合作协议，美国给我们提供昼夜监视边境的设备，同时，我们也在协商新的预警系统。

将军之间的对决

作为武器开发部，特别是二处（我们与国防军的各军种、各部队都有联系），我们有着一个很大的优势，那就是我们直接隶属于行动处管辖，那可是国防军各种军事行动以及财政支出的来源。但是，我们与行动处长威茨曼和他的副手雷哈瓦姆·泽维（Rehavam Ze'evi）之间的亲密关系也是要付出代价的。

有一次，我从约旦河谷执行预备役任务回来，泽维召集我们去开会，以听取我对于武器改进方面的意见和建议。我还没有说完，他就把我带到了威茨曼的办公室。"行动处长也应该听听你的意见。"他这样跟我解释，于是我又说了一遍。威茨曼问了一长串的问题，最后提出了一个建议，着实让我吃惊不小："你应该开车去北部边界，调查一下他们在边界防御方面存在的问题。"我觉得很有道理，而且我知道，与艾拉扎尔面谈对我来说也不是问题。于是我满怀自豪感地回到了武器开发部。可是，当我向雅各布汇报时，他那双深邃的蓝眼睛凝视了我好一会儿，才缓缓地说道："永远不要想在两个将军之间周旋，不然你只会引火烧身。"我知道他是一个内部政治斗争的专家，便马上接受了他的建议，打消了去北部边界的念头。雅各布给我上的这一课我一直谨记于心。

国防军的新式突击步枪

我们团队中还有一个奇特的人物，那就是中校乌兹·盖尔（Uzi Gal），他就是著名的乌兹冲锋枪的发明者。这种枪支不仅为他赢得了极高的声誉，而且让全世界都对以色列的军工产业刮目相看。盖尔不仅是一个头脑聪明、创意无限的机械师，而且还非常谨小慎微、注重细节，甚至还有着老学究那样的迂腐。这使他看上去更像是德国人。他的任务是开发轻型武器，很快，他就发现，他最想做的就是开发一款新步枪。"突击步枪"这个词对我们来说还有些陌生，但是我们也知道，世界上很多国家都在这上面下功夫。他们要求这种步枪重量较轻，射速快而且稳定性好。在盖尔倡议下，我们开始了开发工作，尽管当时还不知道到底会鼓捣出一个什么东西来。

尽管盖尔是一位出色的机械设计师，他却与团队其他人多少有些隔阂。他出生于1923年，比我们年龄都大，属于亲身经历过建国的那一代人。尽管如此，我们还是努力与他打成一片，共同帮助他实现他的突击步枪梦。我们的对口生产企业是IMI（Israel Military Industries），这是以色列最大的轻型武器弹药生产厂，也是乌兹冲锋枪的生产者。工厂管理层觉得盖尔这个提议很有前景，于是给他提供了工作场地和合作人员。但是工厂里也有自己的机械专家——以色列·布拉什尼科夫（Israel Blashnikov），这位同样才华出众，他可不想给盖尔打下手。于是，两人率领的团队分头工作，越来越有和对方竞争的意味。工厂管理层还是倾向于支持自己的团队，但是盖尔中校凭借自己的出色才能渐渐在竞争中胜出。当时我还是武器开发领域的新兵，亲眼看到的情景让我明白了个人雄心的力量，以及政治因素在行业竞争中所发挥的作用。

几个月后，当我来到约旦河谷指挥军队时，惊奇地发现泽维的肩膀上搭着一支布拉什尼科夫设计的突击步枪。而当时的首席空降兵专员拉斐尔·艾坦（Rafael Eitan）也扛着一支。我之所以吃惊，是因为我知道两人的设计都还没有得到最终验证，都还在实验阶段。于是我明白了，游戏规则已经发生了改变，里面掺杂了很多个人和政治因素。实验最终证明，盖尔的设计远远超过布拉什尼科夫。但是，由于艾坦坚定不移地支持布拉什尼科夫，所以最终艾拉扎尔决定选用这一款当时命名为加利尔（Galil）的步枪。

加利尔采用5.56毫米口径子弹。尽管它在"设计大赛"中胜出，但距离正式投入使用还有很长的时间。赎罪日战争中，我们的士兵没有突击步枪可用，既没有以色列自己制造的，也没有美国造的M-16。战争快结束时，有些士兵拿到了布拉什尼科夫设计的突击步枪。

关于轻型武器的开发，有一个人的话我一直无法忘记。他叫乌兹·埃拉特（Uzi Eilat），在六日战争中是我们营2连的连长，他在赎罪日战争第一次停火时见到了我。那是在1973年，他已经是副营长。当时他刚刚参加完自己兄弟的葬礼。他兄弟就是在战争中牺牲的。他在返回西奈半岛前专程过来找我。一见到我，他的话中就充满了怨恨："听说你现在搞武器开发？可你知道吗？前线士兵用的可都是陈年的老家伙！"

从事武器开发这么多年，他的话总是让我无法忘怀，尽管我努力试图忘掉它们。

紧急情况救援队

1968年夏日的一天，我接到威茨曼的命令，让我加入一个紧急情况救援队。他告诉我："这一周来，苏伊士运河附近的防御工事遭受了频繁的炮火袭击，受损严重，士兵伤亡也很惨重，我们需要马上解决这个问题。我们决定成立一个救援队去现场协调，提出新的防御措施。亚伯拉罕·阿丹（Avraham Adan）担任队长，你代表步兵，并负责处理技术与枪械问题。我会拨给你们一架飞机和两架直升机，如果还有什么需要，尽管提，我们尽量满足。这件事非常紧急，你们必须在周日赶到西奈。"

对运河地区我们都比较了解，知道这里的士兵很容易遭到对方炮弹的袭击。当时的首相是梅厄女士，她斩钉截铁地提出："绝不从水位线后退，哪怕一寸也不行！"尽管在河岸上已经挖了很多防御工事，但是看到交火之后的伤亡人数，我们意识到，防护措施还远远不够。周日那一天，我们飞往西奈，同行的有很多武器专家和军队高官。

队长阿丹在独立战争时期参加过与阿拉伯人的战斗，就是他在红海岸边的乌姆·拉什拉什（Umm Rashrash）（现在改名为埃拉特）升起了赫赫有名的"墨水国旗"，宣告了以色列的诞生。他个子不高，前额上留着一缕金黄色的头发，他看起来性格温和，说话也轻声细语。这些可能会给你一种错觉，让你以为他会是一个优柔寡断之人，实际上正与此相反，他办起事来雷厉风行，让你瞬间肃然起敬。让他当队长是不错的选择。一到河边，我们就开始分析地形，制定新的防御计划。我们日夜不停地工作，建筑师、机械师和施工队同时出动，很快就有了一条坚固的防线，我们称之为"巴列夫防线"（the

Bar-Lev Line）。

任务完成后，阿丹被任命为西奈师师长。1968年年末，他来信告诉我们，我们当初提出的各种建议都已被总参谋部采纳。

关于防御工事的争论与思考

不过，并非总参谋部里的所有人都喜欢我们这种静态防守方式。意见最强烈的是沙龙和塔尔，他们在我出席的一次会议上公开表达了反对意见。当时，沙龙已经是南部军区的司令官，而塔尔将要完成他作为装甲兵团司令官的任期。塔尔强烈建议采用动态防御，反对坐地死守。因为他负责指挥装甲部队，所以他这种提议并不奇怪，因为坦克部队只有不断移动才能够进行有效防守，并不断给敌人带来突然打击。而沙龙主张实行纵深防御。1969年他被任命为总司令后，他开始在原有防线的后方10—15千米的地方修筑第二道防线。

军方上层在制定防御计划时都考虑到了埃及对边界进行突然袭击的可能性，但却低估了埃及在这方面的能力。这就是我们在后来的赎罪日战争初期失利的主要原因。

尽管有预算方面的困难，工程部队（the Engineering Corps）还是想方设法要发明一种跨越大片水面的方式，比如苏伊士运河。吉卢瓦（Gillois）登陆筏是一种相对可行的方式。一只筏子放在水面上就可以运输车辆，而把几只筏子连起来就可以形成一座桥梁。尽管戴高乐总统签署了禁运令，但法国人还是愿意提供登陆筏这样的设备。不过，很快这一计划就被搁置了，因为塔尔更看好"滚轮活动桥"项目。塔尔对这一项目信心无比，投入了大批人力和财力。

于是，我们两方意见在总参谋部内争执不下。我和同僚们认为滚轮活动桥还处于发展初始阶段，有效性还没有得到充分证明，所以，在这段时间，不妨先试一下登陆筏。而以塔尔为首的装甲派则坚持认为，登陆筏太不安全，因为上面没有任何防御措施。尽管很多人反对，但最终我们还是决定从北约购买少量登陆筏。在国防军内部，这些筏子被叫作"亭萨克"（Timsakh）。不久，赎罪日战争爆发，当他们设计的滚轮活动桥终于下水后，却发现完全派不上用场。而我们的登陆筏却把不少部队送到了对岸。

在赎罪日战争的初始阶段，我们打得一塌糊涂，很多人都把原因归结到巴列夫防线上，尽管不是主因，却也是不可忽视的因素。很多年后，我去马奇诺防线参观。这条防线跨度之大、花费之巨都让我惊叹。但让法国人懊恼的是，这么一条本该发挥重要作用的防线却丝毫没有挡住德军，德军只是轻轻一绕就把这项工程变成了一堆废物。现在那里还有马奇诺防线的遗迹，但怎么看都是法国人对自己的嘲讽。参观过后，我扪心自问：当时怎么就没能从中吸取教训？刚刚过了二十几年，我们就忘记了，坐守阵地就等于坐以待毙。难怪我们会败得那么惨。

苏伊士河边的消耗战

不得不承认，巴列夫防线的确能够大幅度减少士兵在敌方炮击时的伤亡。1969年初，当时还处于冬季，我再次来到了驻扎在西奈半岛的第71营阵地。从北部的塞得港（Port Said）到南部的苏伊士城，所有的堡垒中都有我们的士兵把守。埃及人在这一带活动频繁，不断袭击各个据点和道路。我对于这里可谓了如指掌，我的指挥部就位于其中的一个堡垒之中。

狙击手之间的较量

通往苏伊士运河沿岸堡垒的道路是我们重点防御的地区，因为这里很容易受到埃及人袭击，我们可以称其为"阿喀琉斯的脚后跟"。埃及人不断往这里发炮，或者搞突然袭击。埃及人会躲在树上或者专门为袭击而修建的塔楼上，他们可以很清楚地看到我们的动向，偶尔还会放冷枪。我们这边也有狙击手，但由于他们善于伪装，击中他们不那么容易。因此，一旦能够击中一个，看着他们从树上掉下来，我们都会欢欣鼓舞。我们也努力增强侦察能力，使用的是比他们要复杂很多的液压消防起重机。我们从美国购买了一台这样的起重机，最高可以升到 30 米。侦察效果之好超出我们想象，所以很快就获得了上级批准。

达扬来前线视察

一天，我们正在侦察，有消息传来：国防部长摩西·达扬要来视察。西奈师部出动了两辆 M-113 装甲车，以确保部长安全抵达。我们管这种装甲车叫"塞尔达"（Zeldas），当时非常少见。我命令巴鲁扎（Baluza）基地的官兵与我一起去迎接达扬，把他请进营部来。上车后，我们一路开去，速度很快。突然，达扬从车里站了起来。"摩西！"我冲他喊道，"周围可能有埃及的狙击手，您最好别站起来！"大家都知道达扬在战斗中一只眼睛失明了，一直戴着大黑眼罩，这已经成了他的标志。埃及人当然也知道，要是他们看到是达扬，没准就会放冷枪。

"怕什么，"达扬一脸不屑，说话时还有下命令的口吻。"我就是想看看运河对面。"谢天谢地，当天埃及人没有放冷枪，我们安全到达了营部。按照惯例，埃及人一旦看到有补给车队驶入堡垒，就会在几分钟后放上几

摩西·达扬来前线视察

炮。而我们的应对措施是想让车队驶进地堡，看埃及人会不会有什么举动。这次，一进堡垒，我就要求达扬赶紧跟我进入这里最大的一个地堡。我告诉他："大部分士兵都会在那里集合，您可以在那里讲话。"可达扬坚持待在地上，还让我把士兵们也叫到上面来。我反复解释这样的危险性，可达扬却不为所动。幸好，这次埃及人可能在偷懒，所以没有放炮，一切顺利，我陪着达扬安全返回了巴鲁扎。这次我们算是见识了达扬部长超乎寻常的勇气，当然，在我看来，这与自杀没有多少差异。而且他一个人逞能也就算了，他还让所有士兵与他一起冒这种生命危险。这次我在前线待了三周。在这段时间里，有六名士兵牺牲，受伤者有十人以上。在这几年的消耗战中，不单单是空军有伤亡（因为他们要与埃及的 SA-2 和 SA-3 导弹部队交锋），驻守运河的地面部队也有损失，尽管我们还有地堡作为一层屏障。

第七章

在约旦河谷的日子

第一次执行主动预备役任务

六日战争过去了几个月后,我们营被招去约旦河谷执行预备役任务(Active Reserve Duty)。当时,越境渗透和袭击刚刚开始,这一地区还没有特别激烈的武装冲突。

六日战争后,来自约旦的巴勒斯坦人开始跨过约旦河进入我们现在控制的地区。一开始,越境的都是在战争期间逃难的平民。现在战争结束了,他们自然想返回家园。不过到了后来,各种渗透组织开始输送一些武装人员越过边境,以便在西岸建立各种抵抗组织。鉴于这种情况,国防军决定阻止这种越境行为,甚至打算完全封锁边界。执行这一政策的是国防军中部军区,特别是约旦河谷旅。

1968年春天,拉斐尔·艾坦(Rafael Eitan)上校成为首任约旦河谷旅旅长,我去位于艾尔-吉夫特里克(El-Jiftlik)的军事基地拜访他。我问他巴勒斯坦人一般从什么地方跨河越境,他马上回答:"哪儿都有可能。"我又来到了杰里科(Jericho)警察局,负责守卫河谷南部的一个营的营部坐落在此。以利沙·沙勒姆(Elisha Shalem)是这个预备营的营长,我们在第890营时就认识,在20世纪50年代执行复仇行动时也没少打交道。我向他问了同样的问题,他听完后什么也没说,伸手指向墙上的一幅地图。只见在这张地图上,在约旦河的位置，插着一堆彩色图钉。"这是什么意思？"我疑惑不解。

"我们来这儿有三周时间了，这些是在这段时间里越境者选择的所有地点。"他给我做了一个数据分析，从中我们可以看出，越境者特别喜欢其中一些地点。预备营的伞兵部队标出了七个越境点，我把它们都记在了脑子里。沙勒姆为我提供的信息非常准确，它们在我担任河谷旅副旅长和旅长时都发挥了重要作用。在搜捕越境者时，我们重点筛查沙勒姆给我的几个越境点。这些地点也是夜间突袭行动的高发地区。通过这件事，我充分意识到了系统地搜集数据，并在行动中不断应用的重要性。

第二次执行主动预备役任务

1968年3月初，我们营再次赶赴约旦河谷执行预备役任务。到了这个时候，这里已经成为热点地区，巴勒斯坦解放组织（PLO）不断入侵这一地区。河谷沿线都已经设置了地堡，以使士兵们能够躲避枪炮袭击。约旦军队为巴解组织成员提供了诸多帮助，这些成员可以躲在约旦军队的堡垒中，待观察完毕后再伺机进攻。而一旦巴解组织成员在进攻中遇到麻烦，约旦军队也会提供必要的炮火支援。

在我第二次来到约旦河谷后，行动处处长威茨曼曾短暂来访。他乘坐法国制造的轻型"云雀"（Alouette）直升机来到杰里科警察局附近的一处着陆点，随后，我用吉普车把他拉回营部，他要在这里进行一次简短的讲话。威茨曼性格开朗，活力十足，他问了我一些问题，随后邀请我上了他的直升机，从高处俯瞰整个河谷的景象。我们安全着陆后，威茨曼开始跟我讲他这次来视察的原因：两天内，国防军将要在卡拉麦（Karameh）镇进行一次大规模的军事行动。卡拉麦是巴解组织的一个聚集点，也是亚希尔·阿拉法特（Yasser Arafat）的居住地。我驱车来到旅部会见旅长艾坦，他已经知道了将要进行的军事攻击，而且他毫不犹豫地答应我，让我们营也参与这次行动。我将从营中抽调两个连来参与行动。还有一个连出自常规伞兵旅。还会有一个谢尔曼（Sherman）坦克连与我们协同作战。第二天，什牧尔·格罗迪什（Shmuel Gorodish）上校来到杰里科警察局，他是第7装甲旅的旅长，和他一起来的还有旅部成员和各连连长，他们先要在边境地区进行侦查行动。我们一起来到艾伦比桥（the Allenby Bridge）旁，我把所知道的关于边境以及约旦境内的据点情况都告诉了他们。

行动前一天，我来到位于艾尔-吉夫特里克军事基地的旅部，旅长艾坦简短地向我下达了第71营的战斗任务：夺取达米亚桥（the Damiya Bridge）上的约旦据点，同时用火力封锁向北通往卡拉麦镇的道路。常规伞兵旅负责小镇内的行动，同时封锁所有敌人可能逃跑的路线。

我召集相关的高级军官来商议炮火支援的问题。按照艾坦的计划，坦克营要跨过约旦河，向南进入亚当桥（the Adam Bridge）的位置，然后爬上一片平原，以便用炮火封锁通往卡拉麦的道路。商议完毕，我们终于松了一口气。

事后，预备装甲旅旅长梅纳赫姆·艾维瑞姆（Menachem Aviram）准将说，我们的计划"十分疯狂，但却成功了"。我们要在夜幕掩护下越过亚当桥。155毫米炮兵营会为我们提供炮火支援，他们会猛烈轰炸约旦据点，而有一支反坦克导弹部队会攻击约旦境内的各种坦克。我们需要先悄悄地越过这个据点，然后从后方进攻，由东往西扫清战壕里的士兵，毁掉他们的坦克。

行动一开始并不顺利，谢尔曼坦克很快就陷入了约旦农田的烂泥里。于是，进攻的任务就落到了我们营身上。幸好有炮火掩护，我们按照原定计划行动。很快，我们就到达了目的地，基本上毫发无损。可是，副营长（Tuvia Leshem）没有按照原计划停下来，然后攻击据点，把它扫除。他率领着坦克连继续前进，向平原开去。这时，太阳已经升起，约旦的M-48巴顿坦克发现了他们，像饿狼看见肥羊似的向他们扑过来。结果，我们的五辆坦克中弹起火。我让加迪·麦纽尔（Gadi Manela）率人开着半履带车过去把坦克驾驶员救出来。这时，约旦的坦克炮火从头上"飕飕"地飞过。尽管如此，麦纽尔依然无比冷静，他很顺利地救出了驾驶员，把他们送进了医疗站。因此，麦纽尔在战后被授予了勇气勋章。

第七章　在约旦河谷的日子　<<<<<　075

这时，约旦据点已经被攻占，我们也付出了代价：伊扎克·彭索（Yitzhak Penso）牺牲，连长阿萨·凯德莫比（Asa Kadmoni）受伤。据点内的战斗很快结束，可远处约旦的迫击炮和加农炮还在不断地怒吼。整个早晨，我不断在两辆半履带车之间穿梭，一辆装的是我的随行人员，另一辆上面是通讯设备和炮火支援。在我们行进的过程中，炮弹不断向我们袭来，有一种绰号"长腿汤姆"的炸弹特别有震撼力，它爆炸时声音震耳欲聋，经常在我们车后几米处炸开。

我不时地需要去监督一下工程部队修建"笼子桥"的情况，修建这个是为了便于百夫长（Centurion）坦克通过，因为亚当桥太窄。约旦那边有一个伪装得很好的炮火观察员，我们的工程兵刚刚想要继续修桥，他们就会射过来几发炮弹。

我们还要组织伤员撤离。我们选择了约旦河东岸的一个较为隐蔽的地方作为医疗点。直升机可以在此降落，把伤员运走。我们的军医叫巴索·西格尔（Pesach Segal），他还在哈达撒医院实习时我们就认识，后来，他申请来到伞兵部队做军医。伤员全部撤离后，我长长地舒了一口气，接下来的工作是指挥第7装甲旅的百夫长坦克把已经烧得不成样子的谢尔曼坦克拖回国内，随后所有士兵撤离。

"追捕之地"

六日战争后的几年里，我们在约旦河谷沿线干涸的沟渠中进行了一系列针对来自约旦的非法入侵者的搜捕行动，我们称之为"追捕之地"。搜捕工作的最初阶段很失败，而且我们付出了惨重的代价，很多高级军官被杀。

艾瑞克·雷格夫（Arik Regev）上校接替艾坦成为了河谷旅旅长，却在1968年7月26日的"艾尔-吉夫特里克搜捕事件"中被杀。非法入侵者就躲在距离河谷旅部不远的一个山洞里。而他的行动专员加迪·麦纽尔上尉就牺牲在他的身边。两人牺牲后，我们的坦克部队向这些山洞开炮，干掉了里面所有的非法入侵者。但是，艾尔-吉夫特里克搜捕行动给我们的教训似乎还不够大，在后面的日子里，我们的高级军官依然一个个离我们而去。

1968年9月19日，摩西·斯坦普尔（Moshe Stempel）中校在瓦迪·舒巴什（Wadi Shubash）的一次搜捕行动中遇害。他曾是莫塔·古尔的副手，曾经指挥第55伞兵旅在六日战争中攻进耶路撒冷。1968年12月，侦察营长兹维·奥弗（Zvi Ofer）中校在瓦迪·凯尔特的搜捕行动中遇害。1969年3月11日，在一次"洞穴搜捕"中，三名军官同时遇害。最终，中央军区指挥部和河谷旅还是从中吸取了教训，搜捕行动变得更为有系统，计划也更为周密。耶胡达·雷瑟夫（Yehuda Reshef）上校接替艾瑞克·雷格夫（Arik Regev）成为了河谷旅的旅长。

损失如此惨重，新任旅长耶胡达·雷瑟夫和副旅长摩西·列维（Moshe Levi）中校不得不重新考虑我们的搜捕计划。后来，列维被提升为旅长，而我当上了副旅长，搜捕行动变得安全而高效，颇引起了上层的关注。后来，列维当上了总参谋长，他有个绰号，叫"一个半摩西"，因为他的个子实在是高，是另一个摩西（指摩西·达扬）的一倍半。他明白，搜捕行动是一个极其复杂的工程，必须井井有条，组织严密。在搜捕的最初阶段，一定要通过行迹跟踪摸清非法入侵者的活动规律。

边界的栅栏旁边有一条崎岖不平、肮脏不堪的小路。每天晚上，会有一个小分队开着一辆车从这条路上经过，车后拖着一排铁丝网，就像农民用的耙地设备一样把整个小路上的土都弄得非常平整。这样，只要路面上有人经过，就会留下很明显的足迹。每天早晨，我们的战士都会从路上走一遍，看看有没有非法入侵者经过留下的痕迹。早晨的巡逻队里一定会有几个贝都因人，他们对于阿拉伯人的行动规律更为熟悉，我们会充分利用他们的这一优势。

作为河谷旅旅长，指挥搜捕行动最具挑战性，因而也最为有趣。他要统筹安排整个的搜捕计划，必须知道每个小分队现在都在什么位置，什么时候该调动他们到合适的地点。很多时候，这些判断都基于一种超强的直觉。他们必须非常了解这里的地形，因为非法入侵者往哪儿藏都是基于地形来考虑的，同时要结合以往的搜捕经验，还要及时获取最新的消息。在外人看来，他们就像是有上帝相助一样无所不知，神通广大。

在约旦河谷当副旅长

在中部军区司令泽维和行动处处长威茨曼的鼓动下，我决定离开武器开发部二处，接受约旦河谷旅副旅长一职。泽维对我承诺，我很快会接替摩西·列维成为旅长，他在这个位置上已经干了将近一年的时间。我自然把升迁的可能性考虑在内，但更为重要的是，我能感受到自己心中的使命感。消耗战对我们来说是一个巨大的考验，而我觉得自己在指挥自己的部队过程中做得还很不够。

1969年11月初我来到河谷旅时，全旅官兵已经开始了各种防御行动，其中包括冒着被约旦军队的炮火击中的危险守卫阵地。当时，约旦军队早已公开支持非法越境者了。还有一处常见的越境地点，那就是在死海区域，巴勒斯坦人会乘坐橡皮筏越过这个咸水湖。

在奥利·伊文-托夫（Ori Even-Tov）管理下，以色列航空工业公司（Israel Aerospace Industries）的第二工厂，或者称作玛贝特（Mabat）负责开发一系列常规防御措施。皮尼·达甘（Pini Dagan），一位才华出众而又大胆的机械设计师发明了一种可以固定在指挥车上的炮楼。这种设备巧妙地把红外线探照灯和马格机关枪结合了起来，官方称其为"玛贝尔"（Marbel），而我们都把它叫"达甘枪"（Dagan）。哈鲁夫（Haruv）营特别擅长使用这种武器。

围绕据点所展开的争夺够我说上一阵子的。在河谷旅的指导下，这一地区要不断修建堡垒，而且还得不断加固。旅部的建筑专员要与承包方广泛合作，讨论如何加固堡垒，以尽量保证据点内士兵的安全。铁打的营盘流水的兵，各营官兵会像火车进出站台一样来了又去，这就给旅长带来了沉重的负担。如果来的是正式官兵，我们的负担还会小一些，而如果是预备役士兵，我们管理起来就会格外费劲，士兵的轮换次数也会显著增加。训练预备役士兵需要特别小心，而且在这一阶段训练强度也要相应增大。沿线的堡垒时时刻刻都面临着对岸枪炮的威胁。企图越境的巴勒斯坦人会先用轻型武器进行攻击，然后越过约旦河，占据我们的堡垒，这样他们在深夜时会在我们的堡垒中袭击其他堡垒，这种偷袭的杀伤力很大。而我们就要想方设法阻止这种情况发生，这种猫鼠游戏会一直持续下去，无穷无尽，没完没了。

在我来到约旦河谷担任副旅长之前，我已当过伞兵营长，而且还在这一地区执行过两次训练预备役士兵的任务。除此之外，我还有一些其他优势，比如说：我知道如何把军事与技术相结合，与武器开发部门联系密切，等等。来到这个岗位上，我决定利用河谷这个独特的战场充分发挥军工技术的作用。我与国防工业的各家公司都有联系，可以把他们还在开发阶段的新武器提前拿到这个战场上来试验一番。因此，在我任职期间，我们的确尝试了很多新型武器，其中包括：爆破杆、能设置陷阱的迫击炮弹、电子启动系统、阔剑人员杀伤地雷（这种地雷产于美国，主要是为越战准备的），等等。我们的开发策略主要根据非法入侵者作战方式的改变，我们相应提出应对措施，并不断改进、优化，更多地融入新科技。

作为副旅长，我一心扑在工作上。我的工作不仅仅局限在组织和后勤方面，因为我知道几个月后我会接替摩西·列维的旅长职务。我正在为此做准备。

死海地区在很多方面都很与众不同。我们对于非法入侵者的分析基于三个因素考虑：集结地、攻击目标，以及两地之间的可能路线。他们的主要进攻地点是位于朱迪亚（Judean）沙漠的贝都因人聚集区，而出发地点是死海东岸的河床地区，那里有很多小水洼，植被也很茂盛，这就给了他们充分的掩护，他们可以隐藏在这里很多天，直到准备工作就绪。为了阻止他们越境，我们开始派出小分队前往这些集结地区，白天时我们使用直升机，晚上就用橡皮艇。

既然知道自己马上要当旅长，副旅长的人选就是一个很急迫的问题。我考虑过很多人选，也咨询过很多上级领导。除了副旅长之外，行动专员也是一个很重要的职位。最后，我选定乌兹·埃拉特来担任这一重要职务，他很高兴地接受了邀请，从农庄请假来旅部报到。

无论我们执行何种任务，都要面对形形色色的非法入侵者，而他们表现出的创造力和聪明才智也很让我们佩服。为了保证据点内士兵的安全，我们需要不断加固堡垒，以应对平射弹道武器和约旦炮火的袭击。为此，我们急需了解河对岸约旦据点的具体方位。我设法从武器开发部借来了一架荷兰制造的激光设备，并通过实践向以色列·塔尔率领的装甲部队证明：激光比炮手更好使。本来是在实验室中使用的激光设备，现在拿到战场上居然大受欢迎，每个据点都拿去用几天，最终，我们搞清楚了每个据点的具体方位，绘制出了一幅详细的地图。为了保证各据点和周边地区的安全，我们充分利用了当时以色列能够生产的各种武器装备，其中包括如何设置诱饵和陷阱，以及远程启动系统。

国防军现在的一个问题是，部队轮换速度过快，很多新兵根本就没有任何实战经验。而且我们这里危机四伏，就算是最普通的清晨巡逻也需要特殊训练，并需要丰富的经验。部队不断轮换，经常造成这样的情况：一批新兵刚刚接受了特殊训练，也积累了一些实战经验，结果就要走了，又换上来一批新兵蛋子。有时，为了确保巡逻士兵的安全，在一些特别棘手的越境事件发生后，我们会先派遣小型飞机在巡逻路线上侦察一遍。为了事先发现非法入境者设置的陷阱，我们也会启用小型飞机。

挑来挑去，我终于物色到了合适的副旅长人选——奥弗·本－大卫（Ofer Ben-David）中校。他比我大几岁，当时正担任希伯伦（Hebron）地区长官。他个子不高，身体壮实，留着哈休莫（Hashomer）式的小胡子，看上去精明强干，很适合这个位置。他的脾气有时候不太好，但我知道，那都是性情所致，在内心深处，他非常忠实于自己的事业，也非常脚踏实地。我觉得我们能够合作得很愉快。

"一个半摩西"参加的最后一次搜捕行动

作为副旅长，我主要负责后勤工作，要想和旅长一起去执行搜捕任务，就首先得确保我的后勤任务已经完成。这些工作包括准备后续增援人员，必要时还需要准备直升机，还有，一定要准备好水、冰果汁和三明治。约旦河谷酷热难耐，这些东西如果供应不足，士兵们很容易在烈日烧烤下中暑或者脱水。

每次搜捕行动过后，我们都会对此作出详细的分析。即使这样，我们也无法避免意外伤亡事故的发生，因为每次搜捕都存在无穷的变数。举个例子，有一个周五的早晨，我们发现了非法入境者的痕迹，于是开始像往常一样进行搜捕行动。当天结束时，我们却没有找到入境者。追踪者坚称他们已经接近了山梁上巴勒斯坦人聚集的地区，按照惯例，我们在入境者留下痕迹的地方设下了埋伏。这个任务是由伞兵旅的正规军执行的。当时，安息日很快就要到了，摩西·列维打算请假回家，而我留下来指挥这次行动。

当晚，约旦河谷很安静，可是在距离山梁不远处，一队伞兵伏击者与非法入境者激烈交火，两名战士被杀。第二天早上天一亮，我就乘坐直升机对河谷地区进行了全面检查，同行的有跟踪小分队的队长。到达出事地点后，我们还能够清楚地看到昨晚他们交火时所留下的痕迹。非法入境者顺原路返回，他们的足迹一直朝东延伸。我马上通过无线电下达命令，继续进行搜捕行动，很快，训练有素的搜捕小分队又开始了行动。我告诉旅长，搜捕行动已经重新启动，他说他会很快返回营地，但是我可以不用等他，该下达命令就赶紧下达命令。

下午1:30，列维加入了战斗。（中部军区的指挥官也已经在几个小时前到达。）过了一个多小时，当我确认列维已经基本掌握了搜捕行动的基本情况，我便将指挥权移交给了他。我们走上了一个峡谷的岸边，不久便发现了这个入侵小分队正在河床附近快速移动。我们刚一开火，突然从峡谷对面射来无数全自动轻型武器的子弹。有一颗子弹打中了列维的大腿，他马上跌坐在了地上。子弹还击中了哈鲁夫（Haruv）营行动专员的胳膊。我赶紧给他们进行了简单的包扎。

突然间，我听到泽维在叫我的名字："乌兹！摩西在往下滑，快去帮帮他！"我赶紧跑过去，看到这个高大的男人正在朝峡谷深处滑去，我们几个人花了好大力气才把他拖到一条小路上，随后赶紧让他躺下。后来，我一边指挥搜捕行动，一边照顾伤员。这支入境小分队非常狡猾，我们费了很大力气才把他们全部歼灭。而我们却始终没能抓住峡谷对岸朝我们射击的人。

我马上集结军队，命令他们进行新一轮的伏击行动，一定要捉住那些放冷枪的人。我正准备坐上直升机返回旅部，中央军区指挥官泽维拦住了我："从现在开始，我任命你为河谷旅旅长。"被提升当然是好事，可当时我有太多事马上要完成，所以根本没时间庆祝这次晋升。只是在回到旅部之后，我才意识到我已经是这里的最高长官了，有欣喜，但更多的是孤独感。

作为旅长，摩西·列维做事按部就班，一丝不苟，条理性非常强。他能够既注重事态的宏观发展，又不放过任何细节，同时谨慎小心，努力不使士兵伤亡。可讽刺的是，他最后却因为受伤而不得不终止旅长的任期。我担任旅长期间，越境活动频频发生，而搜捕行动也从未停止。但幸运的是，仰仗以往积累的经验和越来越敏锐的观察力，我们这边很少有人伤亡。基于这次的教训，从那时开始，旅长及其他旅部高官都不允许在搜捕行动中打前锋。

在一次搜捕中，总司令泽维和他的副手约纳·埃弗拉特（Yona Efrat）也一同前往。到了一个隐蔽点，他们问我："干嘛不再往前走几步？那样的话我们就可以跟得上先头部队和追踪者了。"我的回答干脆利索，颇具战地指挥官的威严："我知道我该待在什么位置，你们也一样，谁也不准往前走一步！"这次我很欣慰地看到，他们都没有再提出什么反对意见。

在多次的搜捕中，我们逐渐了解了我们雇佣的那些追踪者，他们引起了我很大的兴趣。在整个搜捕行动中，大部分时候追踪者都会走在队伍的最前面。可到了某个地方，他们会稍稍退后，让哈鲁夫（Haruv）营的先头部队往前走。一般这就意味着快要接近入侵者的藏身之处了。贝都因追踪者的直觉从没有出现过差错，这也让我们的士兵能够提早做好准备。

约旦河谷之王

升任旅长后，完全没时间来庆祝。我刚刚任命的副旅长奥弗·本－大卫还要花上几周的时间来处理前一份工作的各种善后事宜，然后才能过来帮我。

于是，在这一时期，我要独自承担整个旅的各项繁杂工作，那种孤寂感少有人能体会。非法入境者一刻也不会消停，所以我们的反击也一如既往。

预备役新兵来了又去，与他们建立良好的关系非常重要，却也并不容易。几乎每个月，我都要欢迎一批刚刚进入河谷执勤的新兵。见的多了，我也逐渐积累出一些经验来：如果能够记住他们的名字，而且知道他们在服役前是干什么的，那他们就会对你很有亲近感。

对于那段当旅长的经历，我印象最深刻的就是深夜赶往地下的作战指挥室，那几乎是一种生活常态。死寂的深夜，电话铃突然响起，我赶紧抓起电话，那边传来急促的声音："有人袭击我们的据点！"或者"某某地方的伏击已经开始，双方正在交火！"这时我就像被蛇咬了一样，心脏也不能均匀地跳动。于是我三步并作两步跑进指挥室，又是一通电话或者无线电信号，这时战局才在我脑中形成了一个更为清晰的轮廓。在焦急的等待中，我会一杯接一杯地喝咖啡，或者大口大口地吃三明治，每片三明治上都抹了厚厚一层奶酪。就这样没有节制地吃着喝着，到我离开河谷时，体重已经达到了 100 公斤。

记忆深刻的还有总参侦察营（Sayeret Matkal）或者哈鲁斯（Haruv）营的别动队越境执行特殊任务的场景。这些行动都在夜间进行，计划非常周密，不能有一丝一毫的疏漏。旅长需要全程监控，从队伍出发一直到每一名士兵都安全返回，每次行动都有应急预案，一旦意外发生就会启动。

我们的各种行动都是在与敌人斗智斗勇，而我们特别强调在各种行动中都尽量与最新的军工技术结合。我们清楚，我们面对的敌人可以分为两大类，巴勒斯坦入境者和约旦正规军。那些巴勒斯坦人的装备和训练一点儿都不正规，但却善于随机应变，就是我们常说的"贼起飞智"；而约旦人都是一些正规军，他们的装备和训练素质比那些巴勒斯坦同行要强很多。

对于河岸对面的敌人，我们比中央军区的那些官员更为了解。举个例子。有一次，泽维来哈达斯（Hadas）据点视察。在前一天，一次夜间的突袭行动刚刚结束。他们乘坐的是"云雀"直升机。我劝说他们选择距离据点较远的地方降落，可他们根本不听我的。最终他们选择的降落地点完全在约旦守军的视野之内。

我们走进据点内听取汇报，十分钟后，我们走出来，准备上直升机。驾驶员刚刚坐上直升机，我们就听到一枚炮弹在附近爆炸，随后又是几声。我们赶紧跑上飞机，可飞机却无法升空，启动装置发出噼里啪啦的声音，可就是无法点着火。与此同时，约旦人的炮火一刻不停，而且越来越接近直升机。我费了半天劲才劝说他们放弃飞机，赶紧找个地方躲起来。我们下飞机后跑了大约30米，看到了一条小沟就赶紧跳了进去，沟不算深，但足以起到掩护作用。刚刚藏好，一颗炮弹就击中了直升机，一时间一片火海。我当然不能责怪泽维他们不听我的劝告。我只恨自己不够坚决，没有讲清楚据点附近的危险性。

在消耗战期间，国防军要两线作战：南部军区负责苏伊士运河一线，而中部军区负责约旦河和死海一线。约旦河谷不但是中部军区的防守重点，而且也特别受到总参谋部的重视。总参谋长巴列夫在每次我们成功地实施了一次搜捕行动后都会致电视贺，甚至有时会带上参谋部的一帮人直接过来视察。每到这个时候，我们旅就得好好准备，以迎接贵宾。除了准备会议室之外，我们的厨师还会精心准备各种美食，直到餐桌上都摆不下为止。可参谋长看了看我们的办公室，随后宣布："我们不在这里用餐。"你们可以想见我们有多失望。

中部军司令泽维充分利用了总参谋部对于河谷地区的关注，不断表明：这里需要更多的资助。有一次，我与他就这一问题热烈地讨论了一番。起先，我建议拆除沿岸的三个据点，放弃长期驻守在河谷地区的三个坦克连，还有

155毫米炮兵营。我的这些建议是有数据支持的，通过数据分析，我们确认：减少几个据点完全不会减损我们对这一地区的防御效果。泽维反对我的建议，他说："总参谋部的人会怎么看我们？"我很确信裁员对我们没有任何损失，我告诉泽维，作为河谷地区的最高长官，我会负全部责任。经过几周的考量与讨论，中部军司令部终于勉强同意了裁撤据点的建议。正如我事先预料到的，这一决定没有带来任何负面影响。

边境地区冲突不断，虽然规模并不大，而在大后方，以色列普通老百姓却享受着一派歌舞升平的景象。很多人回忆起这段时间，都将其称为"黄金时光"。

自我们从美国回来后，我和妻子就梦想着能有自己的独栋别墅。六日战争前，我们在萨福阳（Savyon）的别墅已经完工，战后我们就搬了进去。我在河谷任职期间，每周末回一次家，当然这是家里人都愿意看到的，可他们不知道，我内心正在经历着环境巨变所带来的冲击。每周五下午，萨福阳乡村俱乐部人头攒动，打网球的声音传出好远好远。游泳池里挤满了各个年龄层的人们，池边的草地上，人们坐在舒适的躺椅上聊天，不时传来欢快的笑声。这与约旦河谷那干枯灰黄的地面、人烟荒凉的景象形成了鲜明对比。曼妙的乐声随风飘荡，那是从茂密的大树上悬挂的扬声器中传来的。而在河谷地带呢，我们只能听到不时传来的枪炮声，还有军用无线电发出的滋啦滋啦带有金属质感的人声。家中夜晚的宁静让我感觉十分诡异。我必须接受一个现实：现在我是在大后方的家中。我当然喜欢这样的氛围，但又从某种角度有些抗拒它。如果让我现在做出选择的话，我还是愿意回到河谷前线，经历那里的惊险与紧张，因为我知道，这才是我当年生活的真实景象。

"黑色九月"

一夜之间，河谷地区安静了下来。原来，约旦国王侯赛因与阿拉法特领导的巴解组织发生了激烈冲突，历史上称此为"黑色九月"。

冲突发生后几周内，河谷地区的非法入境活动明显减少。我们当时并不知道 9 月 1 日针对侯赛因国王的暗杀事件的细节，但我们知道约旦王国对于巴解组织的态度有了本质上的改变。后来，三架客机被解放巴勒斯坦人民阵线（the Popular Front for the Liberation of Palestine）的成员劫持，被迫降落在约旦，机上所有乘客都成了人质。冲突继续，1970 年 9 月 18 日，几百辆叙利亚坦克开入约旦境内，对巴解组织进行支持，这对约旦造成了很大的威胁。我们在河谷地区看到大批以色列军队在美国要求下向叙利亚军队示威，以阻止叙利亚军队占领整个约旦。

战局很乱，但我们能够实实在在感受到：约旦人越是向巴解组织施压，我们的边界就越安全。巴勒斯坦人现在没有了约旦的支持，反而成为了他们的攻击对象。春天到了，约旦河水位下降，我们看到了更为诡异的一幕：很多巴勒斯坦人高举着双手越过河面向我们投降。我马上下令，不许向这些人开枪，先把他们软禁起来（这样做当然需要格外小心），随后移交给国防军情报部门处理。

不管怎样，我们依然十分警觉，相关训练也一丝不苟。我们要居安思危，不能忘了过去几年中我们牺牲在这里的官兵。不过，在我内心深处，我觉得自己似乎应该去找一个更能发挥我能力的地方。

第八章

从武器开发部到研发所

巴列夫让我回到武器开发部

1970年6月10日,星期四,正是六日战争三周年纪念,我的秘书告诉我:总参谋部来电。我赶紧抓起了听筒。上级来电时我们一般都是这样的反应,但这次还有着其他原因:现在,河谷地区的越境活动已经基本绝迹,我现在属于无事可做的阶段。总参谋部找我干什么呢?很快,我就听到了巴列夫那轻柔舒缓的嗓音。他告诉我:总参谋部打算让我担任行动处直属的武器开发部的主管,而且我要从河谷旅旅长的位置上提前退下来。

这个消息来得太突然,让我稍微有些犯难。一方面,我有些舍不得河谷旅旅长这个职务,因为这个旅是中部军区的尖头部队。我在担任旅长期间做了不少大刀阔斧的改革,成效显著,让我信心倍增。不过,武器开发部的职位也让我很动心。以前,我在它的一个下属部门做过主管,那里的基本情况我都很了解。而且现在约旦河谷一片死寂,选择离开也很自然。

忽然之间就要离开,这也不是一件那么容易的事情。这里的一切——无边的灰尘、酷热的天气,还有惊险刺激的搜捕行动——都深深地印在我脑子里,很难轻易抹去。这段时间,我也一直在打探消息,想知道为什么总参谋部会选择我,而且还这么急切。很快我就知道了,原来武器开发部的现任主管本·巴龙(Ben Bar-On)上校和行动处处长艾拉扎尔有很大的意见分歧,很难继续合作下去。

他们难以调和的矛盾主要集中在突击步枪的选择上。在前面我们提到过，有两位天才科学家分别研制出了两种突击步枪，最终布拉什尼科夫的研究成果战胜了盖尔，成为了国防军的常规武器。但是，这一决定与枪械部队（Munitions Corps）和行动处的武器研发部（the Operations Branch's Weapons Development Department）的建议正好相反。行动处的武器研发部没有轻易服输，他们把两种突击步枪的实验数据摆了出来，希望能够改变上面的决定。很可惜，上层没有听取他们的意见。巴龙就这样恨恨地离开了这一职位。我很为他感到惋惜。在他任职期间，武器开发部建立了自己的职业规范，这一规范多年来一直是我们的行为准则。在他看来，只要你确定你的选择是正确的，就一定要抗争到底，不要害怕上层人物怎么说。

要离开河谷了，我不禁留恋那脏兮兮的红色伞兵靴、各处散落的灰尘、野草野花那怪异的味道，以及懒洋洋流淌着的小河。我现在要回到办公室，面对一摞一摞的文件，没完没了的开会和讨论。但是我知道，这些看似无聊的工作所发挥的作用：我们将要走进一个技术世界，为军队的发展做出长期决策。

多年的战斗经验给了我信心，我坚信：自己能够在武器开发方面比别人做得更好。对我来说，这种角色转变很快就变得微不足道，因为我曾经在这里的二处做过主管。现在我要马上让工作走上正轨。其中一项重要的工作就是关于坦克火力控制系统的开发。塔尔已经不再是装甲部队的长官，他将这一职位让给了亚伯拉罕·阿丹。而他自己则创立了坦克项目管委会（the Tank Program Administration），这家公司后来研制出了新型坦克——梅卡瓦（Merkava）。

"必有灾祸从北而来"

"黑色九月"事件之后，巴勒斯坦解放组织的大部分成员转移到了黎巴嫩，而我们的防守重点也转移到了北部边境。我之前在约旦河谷地区当过两年副旅长和旅长，这使我不仅能够从技术层面看问题，也能够从实战行动方面思考防御方案。北部军区长官是伊扎克·胡菲，我向他建议：我们应该派遣一个调查团，团内应包括具备各种专业能力的军官或者预备役军官，根据调查结果，我们可以为北部边界设置一套全面的防御计划。一开始，胡菲很高兴地接受了建议，他还从军中派遣了联络员来协助我们获取必要的数据。经过几个月的细致调查，我们制定出了一个非常全面的方案，其中包括一个包含尖端科技的报警围栏，以及散布各处的大小不等的雷达。除此之外，系统还包括各种照明装置，以保证我方士兵能够时刻看到边界的全景，不出现任何死角。调查组初步计算了这一工程所需要的时间与费用，然后上交给北部军区进行审批。很快，审批结果出来了：胡菲拒绝签字，因为他觉得成本太高。

事后看来，胡菲当时过于短视。1974 年，在马阿（Ma`a）附近发生了著名的人质劫持事件，而在此前后，北部边境的越境活动和恐怖袭击层出不穷。我们对此早有预感，而胡菲只用一句"太贵"就把我们否决了。教训如此惨重，北部军区最后不得不重新考虑我们提出的方案。而这次的费用比我们当初提案中所估算的又高出了很多。而调查组所提出的防御理念一直适用到现在。

坦克的火力控制系统

前面我们提到过，在边境防御中，我们使用了一种荷兰制造的激光测距设备，结果证明比装甲部队中最好的炮手还要准确。于是，装甲部队开始考虑如何为坦克配备更好的火力控制系统。塔尔坚信：对士兵严格的训练是战争取胜的关键。所以,在他指挥的训练中,他强调:作为合格的炮手,必须一炮击中目标。为了验证激光设备的可靠性,雅各布和塔尔各率领一支部队,展开了比武大赛。比赛结果:激光完胜。就连塔尔也不得不信服激光的威力。不过,当时的激光技术还处于初级发展阶段,要想与坦克完美结合尚需时日。

国防军与国防部,关于发展方向的争执

在西姆夏·毛兹(Simcha Maoz)中校的领导下,武器研发部的系统分析处(the System Analysis Branch of the Weapons Development Department)完成了对于在坦克中使用火力控制系统之可行性的全面研究。尽管激光测距设备是这一系统的重要组成部分,但即使在1971年,这一系统也需要用电脑来处理信息并向坦克上的加农炮传送准确的命令。西姆夏·毛兹、亚当·舍菲(Adam Shefi)博士,以及二处的科研人员证实:火力控制系统能够显著提高一炮击中目标的概率。武器研发部由此得出结论:基于实战与经济考虑,以色列的坦克部队应尽快升级。国防军的决策者决定为坦克部队购置火力控制系统。我们知道美国已经对此研究了很多年,他们主要依靠的是休斯集团(the Hughes Corporation),当时已经有六种型号的系统在地面部队中进行了试验。我们建议国防军从休斯集团购置一些模型,然后进行评估,最后准备投入使用。

事态的发展逐渐显示出了国防军与国防部的显著不同。国防部的政策一直是培植本国的国防工业,我在担任研发所所长时非常理解也十分拥护这一政策。

可是,在此之前,我一直想的是从美国购买先进武器,而我的老上级雅各布却坚持认为:配备于坦克上的火力控制系统应由本国企业承担。其中,他特别看好以色列航空工业公司(the Israel Aerospace Industries,简称IAI)。

行动处处长艾拉扎尔和总参谋长巴列夫全力支持从美国购买先进武器。

在国防部，执行长耶沙亚胡·拉维（Yeshayahu Lavi）和部长顾问特祖尔（Tzvi Tzur）支持雅各布。在1971年六七月份，我们就买进还是自产问题争论不休。我们与军界和国防工业的很多大人物会面，希望能够说服他们接受我们的购置计划。最后，1971年7月30日，我们准备与国防部长摩西·达扬探讨这一问题。

行动处长艾拉扎尔告诉我，他将无法参加与国防部长的见面活动，所以总参谋长和我就成了国防军中仅有的两名代表。我打算在周四，也就是与部长会面的前一天，和总参谋长进行一次非正式会面，具体商讨一些细节。他的办公室工作人员说他要去哈休莫山（Tel Hashomer）军事基地，于是我就在他的车外等候。汽车刚一开动，我就拉开门坐在参谋长旁边。这时我的心狂跳，简直难以自制。参谋长当然有些吃惊，但很快也就平静了下来。我这种有点儿耍赖皮的行为却为我赢得了一次与参谋长一对一谈话的机会。在汽车开动的整个途中，我把自己准备的发言详详细细地跟他说了一遍。

摩西·达扬的最终裁决

第二天早晨，尽管我相信自己已经准备得十分充分了，但在走向国防部长办公室的途中，我依然双腿颤抖，心脏狂跳，就好像要上战场一样。会议开始后，首先，雅各布陈述了国防部的意见，而我陈述了国防军的意见。我说完后，总参谋长说他支持国防军，同意减少坦克数量，而把节省下来的经费用来购置和安装火力控制系统。

特祖尔中将本来是一个很温和安静的人，现在却被我的观点激怒了，我看到他满脸怒不可遏。也许他以为我能够说服达扬，从而使达扬也开始反对国防部的意见。在我们发言完毕之后，国防部长开始发言，依然是他惯有的直截了当的方式。他用仅存的那只眼睛打量着我们，然后说道："你们的观点很有说服力，按说我该同意你们的意见。可如果那样的话，我就得把这些人都得解雇了，"他指了指特祖尔、雅各布和拉维，"我可不想那么做……"

会谈到此为止，很明显，达扬最终还是支持国防部。

事后我了解到，在处理与自己的利益没有什么冲突的问题时，达扬都会是这样的方式。他真正的意思是："你们都是大人啦，自己去处理问题吧。"

到了周日，我被紧急叫到艾拉扎尔的办公室，他告诉我：与达扬会谈后，他和特祖尔商议后决定，把首席科学家办公室（the Chief Scientist's Office）和武器开发部合并。这样的话，他问我愿不愿意当雅各布的副手。我说，原则上没有任何问题，不过我还是想先亲自与雅各布谈一谈。第二天，我与雅各布约在哈雷尔（Harel）饭店共进午餐。当时的哈雷尔有着以色列一流的厨师，雅各布自称美食家，当然不会错过享用美食的机会。

第二天，我还安排了与艾拉扎尔的一次私人会面，以表达我对于这一决定的认可。艾拉扎尔知道自己将要被任命为下一任总参谋长，他很高兴能看到国防军与国防部已经有了一些和好的迹象。合并后的新单位叫作研发所。回想起来，那时我们还有很多问题没有解决，从基本政策到领导人的个性特征。如果特祖尔和艾拉扎尔不能做到相互理解，这一合并还能否实现？雅各布与我之间的相互理解在这一过程中是否发挥了重要作用？双方都存在问题，国防军的问题是国防部长反对他们的建议，而国防部的问题是公开承认他们在专业层面上犯了一个大错。这些因素自然迫使特祖尔和艾拉扎尔接受一个现实：他们必须找到某种方式来防止类似的冲突发生。达扬发现自己无法亲自解决这一问题，于是便想出了一个折中的办法：把两个聪明人叫到一起，组建研发所。这一机构直到今天都还在发挥重要作用。这一机构后来扩大为武器与科技基础设施发展管理委员会（the Administration for the Development of Weapons and Technological Infrastructure），一般我们都用它的希伯来文缩写来称呼它——MAFAT。但不管我们的名称如何变化，人员如何更替，我们的基本原则却一以贯之：军方与政府机关倾力合作，合力建设以色列的军事基础设施。

建立研发所，既需要勇气，也需要创意

建立研发所的这段时间，思想与行动相互碰撞，我们很快就确立了新机构的组织框架和运作机制。我们到底应该强调合作还是分工，这是一个很关键的问题。我们还需要考虑总参谋部的组织结构，因为这是我们研发出来的各种武器能够获得实验机会的地方。

武器研发部负责勾画个开发项目的蓝图，这要根据他们对于地面部队各兵种的不同需要的了解。而对于空军、海军和情报部门来说，情况会稍有不同。因为研发所需要做出准备，在这些兵种处理关于开发项目的协议时提供技术支持和必要的协助。购买，或者自助开发，这两个领域密切相连，当时都还处于发展的初级阶段。我们要建立必要的政策和组织结构，以使两者都能够平稳发展。同时我们还要努力与其他国家建立良好的外交关系，这不仅仅是为了武器开发部的利益，更是要扩大全国范围的军工企业与外界的合作关系。我们还要重视技术层面的基础设施建设，既要确定各种设施的重要程度，还要招募能够胜任这些工作的人员。

伊扎克·雅各布与我的合作简直无懈可击。他的经验十分丰富，因此负责提供宏观框架。我们最为重视的是在各个方面保持军队与国防部的微妙平衡。我们团队中的成员都是思想开放、头脑灵活者。研发所就像是一艘行驶在巨浪中的小船，我们要努力保持平衡，使其能够顺利到达对岸。我们还要考虑一些更为细节的东西，比如制定标准、确定等级，还有就是从各个阶层招募成员，不管来自军队还是民间机构。

中庸之道——在总参谋部与国防部之间周旋

自研发所成立以来，它一直在高速运转。几周之后，我们的工作就已经基本步入了正轨。

正是由于总参谋部和国防部在武器研发方面的意见分歧，我们才成立了

研发所，目的就是减少冲突，尽量不要再出现像上次围绕坦克上的火力控制系统所出现的矛盾。但我们发现，研发所成立后，尽管各部门的高层已经不再参与其中，但两个部门的分歧依然存在，我们要不断斡旋两者之间出现的各种冲突。当然，主要问题都集中在是自主研发，还是从国外购买。不过，由于我们是刚刚成立的部门，资历尚浅，有时确实只有发言权，没有决定权。

1972年1月1日，新任总参谋长艾拉扎尔任命塔尔准将作为他的副手，使其成为总参谋部一个举足轻重的人物。对于塔尔来说，相比于他在国防部所担任的坦克项目管委会主席，这是他在国防军内部一次重回权力中心的过程。从装甲部队司令

梅卡瓦坦克

退下来后，塔尔一直致力于以色列自主研发的梅卡瓦坦克，这使他自然而然成为了坦克项目管委会的第一任主席。坦克项目管委会一直存在到今天，是国防部重要的军工研究机构。

关于新型坦克的争论一直没有解决，达扬被迫主持了一次相关的大型辩论活动。辩论持续了两天，所有相关的头头脑脑都来参加了。作为武器开发部的主管，我也参加了会议。达扬部长耐心听完了冗长的陈述和辩论。在所有与会的装甲部队的军官中，只有乌拉罕·罗特姆（Avraham Rotem）敢于挑战塔尔，支持亚伯拉罕·阿丹的观点。

塔尔自认为是国防军中研究坦克的权威，他设法取得了巴列夫和艾拉扎尔的支持。看着阿丹在那里孤军奋战，我很是为他难过。他的确非常诚实，但也着实缺乏个人魅力，这一点我们不得不承认。就算是身经百战、经验老到的阿莫斯·霍雷夫（Amos Horev）也没能抵挡住塔尔强有力的语言攻势。达扬别无选择，只能宣布讨论结束，梅卡瓦坦克计划不做改动。

塔尔迅速在行动处处长这个位置上确立了威信。但他很快就明白了，军队远比他想象的复杂而不可控。比如在空军里面，塔尔的威信就很难确立。空军总指挥本尼·佩雷德（Benny Peled）是一个出了名的硬骨头。我和佩雷德以及空军指挥部的其他官员关系都不错。我第一次遇到佩雷德时，他还只是一个上校，当时任空军航空部的负责人，而我是中校军衔，任二处处长。

有一天，我们共同被邀请去参加一个由行动处处长威茨曼主持的会议，讨论一个很敏感的问题，那涉及武器研发部和空军之间的矛盾。佩雷德满怀自信，口若悬河，将空军的立场和相应的数据和盘托出。他说完后，威茨曼转过来问我有什么想法。我按照事先的准备把我们的观点陈述了一遍，虽然也很有信心，但却不知能否有足够的说服力。威茨曼以前也是空军统帅，但他却没有偏袒空军方面。听完我的陈述，他思考了一会儿，转头对佩雷德说："本雅明，这小伙子说的有道理！"佩雷德不愧是大人大量，他不仅完全同意威茨曼的判断，而且还称赞了我的论辩才能。从此以后，我们的友情就逐渐建立了起来，直到2002年他去世，这都是基于我们之间的相互尊重与欣赏，塔尔一直不太能接受我们这个在两个部门领导下的机构。而我们也要在内部平衡军方和政府机构之间的关系。

在军事科技领域的合作

与众多技术强国相比，以色列的国防工业简直微不足道。为解决这一问题，在雅各布的倡议下，我们成立了技术分析与预测中心（the Center for Technology Analysis and Forecasting）。这一设想很不错，但在实施过程中却出现了不少问题。施穆埃尔·巴尔－扎凯（Shmuel Bar-Zakai）刚刚从美国拿到了博士学位，他不知用什么方式迷住了雅各布，很快，雅各布便任命他为这一机构的主管。

特拉维夫大学为这一中心提供了实验场所，而巴尔－扎凯也当上了副教授。作为研发所的副所长,我参加了雅各布主持的工作会议。雅各布很用心地选择了一些实用的课题,可巴尔-扎凯的发言却空洞无物,没有什么实际价值。当上研发所的所长后,我设法替换掉了巴尔-扎凯。特拉维夫大学校长与我商议,把学校的一名年轻教师巴鲁克·拉兹(Baruch Raz)送去波士顿的麻省理工学院学院,学习了两年的技术预测。两年后,拉兹学成归国,很快替代巴尔-扎凯成为中心的主任,从此这一中心走上了一条新路。

我们需要尽快缩小与技术强国之间的差距。我们的优势在于:我们有两次与苏联武器直接对决的机会,一次是1956年的卡代什行动,另一次就是1967年的六日战争。我们在战争中记录的数据,以及一些被我们缴获的敌方武器,都成了我们与西方国家建立军工合作的基础。西方国家也费尽心机来我们这里考察苏联武器的方方面面。

六日战争期间,以色列国防军的战斗力让全世界为之惊叹,这使我们有了更多与西方国家合作的筹码。不过,万事有利就有弊,这次战争也使一些西方国家开始断绝与以色列的合作,主要都是因为政治原因。比如英国,他们很快终止了与我们合作的"百夫长"坦克项目,迫使我们不得不独自进行梅卡瓦坦克的研发。英国研发团队利用内盖夫沙漠地形作为试验场,而且还得到了国防军装甲部队的全力支持。装甲部队司令塔尔认为这一项目将会彻底改变以色列装甲部队的面貌。我们之所以如此卖力,就是因为我们和英国签订了协议,英国答应将在1967年试验完成后向以色列输出这种坦克。但是,1969年,英国单方面撕毁了协议,而且还把在我国研制的坦克卖给伊朗、科威特、阿曼和约旦。这种坦克能够很好地对抗沙漠中的沙尘袭击。这就像是在我们脸上狠狠地打了一巴掌。我们从此吸取了教训:军事合作极易受政治因素影响,所以不能过于相信它的持续性。

六日战争后,戴高乐总统领导的法国政府在对以政策上也出现了180度的大转弯,法以军事合作的黄金年代就此终止。没有了英法的支援,我们只好更多地依靠美国。与美国的合作倒是比较持久,因为我们有很多共同利益。

美国有很多值得我们学习的东西。在20世纪70年代初期,看到美国军队当时的样子，我们就能基本猜测出我们未来的模样。成为研发所所长后不久，我们聘请了一家顾问公司，公司中的大部分成员都曾在 IAI 工作过。公司主管是摩西·阿伦斯（Moshe Arens）教授，他们的任务是为以色列武器研发提供一个详细的计划书。他们最终拿出了一份厚达两册的技术工程项目书，里面主要依据的就是我们从美国公开出版的科研杂志上可以学到什么。以色列的自主研发之路就此起步，当然，要看到真正的成果还需要很长的过程，首先要仰仗国家对于实验室以及相关国防企业的投资。

我们与美国的合作势头良好，于是我们觉得研发所应该向华盛顿派出一名代表。雅各布·格拉诺特（Yaakov Granot）承担了这一职责。

六日战争前，我们与五角大楼在防御边境入侵方面签订了一个正式的合作框架。而现在，我们不打算重新建立合作框架，而是在已有框架基础上增加一些条款。这样，我们一步步地把需要进行技术合作的领域加入到了已有框架中。而每一个附属框架的签订都需要我们互派代表——空军，海军，以及地面部队。美以高官需要在很多问题上有直接接触，我们发现这样的运作方式十分有效。而这些出国机会也成了我们部门能够提供给员工的一种额外福利。

尽管我们与英法的合作都大大缩水，但与德国的合作却与日俱增。多年以来，我们与德国的国防产业建立了良好的对话机制，包括会议、军方对话，以及互访。我们与 MBB 公司的关系日益稳固。前面我们提到过，我们的关系开始于六日战争后两位公司的重要人物对西奈半岛的访问。这些合作关系使我们有机会接触各国军事大佬。国防军的行动处处长经常参加我们与德国举行的对话，而德国方面也会相应派出高官参加。梅卡可坦克一步步从图纸上走向试验场，这时我们需要发动机、点火装置、履带和水力学设备，德国及时地伸出了援手。

多年来，我与皮特·朗格（Peter Runge）保持了良好的私人关系。他是德国国防部里负责技术和采购的官员。皮特是典型的德国人，酒量极大，一大罐啤酒都满足不了他。尽管他不是特别讨人喜欢，我却有自己独特的方式与他和平相处，所以只要需要与他接触，我们这边都会派我过去。

雅各布决定卸任

研发所正常运作一年后，我们感觉到它已经确立了自己在国防军和国防部中的地位。我不清楚雅各布会在主管的位子上待多久，我不想一直当副手。

我不断与总参谋长接洽，他们知道我想要得到提升的愿望。他告诉我，不要着急，雅各布会在年底卸任，而我铁定是他的接班人。不久，雅各布去远东和澳大利亚访问，为期六周。在他不在的日子里，我接到了担任代理所长的任命，任命书一封来自国防军，一封来自国防部。

雅各布的飞机刚一升空，我就召集新任命的空军司令本尼·佩雷德开了一个紧急会议，商讨能够从空军中选拔一位研发所的副所长。佩雷德同意我的想法，承诺尽快提供几位候选人。我之所以有这样的想法，主要是想让国防军的各军种都能够参与到研发所的运作中来。

1972年5月13日，在我38岁生日的前一周，我第一次参加了总参谋部召开的会议。这是一次形势评估会，达扬和特祖尔都在场。情报处长伊莱·泽拉（Eli Zeira）陈述了各种情报数据和威胁评估报告，而塔尔则陈述了他们部门的主要原则和理念。塔尔在发言中阐述了他对于各种政策的修改建议，以及对国家整体发展目标的理解。我很认同他的很多观点。两人陈述完毕，达扬开始发言，依然简洁明快，偶尔还开个玩笑。达扬开玩笑说，泽拉应该代表情报处，而不是阿拉伯人。他同时强调，塔尔有权表达他的任何观点，不管这些观点是否符合常规，但是达扬同样有权不同意这些观点。

达扬的观点与他的性格相吻合。他强调，要抓住一切机会获得领土方面的利益，不管多小都算胜利，就算诉诸武力也在所不惜，他称之为领土上的"纠错"。但是他不同意大规模扩张领土。他认为我们没有理由，也没有能力承担大规模的防御战。但他也不排除我们主动出击的可能性。达扬的想法与总参谋长艾拉扎尔完全一致，两人能如此步调一致实在罕见。

作为研发所的代理所长，我的任务很重，每天公事不断，不是文件就是会议。我现在的首要任务是留住耶狄迪亚·沙米尔（Yedidia Shamir），他是来自政府部门的副所长，正在考虑辞职。他正直而谦逊，是电子系统方面的权威。我知道自己不久后就会当上所长，所以不想失去这么好的一位帮手，于是极力挽留。我让雅各布和伊扎克·伊罗尼（Itzhak Ironi）也来劝说他，最终他答应了。

代理所长这一位置让我接触到了很多新人新事。我经常与特祖尔和空军上校约瑟夫·马岩（Yosef Ma'ayan）共同商讨与德国军工部门合作的问题，这是一个敏感事件，需要秘密进行。这使我有机会近距离观察特祖尔的工作方式，他充分利用自己作为顾问的身份来召集各种会议和咨询活动。

作为国防部长的顾问，特祖尔之所以能获得这么大的权力，还与达扬的工作方式有关。达扬一般只关注一些重要事宜，而把其他的统统放权。达扬让特祖尔掌管国防预算，与国防企业交涉，同时处理与国防军的协调问题。特祖尔掌管着国防部大部分的预算，也负责向一些高端武器研发机构发放采购资金，这意味着他在国防部内的位置举足轻重。而这些都是我在担任代理所长期间才慢慢了解的。

一天，我去特祖尔的办公室与他讨论带有光电导航系统的空对地导弹项目的开发，当时拉斐尔公司负责这一项目。我正在接待室等候，本尼·佩雷德从特祖尔的办公室里走了出来。后来特祖尔跟我说，他正在劝说佩雷德减少空军申请导弹的数量，以便得到国防军和国防部的同意。特祖尔敏锐地意识到，如果导弹预算过高，就会威胁到国防军其他军种，总参谋部会让国防部取消这一项目。而我就这样被突然卷进了这一秘密而又高度敏感的事件中，特祖尔要求我准备一份详细而全面的分析材料，以证明继续研发导弹的重要性。

导弹研发项目（后来被亲切地称为"大力水手"[Popeye]）最终顺利完成，空军储备了不少这种新式武器。甚至美国的马丁·玛丽埃塔（Martin Marietta）公司也与拉斐尔合作，为美国战略空军指挥部（Strategic Air

第八章　从武器开发部到研发所　<<<<<　099

Command）开发了一条导弹生产线。

当时，IMI与拉斐尔公司正在争夺导弹和火箭的研发权。多年后，IAI也进入了这一领域。特祖尔要求我起草一份政府文件，在这两家国有军工企业之间分配研制火箭推进设备的各自分工。这是我第一次起草关于技术研发基础设施的文件。会后，我仔细权衡，发现只能在两家公司之间寻求平衡，因为他们正打得不可开交。他们各自承担的责任一定要符合他们已有的研发路线。

拉斐尔公司研制的空对空导弹

在成立之初，研发所经历了一个适应环境的过程。武器研发方面的主管要铭记：国防部以及各国防企业都有他们自己的考虑，而这些考虑不仅限于军事方面。作为政府部门的主管，包括有着科学家身份的副所长耶狄迪亚·沙米尔，他们必须意识到国防军各军种的不同需要，而且还要保持强势的信心，不管工作压力多大，都不能屈服于来自军队同事的一些不切实际的需要。这是我一直信守的工作原则。特祖尔和艾拉扎尔决定建立研发所，当时就是为了解决国防部和国防军的各种矛盾。作为这个部门的主管，我们就是要做各种协调工作，我们就像是润滑油一样，维持着更大系统的正常运转。

接待重量级来宾——对我的又一次考验

虽然已经身兼多职，但他们依然认为我身上的担子还不够重，于是又给我安排了一个新任务——秘密接待来自某非洲国家的国防部长。这位部长是应达扬的邀请来到以色列的，他带着夫人、情报处处长和一名私人随从。我被指定做他的官方陪同。准备工作在两周前就开始进行了。

我们去机场迎接这位部长，然后护送他来到一处既隐蔽又十分高档的酒店。国防副部长特祖尔与我在此会面，告诉我下面的行程——约旦河谷和耶路撒冷。泽维少将负责这段行程的接待工作，他对于我们提出的行程路线没有任何异议。约旦河谷依旧骄阳似火，我们只能在室内的空调下谈话。参观完约旦河谷，我们又马不停蹄来到了耶路撒冷。这一天的行程很满，大家都已经非常疲倦，于是我们决定让客人安安静静地享用一顿晚餐，不再举行任何繁琐的官方仪式。这位部长对于这一整天的安排都非常满意，他说这大部分都是我的功劳。

听到表扬我自然心里乐开了花。

在最后一天的访问结束后，达扬在他位于特扎哈拉（Tzahala）的家中举办了一次欢送宴会，很多政要都应邀出席，包括艾拉扎尔和佩雷斯，我和妻子也有幸加入其中。正式入座前，达扬带我们到他的文物馆逛了一圈，那真是让人叹为观止。而且达扬是一个狂热的考古迷，他在这方面的学识几乎已经达到了专业水平。入座后，达扬发表了热情洋溢的讲话，让我们对与这个地处非洲的友好国家未来的合作充满了希望。我和妻子都感到非常荣幸能参加这样级别的宴会。那天的礼物也很不同寻常。达扬送给那位部长一部精心装帧的《圣经》，上面有精美的黄金饰品，这种级别的礼物是给最尊贵的客人的。送给部长夫人的是一条有着两千年历史的项链。这条项链一经展示就吸引了所有人的目光。达扬亲手为那位部长夫人戴上，之后，这位夫人就再也舍不得摘下来了。

对特祖尔和雅各布而言，安排我陪同这位国防部长进行参观也是对我的一次考验。没过几天，雅各布和夫人考察归来。根据我的日记记载，我在周五凌晨3：40（一个非常讨厌的时间）去本-古里安机场迎接他们。我的日记中写道："两人都感到非常放松，而且比以前胖了一些。"特祖尔不想来见他们，只是让我带个口信：当天上午11：30，雅各布要去参加一个会议。我简单地把最近所里发生的一些状况向雅各布通报了一下。雅各布特别想知

第八章　从武器开发部到研发所　<<<<<　101

道"我与特祖尔相处的怎么样,所里是否一切正常"之类的。与雅各布见面时,特祖尔大大地把我夸奖了一番,谈话中用了不少诸如"善于平衡""判断力好""反应迅速"和"吃苦耐劳"之类的词。当然,因为我没有参加会议,所以这些话都是雅各布转述给我的。尽管很高兴听到这样的夸奖,但是我总感觉雅各布有些夸大了特祖尔对我的评价,目的是鼓励我接任研发所所长的职务,这样他就可以顺利辞职。

几天后,我去会见了特祖尔忠诚而可信的助手亚伯拉罕·本-约瑟夫(Avraham Ben-Yosef),他主动要求与我谈谈。本-约瑟夫告诉我,在雅各布出国考察期间,我的表现可圈可点,而陪同非洲某国的国防部长的经历更是展示了我的才能。最后,本-约瑟夫说,总参谋长已经正式向国防部推荐我担任研发所所长,今年底任职。因为这一机构涉及国防军和国防部两个层面,所以特祖尔也代表国防部向上推荐了我。

我猜测自己在1973年9月或者10月就可以任职。我能清楚地看出,雅各布已经不愿再担任所长这一职务。很明显,雅各布尽量避免与总参谋部打交道,特别是以色列·塔尔。我对塔尔也有些意见,因为他经常在最后一刻突然推迟我们早就安排好的会议。多年后,当我重读我的日记时,发现里面写着这样一条:在与塔尔会面时(有耶狄迪亚·沙米尔陪同我),我写道:他今天似乎情绪不错。读到这一条,我便想:这种反常也许是因为他刚刚被提名接受以色列国防奖(the Israel Defense Prize),原因是他在研发和推广滚轮活动桥中所发挥的作用。稍后我会详细提到滚轮活动桥的研发经过。

作为代理所长期间,我和手下花了很长时间来起草武器研发政策。西姆夏·毛兹也被请来在这一过程中担任重要角色,因为他视野开阔,既有经济思维,又有系统整合能力。不过,他有一些性格缺陷,一旦他的意见与其他成员不合,或者事情不像他想象的那样进展顺利,他就会退缩,从而止步不前。所以,我们必须努力提高他的工作热情。雅各布放弃了他在制定武器研发政策中的核心地位,而西姆夏也参与了与特祖尔的会面,共同商讨最好的原则与措辞。我们共同为国防生产研发委员会(the Council for Production and Development）准备了一份展示材料。国防生产研发委员会是国防部创办的高级别论坛，由特祖尔领导，成员包括国防部各部门主管、各军工企业以及国家资助的国防实验室的主管。

在一次会议上，特祖尔宣布，研发所主管的交接仪式将在10月1日进行。这对于耶狄迪亚来说有些突然，因为他还没有决定好是去是留。关于军界副所长的人选此时还非常不确定。在这次会议上，特祖尔建议从政界选择一名副所长。我知道，在我与特祖尔谈话后，空军司令本尼·佩雷德也找特祖尔谈过话。

我还知道，总参谋长希望从军界提拔一名副所长，可是，塔尔强烈反对从空军中选择副所长。"绝对不行！这违反这个部门的组成原则！"他很坚持。我很清楚，对于塔尔来说，研发所应该完全在他的管辖范围内，应该只为国防军地面部队服务。夹在这几个大人物中间，我必须成为一个善于斡旋者，于是我依然建议从空军中选择副所长，这主要是基于我对于武器研发中的多兵种合作的重视。

最终，空军接受了我的建议，同意让纳鸿·达雅吉（Nahum Dayagi）担任研发所的军界副所长。

地面部队的发展计划依然不够完美。有一天，塔尔召集各军团司令开会。约书亚·罗森（Yehoshua Rozen）和我一起走进塔尔的办公室，在这里，我们看到了这位伟大将军在人际交往方面不那么让人钦佩的一面。塔尔后来当上了副总参谋长，作为研发所所长与他还有过一些交集，大家可以想见我这个位置是多么不好干。

年终自测——总结一下自己作为副所长的成败得失

那一年的新年，对我来说有着特殊的意义，因为我被正式任命为研发所所长。当时我的照片已经上了电视，我的女儿奥斯纳特看到了之后高兴得又蹦又跳。我已经和我后面要经常接触的几位领导进行了几次私人会谈，其中

第八章　从武器开发部到研发所　<<<<< 103

包括副总参谋长塔尔、总参谋长艾拉扎尔和国防部执行长伊扎克·伊罗尼。新年伊始，我内心干劲十足，准备在新的一年里大展拳脚。

每年的这个时候，我都会对刚刚过去的一年进行一个总结，这一年也不例外。我把自己在副所长任上的作为总结了一下，写成了这样一份材料：

回顾自己在副所长任上的作为，并展望将来在所长任上所应该采取的行动，我整理了下面几点：

1. 首先，我们成立了研发所，在所长伊扎克·雅各布的带领下，我们确定了整个机构的组织架构和工作方式。

2. 我们已经确立了大致的工作流程，现在还应将其细化。

3. 我们已经与国内主要的大型国防企业签订了合作协议，现在有必要将这些协议重新整理。

4. 我们已经招募了足够的工作人员，现在需要在一些关键位置上替换相关人员。

5. 尽管我们已经与国防军在发展计划方面达成了一致，也与空军和海军部队进行了卓有成效的合作，但是在服务国防军方面我们的努力还不够。

6. 我们已经在国防军和国防部的组织架构中占有了一席之地，但是我们还没有充分利用我们争取来的权利去进行合理的运作，以及充分利用我们争取来的资金优势。

7. 我们已经向上级提交了很多高质量的科研汇报材料，但是有些关键领域还没有涉及。另外，我们进行项目演示的方式与能力还有待提高。

8. 我们已经成立了一些以项目作为核心议题的机构，现在已经有可能与国防部的采购部门进行联合运营。但这还只是一个开始，我们还要看具体运作情况如何。

9. 我们已经把我们与国外国防企业的联系纳入了正轨，特别是大水（Mighty Waters）项目。但这还只是局限于某些国家，而且我们的科技信息收集工作也还没有纳入正轨。

现在我已经成为了所长，这些问题都要适时予以解决，我知道每一个问题都有很大的挑战性，但是这并不能减损我的自信心。

最后说说伊扎克·雅各布，从国防军退役后，他被提名当上了工商部的首席科学家，在这一职位上，他也充分展现了他的创造力。后来他辞职去了纽约，要创建一家科技公司。在这段时间里，我们一直保持着联系。2001年时，我忽然听说他被起诉，罪名是他的一些所作所为威胁到了以色列的国家安全。在他的律师的要求下，我在他被拘禁的酒店中与他见过几次面，详细了解了一下案子的具体情况，以及我能否提供必要的帮助。根据我的理解，他的有些行为确实有很严重的问题。他曾打算出版一本书，书中记述了很多与此相关的情况，他就是因为这本书才被指控的。我觉得无力帮助他，对此深感愧疚。

第九章

研发所与赎罪日战争

终于当上了研发所所长

1973年10月1日，星期一，伊扎克·雅各布与我去见国防部副部长特祖尔，特祖尔宣布：雅各布不再担任研发所所长一职，随后正式任命我担任此职。在总参谋部举办的就职仪式是在晚上进行的，我的妻子和两个孩子也应邀参加，同时纳鸿（Nahum）也被任命为研发所副所长，并被晋升为上校，我被晋升为准将。那一天塔尔显得格外热情，他送我的一束鲜花上面有一张纸条，纸条上是他的亲自签名：塔利克（Talik）。这是他的昵称。在我们走进总参谋长总办公室之前，我还和伊扎克进行了最后一次谈话。我跟他说我还有有些担心，担心自己经验不足眼光不够，没有办法做出一些具有远见卓识的贡献，他说不用担心慢慢干着就什么都会了。我觉得他只不过是在安慰我，被任命为所长对我来说喜忧参半，喜的是我的能力得到了认可，忧的是以后的管理工作相当棘手。

担任所长的第一天，我和副手们开了几乎一整天的会，主要是明确我们研发所的职责，大致确定将来的工作走向。同一天，我还与特祖尔开了两个会，一个是关于我们与一些亚洲国家的关系问题，一个是特祖尔和拉斐尔公司总裁的例行会议。国防部长的办公室与总参谋长的办公室相隔不远，因此我打算直接去见艾拉扎尔，请他支持我的工作。另外也承认纳鸿在行动处工作组的成员资格，塔尔曾强烈反对纳鸿担任副所长，因为他来自空军，而塔尔一直把行动处工作组看作是地面部队的领域。我担心在纳鸿成为副所长之后，塔尔会给他穿小鞋。我和总参谋长单独谈了十分钟。艾拉扎尔说话非常简洁明快，我走出办公室的时候，心里感觉特别敞亮。他对我提出的很多意见和建议都非常中肯，各种决定也下得非常坚决，仅仅十分钟，我已经对他有了全新的了解。他说我们还需要进行一次长谈，但这次长谈被马上就要来到我们面前的赎罪日战争完全耽搁了。

我被任命为所长的同一天，约纳·埃弗拉特（Yonah Efrat）接替雷哈瓦姆·泽维（Rehavam Ze'evi）当上了中部军区司令，晚上我驱车前往位于耶路撒冷的一个会议中心参加泽维的告别仪式。欢送会的气氛非常轻松，当战争开始后，我不禁回想起那天的聚会，心中不禁升起一种奇怪的感觉，战争的阴云已经沉重地笼罩在我们头上，而我们全然一无所知。

战争开始了

10月5日，星期五，早上，战争前一天，塔尔属下的一名局长伊戈尔（Yigal）告诉我：我们现在的警戒级别是 B 级。不久，从总参谋部举行的一次临时会议上得知，我们的警戒级别已经非常接近 C 级。在当天的会议上，情报处长伊莱·泽拉（Intelligence Branch Chief Eli Zeira）很清楚地表明，我们正在准备应对埃及和叙利亚的联合进攻，在开罗和大马士革的苏联顾问家属已经乘机离开。不过，他认为不会爆发大规模战争，最坏的结果就是叙利亚会占领戈兰高地的一部分土地，也许会占领一个定居点。泽拉还预计，埃及军队的动作也仅会局限于炮弹袭击，最多会有小股士兵企图越境。尽管达扬在场，但他让总参谋长主持会议，自己则没有过多发言。会议最终决定，警戒级别保持不变，推迟常备军与预备役士兵的假期，但暂时不动员预备役部队。

这并不是我参加的第一次总参谋部会议，但因为刚刚升任所长，我比以前更为尽职尽责，于是拿起桌上的白纸，做了详细的会议记录。我在整个战争期间都保持了这一习惯,后来我们所的行政秘书把它们整理了一下,并写上了总标题——"战争笔记"。

1973年10月5日,星期五

参谋本部,简报(中午12点结束)

情报局

叙利亚正在进行应急军事调动,他们进行了一场针对攻占戈兰高地的实战演习。

两个苏霍伊-7(Sukhoi-7)飞行中队从很远处的T-4机场调动到大马士革。

埃及——装甲部队正在针对以色列可能进行的偷袭行动而进行实战演练。运河地区已加强戒备。

对方都在密切关注以色列会不会向叙利亚和埃及发动袭击。

这种担心来源于国防军采取的如下行动：

——在西奈半岛进行的空降兵演习

——在叙利亚上空的小型空战，他们认为这是大规模空袭的预热阶段

——他们拿到的我军飞机飞行的照片

叙利亚与埃及的媒体都在宣扬这种紧张情绪以及敌对状态。

苏联派出了11架运输机（6架给埃及，5架给叙利亚），可能是用来从两国撤出苏联工作人员。对此没有解释原因。

今天早上，大部分苏联船只离开了亚历山大港（Alexandria）。

情报局的评估意见：埃及和叙利亚发动战争的可能性很低，他们的上述行为只是出于恐惧。

有可能（尽管可能性也很低）叙利亚和埃及会进行小规模的攻击行动，叙利亚可能会借机占领一小片土地，而埃及则会用大炮进行攻击。

事态会继续发展，有可能会超出阿拉伯人的预计。

总参谋部

总参谋长认为情报局的评估符合事实。军中警戒级别维持在C级。

地方军队长官可以在基本维持C级的前提下根据实际情况做出适当调整（比如关于睡眠的规定，等等）。

这一警戒级别适用于所有预备役部队。总参谋长预测，如果叙利亚和埃及发动进攻，我们会提前得到消息。

一旦有消息，我们会动员预备役官兵。动员令会通过以色列军用电台来发布。

10月6日早上5∶45，我被特祖尔打来的电话吵醒，他这时已经在办公室里了。他问我关于拉斐尔公司各种军用设备的研发现状。研发所已经在总参谋部指挥中心（the General Staff Command Center，在希伯来语中被称为ha-bor或者"深坑"［the pit］）派驻了代表，因此我能很快地回答他

的问题。上午8∶30，我再次被电话吵醒，这次是阿维·哈尔－伊文（Avi Har-Even）上校，他正在指挥中心值班。哈尔－伊文告诉我，他们已经开始秘密地动员预备役官兵。上午10∶00，总参谋部筹备工作组（Preparatory Working Group）已经聚齐。现在已经确认，很可能我们要面向两线作战，战斗大约会在当晚6点打响。我各部门主管来参加中午12点举行的筹备工作组会议，会议由塔尔主持。会议讨论了如何在两线建立有效的战斗序列。

下午2点，空袭警报开始哀号。我迎面遇上情报局长泽拉，他面色苍白，嘴里嘟囔着："怎么会呢？不会呀！他们已经开始空袭了！"我能够听出他声音中的震惊与失望（也许是对自己失望），我感到自己的心一沉，随后又狂跳起来。

我奔向指挥中心，在那里待了将近三个小时，可一直是一头雾水，完全没有头绪。我当时在一张纸上写道：总参谋部的作战室就像一个旅部的作战室一样嘈杂喧闹，让人无法静下心来思考。发报机不时传来各处部队传来的讯息。听着这些充满滋滋声的话语，我就像重新回到了枪炮声齐鸣的战场。作为指挥官，就算你可以躲在指挥部里，可是你的头脑却一刻也不能停歇，要异常冷静地发出最为有效的指令。这时，塔尔与第14坦克旅旅长丹·肖姆龙（Dan Shomron）取得了联系。他们旅正在西奈战场最前方，塔尔试图确认他们的位置。肖姆龙报告说，埃及第7师还没有整个跨过运河，甚至还没有沿着一条名叫吉迪（Gidi）的大路向东开进，而指挥中心已经充满了各种类似的谣言。

到了下午，整个总参谋部的部门主管都来到了办公室，在紧张焦虑中收听前线的最新消息。在征得我的同意后，西姆夏·毛兹（Simcha Maoz）奔赴前线，加入了一个后勤小组，主要为沙龙师团服务。第二天，又有一些研发所的工作人员自愿开赴前线。其实我也有这样的打算，但是我觉得作为所长，我马上就会有更重要的工作要做，于是很快打消了这一念头。到了晚上，我们这些研发部门的主管就接到了上级下达的任务，主要包括：

• 协助其他部门为前线提供必需的武器装备；

- 组建资料搜集小组；为即将到来的战争经验总结做准备；
- 在这一阶段，暂时还不需动员预备役部队；
- 保持核能与生化防卫部门正常运作；
- 保持负责地面部队调动的部门正常运作，使其工作人员尽快适应战争局势；
- 使研发所下属的各专业部门参与到武器输送中，其中包括电子设备部门、计划与经济部门、导弹与火箭部门和基础建设部门。

我们决定明早8点来这里，公布最新的战斗消息。我们忽然感到，自己已经可以在战争中发挥一定的作用了，但其实我们根本没有想到这次战争之艰难。

回到家时，宁录已经睡着，当然这主要是由于娜奥米给她吃了镇静剂。要是没有这玩意儿，这孩子会紧张得根本睡不着。娜奥米和奥斯纳特都相对比较平静。邻居们不时跑过来打探消息。我尽量传达正面信息，好让他们不至于太恐慌，其实，我自己的内心也在瑟瑟发抖。

10月7日早晨6点，我急匆匆赶到指挥中心，以获取最新的战斗消息。从苏伊士运河前线没有传来任何消息，我们感到一片茫然。叙利亚人凭借夜色向戈兰高地的南部纵深地带挺进。他们已经占据了赫尔蒙山（Mt. Hermon）的据点。在指挥中心的地图上，赫尔蒙山已经被涂成了红色，以作为敌军的标志。

上午8点，我向各部门主管简单汇报了情况，随后我见到了前研发部主管本·巴龙（Ben Bar-On）和我的助手罗尼·卡金（Ronny Katzin），我们共同讨论如何尽快从已经开始的战争中获得经验教训，用来为后续的战斗服务。上午9点，我再次来到指挥中心参加行动部门主管筹备工作组（the Operations Department Director's Preparatory Working Group）的会议，会上，情报局和行动部汇报了更为详尽的即时信息。我在日记中这样描述这次会议："指挥中心里的所有军官都在聆听，大家神情凝重，一言不发。"我也必须承认，自己也是迫不及待地想知道最新的消息。我召集所有的部门主管开会，要求他们收集各种战争数据,为从中吸取经验教训而做准备。我看到大家能够形成这样的共识,因为我们感觉到我们的努力会对正在发生的战争产生积极的影响。我还注意到,大家都非常紧张,很难放松下来。那一天是星期天,战争的第二天,他们都很难静下心来工作,只要我从指挥中心一回来,他们都会跑过来问东问西。

前线的情况从充满希望到逐渐走向绝望。空军飞行员频繁升空,像钟摆一样一会儿向西,一会儿向东。早晨的时候,我方战斗机成功地袭击了埃及的机场和防空设施。可是,正当他们轰炸埃及的一个导弹基地时,突然收到上面的命令:转头向西去袭击戈兰高地。本来他们的任务是为地面部队提供紧急支援,现在却一下子变成了攻击叙利亚导弹基地,以在戈兰高地确立制空权。下午,我们召开了副总参谋长筹备工作组会议,而且计划随后马上召开总参谋长筹备工作组会议。这是一个转折点。总参谋长筹备工作组会议多次推后举行,最终总参谋长宣布:塔尔将飞往北部军区,他自己将去往南部军区,而泽维被任命为代理行动处处长。

我们都心情沉重,坏消息一个个传来。最让人痛心的是,第188装甲旅旅长本－肖哈姆(Ben-Shoham)上校在战场上身负重伤,现在生死不明。而第188旅是抵抗叙利亚第3装甲师的主力部队。第188旅的副旅长和行动专员也非死即伤,现在整个旅群龙无首。本－肖哈姆发色乌黑,眼睛里时刻都有笑容,他战斗经验丰富,是一位非常优秀的指挥官。

10月7日,我按照达扬的指示,准备去188旅视察,商谈如何在戈兰高地上建立新的防御机制,抵御叙利亚的进攻。但是,由于战斗过于激烈,我们还没有走到高地就被迫撤了回来。我们只能躲在后方从无线电中收听前线的消息,为他们所面临的严酷局面而捏一把汗。

在南部战场,我们不断收到埃及坦克继续进攻的消息,他们已经进入了运河东岸十公里纵深的地区,我们与很多要塞失去了通讯联系。达扬从南部战场回来时没有带来什么好消息,这使后方的意志更为消沉。据说,达扬称这次战争将会造成"第三神庙的毁灭",这句话像野火一样在总参谋部指挥中心内蔓延。到了晚上，巴列夫飞往北方去协助北方军司令胡菲的工作，艾拉扎尔去南部视察，而塔尔依然坚守在指挥中心。我们在指挥中心又召开了一次筹备工作组会议，很多人由于紧张焦虑都开始抽烟，我们的头上像是萦绕着一片浅蓝色的愁云。烟味混杂着汗味，不断刺激着我们的眼睛，不过，这些都抵不过战争的恐惧所带来的刺痛感。面对这么一大屋子人，室内的通风系统显得那么无力，我们不仅因为恐惧而浑身颤抖，也因为缺氧而感到呼吸困难。

战争进入第三天，我受命向国防部各部门主管介绍最新战况。会议由执行长伊扎克·伊罗尼（Director-General Itzhak Ironi）主持。他要求工作组每天都对前线的情况进行总结。在这次会议上，报告持续了 40 分钟，而大家一直全神贯注，几乎没有人走神。我力图使报告还原战场上的每一个场景，同时又不忘给大家带来希望。伊罗尼要求每天下午 5 点进行汇报。由于我几乎参加了所有在指挥中心召开的工作组会议和筹备工作组会议，所以，我对于前线的情况称得上了如指掌。从长期来看，这些会议也有助于提升研发部门的地位。

艰难时刻

到了 10 月 8 日，我早已筋疲力尽，但我还是坚持拿出了笔记本，写下了这一天的重要事件。当天早上 6 点，指挥中心里忽然有了一些乐观的气氛。北部军区已经制定了作战计划，而且马上就会得到上级同意。他们准备调动拉斐尔·艾坦（Rafael Eitan）准将的一个师来向东追击叙利亚人，同时调动摩西·佩雷德（Moshe Peled）准将的一个师来从南到北追击敌军的坦克。这些部队现在都用他们的指挥官的名字来命名，目的是希望他们能够具备指挥官的性格与能力，像艾坦和佩雷德这样的指挥官总是很让人放心的。

白天的时候，事情进行的都很顺利。可是，后来我从无线电中听到，事情远没有我们想象的那么简单。空军飞行员不间断地升空，为地面部队提供空中掩护，我在心里默默地向他们致敬。格兰尼（Golani）旅试图向赫尔蒙山进攻，最后却无功而返。战斗中有 30 名士兵阵亡，70 人受伤，而且伤亡人数还在增加。截至现在，我们在赫尔蒙山上已经损失了上百名战士。

在南部战场，我们计划一步一步向前推进。首先，亚伯拉罕·阿丹计划由库奈特拉（Quneitra）向南部挺进，清理炮兵大道（Artillery Road）和运河间的整个地区。随后，沙龙率领的一个师将会从南向北进攻。同时，阿尔伯特·门德勒（Albert Mendler）率领的第 252 装甲师暂时还需要时间从前一天的战斗中稍作恢复。沙龙师在当天白天没有什么大举动，我们也不清楚其中的原因。阿丹所率领的一个师经过惨烈的战斗，终于推进到了费尔丹桥（Firdan Bridge）。到了下午，门德勒率领的第 252 装甲师受命在南部发起行动，目的是阻止大批埃及坦克通过吉迪路入境。到此时为止，已经有 600 辆埃及坦克进入我国，这一数量几乎与我们已经筋疲力尽的三个装甲师的坦克数量相等。一天之中，我们的乐观转变成了再次面对现实的无奈感。

达雅吉（Dayagi）与我一起去视察了一处控制站——以色列空军指挥中心。在那里，我有幸坐在大卫·伊夫里（David Ivry）准将身边，而我的前面就是本尼·佩雷德（Benny Peled）。我亲眼目睹了他们指挥空战的全过程。几十架飞机同时起飞，去轰炸敌方的导弹基地，紧张气氛充满了空气。通过无线电，我听到了飞行员传来的声音，那种声音与地面部队的截然不同，这让我敏感的神经忽然之间有那么一丝丝的放松。对话都非常简短，完全没有废话。每次收到飞行员遇难或者战斗发生困难的信息时，佩雷德的脖子和宽阔的肩膀都会瞬间紧绷。尽管我只是一个旁观者，但却有一种和他们一起在指挥的感觉。战后很多年里，我在武器研发的过程中，脑海中不时浮现出这次战斗的场面。

当天晚上，在一次副总参谋长筹备工作组会议上，研发所接受了新的任务——帮助士兵快速学习如何操纵苏联生产的 T-62 坦克，并了解它的优势与劣势。我们早已经注意到了库奈特拉附近报废的一百多辆 T-62 坦克，当天上午就已经开始了调查工作。

我第一次接触苏联坦克是在 1956 年的西奈行动期间，当时埃及使用的是 T–34 坦克。这些坦克是在二战时期研发的，与同时期美国研发的谢尔曼坦克相比，它们已经几乎没有什么优势。六日战争中，埃及和叙利亚使用的都是 T–55 坦克，这在装甲、火炮和火力控制系统上都比 T–34 有很大提升。我从一些出版物和情报部门的报告中读到过关于 T–62 坦克的介绍，但西方世界还远没有破解它其中的秘密。苏联不肯把他最先进的武器卖给其他国家，他们之所以愿意把 T–62 卖给叙利亚和埃及，是因为苏联自己已经有了更为先进的 T–72，那要在第一次黎巴嫩战争中我们才会接触到。

我们很快从戈兰高地上拉回了一些 T–62，军械部队（the Ordnance Corps）马上开始在哈休莫山对它们进行了全方位的研究。

10 月 8 日是难熬的一天。到了晚上，我逐渐发现，人们已经不再四处打探关于前线的各种消息，而是转向了收音机和报纸。我终于睡了几个小时，那天晚上也比较安静，我希望早晨醒来的时候，国防军在戈兰高地上已经有所突破。

但在当天，戈兰高地上却丝毫没有平静过。指挥中心内气氛压抑，大家聚在一起分析高地上的紧张局势。

夜间，政府决定动用一切力量打击叙利亚，而梅纳赫姆·梅龙（Menachem Meron）少将受命在西奈半岛建立后方防线，用来牵制继续前进的埃及军队。

上午，我心情沉重地来到办公室，向研发人员工作组（the R&D Staff Working Group）做汇报，我对战况描述的很细致，这可能会让他们心情更为低落。上午 10 点钟，指挥中心里的气氛一下子活跃起来，原因是本－盖尔上校（Ben-Gal）率领的第 7 装甲旅已经成功地击退了叙利亚第 3 装甲师。空军发挥了很大作用，我们的战斗机很轻松地炸掉了很多预定的目标。到了下午，我们正在开总参筹备工作组会议，消息传来：我们成功地打击了位于大马士革的一些重要目标（叙利亚总参谋部大楼、空军指挥部、国防部和一些发电站），还有霍姆斯城（Homs，叙利亚第三大城市，位于叙利亚的中心地带），以及叙利亚在黎巴嫩的一处大型雷达设施。喜悦再次泛上每个人的脸庞，这是战时情绪波动中常有的现象。

当天早上，我们开始从美国预定 T.O.W 反坦克导弹。这一决定是由特祖尔做出的，同时参考了行动处副处长阿里耶·列维（Aryeh Levi）和执行长伊罗尼的意见。由于战场上的不利局面，我们出价近千万美元来购买 120 套这种设备，尽管美国还没有完全同意出售给我们。

战前的几个月，在一次行动处的会议上，我们商谈是否购买几套 T.O.W 反坦克导弹来进行试用，当时，塔尔强烈反对。"国防军太看得起反坦克系统了！我们不需要那么多这玩意儿！"他大喊大叫。我们都知道他的思路：对付敌人的坦克，用我方的坦克已经足够。塔尔对以色列的地面部队有绝对的指挥权，我们只能咬住嘴唇，保持沉默。我们已经见识了苏联生产的赛格（Sagger）导弹的威力，我们的很多坦克就毁在这上面。我们逐渐意识到了反坦克导弹在现代战场上的重要作用。

战争初期的确很艰难，为了及时获得前线的信息，我不时造访指挥中心，就算没有会议也会去打探一下消息。这样，沙米尔就基本代理了我的职责。战斗到了第四天，只要有人要求上前线或者从事与战斗更为相关的工作，很快就会得到批准。鉴于这种情况，我召集来一些最为忠诚可靠的预备役军官来组成临时行动小组，继续进行眼下战局的各种数据收集和整理，以最快速度回馈到指挥中心。我们的目标是尽快形成与技术相关的解决方案，同时为下一步的战争经验总结做准备。每天为国防部扩大工作组准备的报告会特别受欢迎，大家都想进来听一听。

10 月 12 日上午 3 点，副总参谋长筹备工作组会议结束后，我们与行动处、情报处和空军部门的主管共同讨论苏式 SA-6 反坦克导弹的问题。指挥中心的气氛与前几天大不相同，主要是由于我们的装甲部队在叙利亚取得的胜利。艾坦师在上午 11 点发动进攻，到夜间时距离边界（"紫线"，或者称为 1967 年停战线）已经有 10-15 公里的距离。不过，在这一天中，空军损失了七架飞机，可谓损失惨重。到这时为止，已经有 80 架我方战机被击落。我们不知道这种厄运还要持续到什么时候，到现在为止，我们还没有搞到一套SA-6导弹，这让我们心里总是很不安。我们请求总参侦察营（Sayeret Matkal）设法搞到这种导弹，哪怕一套也好，或者弹头上的重要部件，这样我们就可以为我方战机提供应对方案，即使只能是一些局部方案。

研发所内部的工作逐渐进入正轨：罗森（Rozen）把几个战斗武器系统调查小组送到各主要前线，而伊齐克·雅科比（Itzik Yaakobi）中校负责对他们进行监督和指导。电子部门主管沙洛姆·艾坦（Shalom Eitan）负责整理与T.O.W相关的培训资料，并且负责核实与战后经验总结相关的各种数据。美国人终于同意向我们出售T.O.W反坦克导弹，我们派出一个小分队去学习如何操作这种装备。在指挥中心，我遇到了雅各布，他正在收听无线电里传来的关于第7装甲旅在前线的消息。他看起来苍老而疲惫，一脸愁容。我把他拉过来帮核生化防卫部门主管雅各布·利夫尼（Yaakov Livni）写会议程序。我们还启用了研发所的一些预备役人员来参与工作，整体感觉：一切都在正常运转。

我继续向国防部的高级军官们汇报"最新战况"。IAI的首席执行官也要求我去向他们的高级工作组成员汇报。向这些直接负责武器研发的人员进行前线战况的汇报的确显得与众不同，他们不仅想听到前线的战况描述，更想听到他们设计的武器在前线能够发挥预期的效果，当我的汇报中涉及这一点时，他们都非常兴奋，听完后马上就商量将来的研发方向。于是，会场气氛异常热烈，在他们看来，战场就是最好的武器试验场。他们提出的问题也十分尖锐，我赶紧把重要的问题记录下来，以备将来思考。

有一天，在向国防部工作组做汇报前，国防部执行长助理哈依姆·卡蒙（Chaim Carmon）拉住我，说带我去见他的一个朋友。原来，他带我去见的是哈依姆·以色里（Chaim Israeli），本-古里安的一位资深助手，而现在则是国防部长达扬的特别顾问。虽然是我们的第一次会面，但我很快就被他的友好与睿智所吸引。他问了我一箩筐的问题，关于战局，关于T-62坦克，关于国防军的内部结构，关于坦克在战争中所发挥的作用，关于如何与埃及人继续战斗。这次会面的整体感觉是，哈依姆·以色里在代表达扬提问，这些问题正在困扰着达扬。第二天,哈依姆·卡蒙问我愿不愿意做国防部的发言人。这个职位很诱人,但我还是婉言谢绝了,因为我现在还是研发所所长,那里还有很多人需要我领导,我不能在战争期间丢下他们不管。

10月13日,星期六,早上6点,我已经起床。当天,我最为关心的是本－加尔率领的第7装甲旅,他们遭遇了大批反坦克导弹的袭击,而其中一位营长身受重伤。一个来自伊拉克的师团牵制住了丹·莱纳(Dan Laner)准将率领的第210师,这样,他们就不能按照原计划去增援位于南部的摩西·佩雷德率领的第146装甲师。那天早晨的气氛非常压抑。7:00,我们与特祖尔开了一个碰头会,7:30,总参谋部筹备工作组会议召开。会后,我们的紧张情绪稍稍有所缓解,但是,也仅仅是稍稍而已,因为我们知道,我们的所有部队都已经加入了战斗,我们已经没有后备役可用。唯一值得安慰的是,空军已经完全控制了制空权,战争的方向与节奏在很大程度上取决于他们。

当晚,事态开始明朗起来:伊拉克的那个师团误入了我们的埋伏圈,我们有三个旅在等着鱼儿上钩。截至当时,已经有80辆伊拉克坦克被摧毁。第7营依然被围困在戈兰高地北部,而阿米尔·德罗里(Amir Drori)率领的格兰尼旅和哈依姆·纳德尔(Haim Nadel)率领的一个预备役伞兵旅已经开始去为艾坦和丹·莱纳率领的师团解围。国防军终于认识到了步兵在战争中的价值。在苏伊士运河战场,我们目睹了装备着赛格导弹的埃及步兵对我们的坦克所造成的重创。原来在西奈半岛指挥南部师团(即第252装甲师)的阿尔伯特·门德勒(Albert Mendler)被埃及的一枚反坦克导弹击中,不治身亡,现在这个师改由马冈(Kalman Magen)少将指挥。巴列夫前往西奈半岛去做前线总指挥,因为我们的情报人员观察到,埃及方面一直在积极准备,看来还会有一次猛烈的袭击。艾拉扎尔刚刚从运河前线视察回来,他对于前方将士的战斗状态非常满意,这也对我们产生了积极的影响。我们还组织了一次在伊拉克内陆的空降行动,成功地阻止了伊拉克军队向戈兰高地南部进发。他们干净利落地拆毁了一座桥梁,还摧毁了不少坦克。值得一提的是,这些坦克当时还在运输工具上,根本没时间卸下来参与战斗。大家听到这样的消息，顿时一片欢腾。

前线的战斗暂时减弱，而我们在国防部的过道中听到了对于这一阶段战斗的各种批评意见，其中包括：

◎ 情报局所犯下的重大失误，特别是这位局长；

◎ 我们低估了步兵在战斗中的重要作用；

◎ 对于反坦克导弹作用的低估。那种"国防军太看得起反坦克系统了"的论调，只不过是装甲部队一些人为维护自身利益而做出的虚假判断；

◎ 空军在开战之初没有为地面部队提供近距离的援助；

◎ 还有对海军的批评。

战斗偶尔失利未尝不是好事，这样我们就有了充足的理由来进行反思。还记得六日战争吗？由于我们的胜利来得过于轻易，战后一派喜气洋洋，对于军事防御的重视程度明显降低。当然，在总结战争教训时还要记住很重要的一点：没有任何两场战争是完全一模一样的。

战争的转折点——跨过苏伊士运河

战斗进入了第十天，我在日记中写道：尽管只进行了十天，可我却感觉像过了十年一样。"到了晚上，一切都安静了下来，每个人都开始休息，准备第二天的战斗。这已经不是什么战争，而只是一场死亡游戏。"我们隐隐约约探听到，在西奈战场的进攻计划正在酝酿之中。我们知道，这距离真正实施还需要一个过程，但一切都在有条不紊的进行之中。

最开始行动的是埃及方面，他们出动了大批步兵和坦克来进行各类袭击活动，目的是巩固他们的阵地。情报局官员告诉我们，埃及已经在前一夜将大批坦克开到运河东岸，这使东岸的埃及坦克数量增加到1100辆。他们在米特拉山口和吉迪山口采取了大规模的进攻行动。在那天晚上的总参谋部筹备工作组会议上，艾拉扎尔在讲话中表现得非常乐观，这让我们也为之兴奋。阿米尔·德罗里率领的格兰尼旅和哈依姆·纳德尔率领的第317空降旅已经在北部打破了敌人的包围，与艾坦和莱纳的部队成功会合，这样，我么就可以把全部注意力集中到南部战场。

在第十天的战斗中，报道称，有200辆埃及坦克被摧毁。到了下午的时候，战场上传来消息：我们的一个师已经开始将埃及军队引入我们预设的一个包围圈。后来我们知道了，参与这一行动的主要是第162师。到这时为止，我们的伤亡人数达到了656人。另外，西奈师的统帅阿尔伯特·门德勒在战斗中阵亡。

美国国防部最后终于批准用他们的军用飞机为我们运送武器装备。大型的A5-Cs银河（Galaxy）运输机和C-141s大力神（Hercules）运输机上运载了上百吨重的武器弹药，正在飞往我们这里。几天后，70台T.O.W.导弹发射器也准备装机发送过来，随行的还有我们的一个工作组，他们去美国的目的就是为了这些设备。第一架银河运输机到达时，我就在本–古里安机场。飞机越来越近，最后缓缓停下来，很快，巨大的后舱门打开，一辆崭新的美式坦克从里面轰隆隆开出来，这让我们所有在场的人都精神大振。这意味着我们得到了世界上第一超级大国的支持，这对于我们的信心是极大的提升。卸货完毕后，银河运输机依然矗立在那里，巨大的两翼缓缓地向下倾斜下来。在我们眼里，这是世界上最漂亮的飞机。特祖尔告诉我们，美国同意加快向我们的飞机支援，每天会有4架战斗机到达以色列领土，这对于我们苦苦支撑的空军无疑是一剂强心针。

在研发所内部，我们感觉一切都开始恢复平衡，有些很重要的工作正在有条不紊地进行中。不管是上前线作战的士兵，还是留在后方作为后援，他们都在出色地完成自己的工作。研发所现有的人员，包括开战后招募来的50名预备役研发人员，开始紧张忙碌地收集信息，这是为了给军队提供必要的建议，同时进行各种数据分析。我们建立了一个研发所安全顾问委员会，目的是向所内人员及时通报战局，并讨论如何能够使我们的研究工作更多地为前线服务。在通报会后的一次讨论中，我意识到我们能够做的实在很多。甚至连颇有传奇色彩的伯格曼（Bergmann）教授都提出了一些很有操作性的建议。

而我此时最想做的就是去前线考察。特祖尔已经原则上同意我这样做，我正在等时机和总参谋长一起去前线。

顾问委员会最后商议决定：我们的年终计划和更长期的规划都需要做一些改变。我们还不清楚这些改变是否触及一些固有原则，但可以肯定的是，至少我们需要改变很多事情的优先顺序。我们的总体感觉是：尽管我们还是需要美国的一些援助，但将来我们更需要自给自足。

就在同一天，似乎上天要让事态更为明朗，国防部长达扬把我叫到办公室，开门见山地问："我们能不能自己生产反坦克导弹？"

我回答：这完全取决于我们的重视程度和时间安排。达扬显然对这一回答并不满意，他那仅存的一只眼睛目光如炬，气势有些咄咄逼人："我是问你，能，还是不能？"

"能，当然能。不过您要清楚，要想投入生产，我们至少需要准备一年时间。"

"要是美国给我们提供大部分技术授权呢？"达扬紧追不舍。

"那样的话能节省不少时间。"

"那就赶紧准备吧。"听完他的话，我心花怒放。

我一直坚信，我们最终还是要靠自己来生产这些武器。而更为高兴的是，我看到达扬已经从开战后几天的意志消沉中恢复了过来。我告诉他，我们马上就动手准备，这会是我们研发所的首要任务。

10月16日早晨，我在指挥中心彻夜未眠。我在日记中写道：沙龙率领的师团将要"在今晚挑战一个不可能完成的任务，只是现在还情况不明"。这个任务具体指的是：冲断埃及第21师，由丹尼·马特率领第55伞兵旅空降到运河西岸，以此作为桥头堡，然后搭建滚轮活动桥。沙龙的这个渡河计划确实不错，他坚持自己来完成这一计划。埃及军队在运河西岸的分流堰附近防守薄弱，如果有机动部队的支持，我们就可以把他们的防空导弹基地击毁。这样我们的空军就可以自由来往，为地面部队提供更多的支援。

我获得批准，将要跟随第55旅参与渡河行动，心里既骄傲又有些忐忑。

我得知丹·齐夫率领的第71营将会第一个乘坐橡皮小艇渡过运河，随后建立桥头堡。我与齐夫早就认识，在六日战争中他是我的副手。我虽然无法参与战斗，但却时刻在心中为他们祈祷。天光初亮，我们发现有一支埃及军队驻扎在通往运河的一个路口，而沙龙师团的第600装甲旅还没有到达桥头。更糟的是，由于技术问题以及战场的复杂情况，我们的渡河设备还没有及时到达。指挥中心里人心惶惶，我们都在担心另一件事情：有一支埃及炮兵部队能够直接攻击我们预设的桥头堡，假如他们真的开始攻击，我们该怎么办？而且埃及空军在他们的防空导弹的掩护下也能够对桥头堡发动攻击。这些都让我们提心吊胆。

"我们的空降兵已经出动！空降兵已经出动！"指挥中心突然出现了这样的消息。听到这里，我们才有那么一点点安心。

这里距离我的家并不远，我抽空去家里休息了一阵，结果这使我妻子对我更为担心。我没有告诉她关于参加渡河行动的事，不然她会更受不了。

这时的指挥中心就像磁石一样吸引着我，我一天中的大部分时间都待在那里。有一次，在中心门口，我遇到了埃泽尔·威茨曼。我们两个人谈了很长一段时间。他和我谈到了我国人民正在经历的心理变化。由于这次战争，他们已经不再相信这些政府高官，包括国防部长达扬，现在我们急需恢复民众的士气，让他们从心理上振奋起来。还有，我们也提到了重组国防军的计划。他坚信，我们肯定能够赢得战争，但是由于战争所暴露出来的问题也绝对不能小视。我们需要重组国防军的战斗序列，对情报部门的作用重新评估，另外还有一些政策也需要调整。此前，威茨曼已经下海经商。战争开始后，他被召回军中担任总参谋长的特别顾问。

我和他一起走进指挥中心，在那里我们得知，国防军已经向丹尼·马特率领的第55旅增援了9-12辆坦克，这些坦克正在通过我们从法国进口的登陆艇运往运河西岸。大家一片欢腾，现在情况很明显，有了坦克的支援，桥头堡不但稳固了，而且还有可能继续扩大。我们也为登陆艇的出色表现而欢欣鼓舞，当年我就是支持购买这种运载工具的人之一，因为我们发现没有比它更好的登陆装备。即使这样,由于坦克过于沉重,登陆艇也陷进了沙土里,险些完全报废。而曾经寄托了我们无尽的希望、又获得了以色列国防大奖的滚轮活动桥,被证明完全派不上用场,只能留在后方。

10月17日,星期三,这是住棚节的最后一天。我们都祈祷当天的风浪能够适合我们战斗。在早晨的通报会中,国防部长和总参谋长都来到了指挥中心,他们说,前一天晚上沙龙的军队一切都还好。不过,挡在他们前面的障碍也还没有被清除。乌兹·雅伊利(Uzi Yairi)和他率领的第35伞兵旅从南部赶来支援。早晨,我们听说在中国农场(the Chinese Farm),战斗进行得十分艰苦。我们听说,有两个埃及旅原定应该向南进发,目的是阻止我们通过运河,但他们却一直没有动。当天,沙龙率领的师团通过登陆艇将40辆装甲车送到了运河对岸。同时,多夫·塔麦里(Dov Tamari)率领阿丹师团将12艘登陆艇运到了运河边缘,而工程部队已经开始搭建第一座桥梁。

到现在为止,滚轮桥一直没有派上用场,一个原因是它过于笨重,需要至少四辆坦克才能拖动;还有一个原因是这种桥安装起来非常复杂,而埃及的地面部队不会给我们这样的时间和机会。

总参谋长提出的建议是让沙龙和他带领的师团集结在运河东岸待命,而让阿丹带领两个旅渡过运河后向南进发,掐断埃及第4师的退路。这样,整个埃及第三军就被包围在了运河东岸。在开始的一天半时间里,埃及人没有充分重视我们的渡河行动。而现在,他们试图把我们拦住,不仅没有成功,而且付出了巨大的代价。

尽管各种会议如潮水般涌来,但我一直没有忘记我最重要的职务——研发所所长。阿丹率军渡过运河那一天的早上,研发所的办公室里一片狼藉。我下令召开一个全体会议,可是人员却没有按时到齐,更可气的是,办公室里还有很多打地铺的痕迹,因为很多年轻女兵昨夜就在这里睡下了。现在东一个枕头,西一套被褥,完全没有办公室的样子。"这里是办公室,不是旅馆!"我看到这些忍不住大声呵斥这些手下。不过,我当时用了一个有些文绉绉的希伯来词来表达"旅馆"的含义,我猜可能很多年轻女兵根本没明白我的意思。

我的怒吼很见效，很快办公室就恢复了原来的样子。

我倒是也蛮能理解他们当时的心理。由于紧张，而且不了解前线信息，他们的举止也有些失常，现在我需要强调一下纪律，这样对大家都好。最后，全员大会顺利举行。我先把当前战局简要向他们做了介绍，然后让各部门领导说说他们最近在忙些什么。每个部门说完后，我就会针对他们近期的工作提出一些建议。

我们每个人都明白，除了解决与战争直接相关的问题外，我们还要做好长期备战，因为战争至少要进行几周，甚至几个月。我们之间在很多方面都达成了共识，我可以从他们坚毅的表情和充满活力的眼神中看到这一点。

尽管前线的情况依然不是很明朗，特祖尔却能够沉下心来关心一下T.O.W.导弹的使用情况。尽管我们刚刚开始使用这一系统，他还是要求我们尽可能地从使用中不断总结经验教训，以发挥这种设备的最佳效能。我们认为有必要对这种导弹系统做一些调整，以更为有效地适应当时战争的需要。我们认为，我们不仅需要在政策层面上有快速反应能力，而且同时也要建立基础设施，在自主研发上多下一些功夫。特祖尔要求我们针对这一话题为深度讨论准备一个提纲，我们马上开始动手。

当天下午，我们在塔尔的办公室召开了一次情况评估会。战争期间，每一天都被无限拉长，似乎没有开始，也没有结束。这次讨论成效显著，我暗自把这次讨论称之为"以色列人民安全事务委员会第一次会议"，不管怎么说，性质上就是很像。塔尔主持这次会议的水平也很出色，而会议的大部分内容都被我记在"战争日志"中。这本日志中基本上有每次我参加的各种战时会议的大部分细节。

10月18日，星期四，住棚节后的第一天，指挥中心里的气氛有些诡异。前一天晚上，我得知阿丹只让一个营渡过了运河，而且桥梁也有一些破损。具体情况是：由于敌人对桥梁地区进行了猛烈轰炸，通过桥梁的坦克急忙加速，想尽快通过，结果无意中毁掉了其中一个连接点。他们传来的消息是："损坏并不是很严重，但维修起来确实需要一些时间。"晚上，我们照例开总参谋长筹备工作组会议，会议快结束时，前方传来消息：他们已经通过简单加固修好了那座桥。

我与行动部门主管扬科勒·斯特恩（Yankeleh Stern）见了个面，想确认一下占领 SA-6 防空导弹基地是否对已经渡河的我方军队有什么帮助。我们起草了一个计划，并通过无线电向前线部队发布了行动处的指导意见，之后我才回家小睡一会儿，暗暗祈祷一切都可以顺利进行。周四早上，我们得知有一个埃及的坦克旅到达了我方军队渡河的地点，并拦截住了我们已经渡河的军队。这让我们的士气再一次低落下来。作战室的地图上有几个红色箭头，那代表的是一个埃及空降旅，他们正朝阿丹率领的第 217 装甲旅前进。指挥中心的官员们正在听无线电传来的最新消息，他们面色凝重，这说明事态不容乐观。"困难重重啊。"他们对我说，这让我也心头一沉。不过，到了下午，斯特恩告诉我，障碍已经被清除，部队受命袭击导弹基地，渡河进程再次恢复，我们很有可能尽快拿下可恶的 SA-6 导弹基地。

对于研发所的工作，我现在感觉，自己似乎在用一己之力推动整个系统的运转。只有我能够确切了解前方的最新战况，并从上级那里获得最新指示，从这一点来说，我不仅具备推动部门运转的条件，而且也完全有义务这样去做。而在我看来，其他人似乎都陷入了瘫痪状态，有些人是因为恐惧，这和全国人民是一样的；而有些是因为缺乏信心，这主要是由于战争爆发以来，所里的很多常规活动都停止了，这些人有些无所适从，因此也就慢慢地陷入了瘫痪。我们的总部内一片狼藉，那些年轻的女兵都吓得要死。

我和两位副所长以及秘书坐下来商量战争期间所内工作的要点。现在看来，最重要的事情就是在快速反应以应对战争的威胁与长久的科技发展之间做出平衡。继续建设技术方面的基础设施同样重要，虽然这项工作只能在有限范围内进行。这一时期对每个人来说都很难熬。在这一时期，人们要么顶住压力完成使命，要么就会完全屈从于自己的性格缺陷。导弹科科长工作十分卖力，只是思路过于死板，没有多少创新空间。而电子科科长思路开阔，积极乐观，总是可以创造条件把事情完成。地面部队科科长一如既往的勤奋、理性而又高效。

第一座桥梁在运河上建造完成后24小时内,我们派去美国的T.O.W小组乘坐一架美国飞机回到了以色列。三个人马不停蹄来到研发所,制服上污渍斑斑,脸色苍白,看起来筋疲力尽,但却带着十分满意的神情。我们马上来到巴特亚姆(Bat Yam)射击场来试验一下T.O.W导弹的性能,同时让这三位与相关部队见个面,因为他们要教给部队官兵如何使用这套导弹系统。很多高级别官员都参加了试射。一位营长受命用导弹向1200米外的一辆坦克射击,结果一击命中。我的心情十分激动,于是一回到指挥中心,我就告诉他们,新买来的导弹已经击中了一辆坦克。大家一片欢腾,等他们欢呼过后,我才说出了实情:那辆坦克不是在战场上,而是在射击场上。

战争进程中,有很多我熟悉的人都参与其中。他们的命运有悲有喜。在戈兰高地上,以利沙·沙勒姆(Elisha Shalem)率领一个预备役空降营攻占了由叙利亚一个步兵营把守的据点,而且还摧毁了10辆坦克。这个据点位于高地北部,它一直阻碍着艾坦师团前进的步伐。我曾经做过沙勒姆的副手,对于那个营的士兵都很熟悉。听到这样的消息,当然让我兴奋不已。

而本·巴龙带来的消息就没有那么振奋了。他带领一个小队去南部前线收集数据。几天后,他听说自己的儿子在战场上牺牲。他儿子是坦克兵,他的坦克被导弹击中。巴龙马上赶到出事地点,亲自把自己儿子的遗体从坦克里抱出来。他回到总参谋部后,对我讲了这个故事。他甚至还找到了击中他儿子那枚导弹的尾部残骸。他后来把这块残骸赠送给了我,我一直把他放在办公桌上,作为一种沉痛的纪念。

我想与艾拉扎尔一起去南部前线考察。一切准备工作都已就绪,手续办齐了,工作也做了交代。可是,突然塔尔要召开一次紧急会议。会上没有做什么重要决定,但我却延误了飞机。第二天还有一架飞机去往南部,可是艾拉扎尔由于战局吃紧而情绪不佳,他只带了阿哈龙·亚里夫(Aharon Yariv)一同前往。同时,由于看到了新购置的T.O.W.反坦克导弹效果如此出色,艾拉扎尔要求把它们赶快运到戈兰高地战场,以弥补紫色停战线附近的防守空缺。

战争还在继续，而第一批美国军事专家已经抵达以色列，他们乘坐飞机在战场上空不断地盘旋，就像是寻找猎物的老鹰一样。我们知道我们需要什么：新购置的美式武器，都需要他们的指导才能熟练地使用。我们也知道他们想要什么：关于西方武器与苏式武器在战场上的各种数据，以及我们在战争期间搜集的各种情报。我的副手达雅吉被派去与这些美国专家接洽，不过我知道，作为所长，与他们接触也是免不了的。这几位美国专家大多来自空军，而纳鸿就曾经在空军服役，因此他们有很多共同语言，交流起来十分融洽。

我终于找到一个机会离开了总参指挥中心，不过下一个迎接我的也是一个指挥中心——南部军区指挥中心，它位于西奈半岛的乌姆·哈世巴（Um Hashiba）。当时总参谋长正准备动身上飞机，我走过去告诉他我的想法，他很通情达理，答应让我一起去。我本来希望的是能够前往战场，考察一下具体的战斗情况，结果大部分时间都扔在了指挥部里，听达扬、巴列夫和施穆埃尔·葛农（Shmuel Gonen）少将讨论战局。他们讨论的主要是关于沙龙的问题，这个以我行我素著称的硬汉。有些人在三天前就要求他从现有岗位上退下来。沙龙一直担任南部军区司令，直到 1973 年 7 月才被葛农替换下来。沙龙对这一决定非常不满，他觉得自己对于南部军区的了解远比葛农深入。他认为葛农的很多决定都十分荒谬，于是从开战以来一直拒绝听从葛农调遣。后来巴列夫亲自来到南部进行指挥，沙龙依然不听调令，这让巴列夫非常不满。

不过，不要指望达扬会解除沙龙的兵权。因为达扬和沙龙的关系非常不一般，早在 50 年代初期，沙龙就受达扬委托成立了 101 特攻队。在 50 年代后期的复仇行动中，身为总参谋长的达扬充分意识到了沙龙的独特才能，他认为，只有沙龙才可以如此振奋国防军的士气。在 1956 年的西奈行动中，沙龙擅自进入了米特拉山口，达扬依然没有处分沙龙。达扬曾说过："骑在野马的背上虽然危险，却也比用鞭子抽打慢吞吞的懒牛强。"

我努力观察着周围的一切，终于看清楚了南部军区的形势。巴列夫可以作为很有权威性的高级顾问，但却没有能力直接下达战斗命令。而葛农虽然有时犹豫，有时消沉，但毕竟还是能够承担总司令这一重任。乌里·本－阿里（Uri Ben-Ari），他在战争期间被晋升为准将，现在他是南部军区作战局局长。他这个人做事不喜欢张扬，但是却非常有策略。亚舍尔·利维（Asher Levy）也是一位资深的准将，他现在是军区的行政局局长，在整个系统中发挥着重要作用。艾拉扎尔知道南部军区的组织结构上存在一些问题，但是却又无力改变它。他现在只能在特拉维夫遥控这里的情况，并依赖巴列夫指挥地面部队。

在一整天的时间里，我们近距离地观察着战局的发展，亲眼目睹了阿丹部队之顽强，他们一直在向前突进，而且还向司令部申请第二天继续推进。马冈少将现在指挥着阿尔伯特·门德勒的一个师（门德勒在战争中牺牲了）。这个师在南部地区抵抗敌人的进攻，现在已经完全站稳了脚跟。沙龙最终攻下了密苏里据点，这个据点在很长一段时间里，一直抵挡住第600装甲旅的进攻。同时两个空降兵营，正在运河西岸采取行动。他们成功地击溃了埃及派来的几支突击队，这些部队取得了巨大成功，是南部军区的王牌部队。高级别的步兵部队再一次显示了他们在战场上的价值，每次坦克部队遇到麻烦时，他们都会要求空降兵过来支援。看到这里，我们都已经意识到在未来的武器研发中还是应该向步兵部队加大倾斜力度。我们乘坐艾拉华（Arava）飞机返回首都，飞机飞行的速度很快，发动机的轰鸣也震耳欲聋，但这丝毫不影响艾拉扎尔，他一爬上飞机就睡死过去了。

第二天早上，报纸头条上赫然写着："安理会决定在十二小时内签订停火协议"。以色列政府表示同意，但是开罗和大马士革都还没有表态。到了晚上，埃及人也表示同意，只有叙利亚人还一直在沉默。我们猜想叙利亚人还准备在赫尔蒙山进行反击。我们夺取这座山峰付出了巨大代价，格兰尼旅为此牺牲了60名战士。

研发所现在要讨论目前所面临的问题，战事已不是那么吃紧，我们现在着重讨论的应该是战争经验总结问题。这其中包括：

- 国防军的组织结构
- 装甲部队所起的作用
- 步兵的重要性
- 空军的反导弹能力
- 以色列的武器自主研发能力

美国军事专家代表团很快意识到，以色列人只是想让他们帮忙而不想给他们提供任何回报，他们当然对此很不满意，开始给我们制造麻烦。我们联系了驻华盛顿的武官古尔，他马上与美国的国防秘书詹姆斯·施莱辛格（James Schlesigner）进行了一次会谈。还没有走出五角大楼，古尔就给我们在华盛顿的代表雅各布·格拉诺特（Yaakov Granot）打了一个电话，告诉他我们与美国代表团之间的关系应该是"互惠互利"，也就是说我们应该为他们提供一些战争材料，以满足他们的好奇心。我马上联系了情报处处长泽拉，我们开始安排美国专家的行程，其中包含了很多刚刚结束战斗的地方。

10月25日星期四的早上，美国给我们发来一个严重警告，要求我们遵守停火协议。我们以色列人必须承认这是我们的一种惯用方式，就是在停火协议签署的前后会采取一些军事行动，以便在协议签署时手里有更好的牌。比如在六日战争中，国防军突然决定进攻耶路撒冷东部就是不想失去这难得的机遇，在1982年的第一次黎巴嫩战争期间，尽管国际社会已经达成了协议，我们依然没有停止进攻，事后回想起来，我们并没有从中得到任何好处。2006年在第二次黎巴嫩战争进行的最后两天，我们也采用了同样的伎俩，事后想来也是得不偿失。我们需要反思一下自己在战争末期所应该采取的行动，以便取得更好的效果。

在我们接受停火协议的所有条款的几个小时里，我们尝试着在北部战区使用了 T.O.W 导弹，我们摧毁了六辆叙利亚坦克，其中有一辆坦克彻底报废。我们一共发射了13枚，对这一战果我们还是非常满意的，至少证明我们的导弹很有效。

停火在即，我们打算抓住机会尽快搜集各种战争资料。在一次会议上，我提出了其中的要点，其中主要包括国防军的组织结构和武器装备。现在有一个问题，那就是我们进行经验总结还为时过早，因为战争还没有真正的结束，我们派遣的调查组也只能收集到一些很粗糙的信息。但是我们想的是尽快为战争经验总结确定一个整体框架，一些细节可以在今后慢慢补充。对于敌军的战斗力，我们是这样设想的：他们拥有强大的空军，能够进行突击空袭，足以使我们的机场瘫痪，而且在首次空袭中就可以到达我们的战略深度。我们假设敌军的空军也从失败中吸取了经验教训，特别是有了应对电子战的经验。而且我们假设敌军的地面部队拥有和战前一样的实力。

对于我方来说，我们要充分考虑我们在作战人数上的限制，只有极力扩充我们的预备役人员才能取得一定的成效。但是我们的士兵在个人素质上依然比较高，这一点我们要充分利用。对于空军来说，我们需要在我们的战斗编队附近（特别是后方）布置大量的防空设施，这样一方面可以对抗敌军的空中力量，另一方面也使我们的飞行编队有余力进行反攻。为了应对敌军的装甲部队，并且使我们的装甲部队能够抽身进行突然袭击，我们有必要为他们配备先进的反坦克导弹（比如T.O.W），并为炮兵提供技术更为先进的炮弹。针对敌军步兵人数众多的情况，我们应该更为重视炮兵、针对人员的坦克设备（比如"镖弹"弹头）以及榴霰弹。

我们还认为，战斗部队以及总参谋部的指挥与控制能力在战争中至关重要。因此我们应进一步提高战地通讯设备的质量，特别是要能够准确判断敌军动向，这就需要提高电子战的水平。至此，我们意识到我们还没有充分分析刚刚过去的坦克战，而这次的坦克战从数量上来说可以说是史上之最。我们也还没有充分分析赛格导弹的特点，以及埃及反坦克伏击行动的特点。我们也还没有搞到SA-6导弹，无法对它进行细致的分析。而且在我们的战场上，小山头众多，我们无法看到山那边的敌军动向。这一问题在后面会得到解决，这就是我们大力发展无人机的原因。

第十章

战争经验总结与"寻宝"行动

停火协议已经签署，战火已经停息，那些去往前线或者进行后勤支援的所内人员陆续回到了特拉维夫。负责去前线搜集战争数据的团队也已返回，带来了大量十分珍贵的数据和其他资料。

空战结束后，空军总部召开了一次经验总结会，详细分析了战时的每次空战过程，以及如何应对埃及和叙利亚的地对空导弹。空军司令本尼·佩雷德要求所有中校以上的空军队长参会，他也同样邀请了我。这次会议议程严密，整整持续了五个小时。在会上，只有我一个人穿着地面部队的绿色军装。佩雷德要求所有人员畅所欲言，这种开放性的发言方式让我印象深刻。在经历过严酷的战争之后，这些军官不仅仅只是表达一下自己对战争的个人看法，他们的发言中包含了很多非常有见地的意见和建议。

派往海军的调查小分队也回来了，这支小分队由赫鲁特·杰马克（Herut Zemach）上校率领，他们提供的关于导弹艇的数据着实让我们兴奋。之所以导弹艇能够发挥这么大的威力，其中一个很重要的原因是所有的舰艇上都安装了电子战系统。在1973年年初在行动处处长办公室举行的一次会议上，塔尔极力反对海军的发展计划。他说："海军不需要那么多电子战设备，那会让这些船看起来像圣诞树一样。"这次的战争表明，海军所提议的计划非常正确。在33年后的第二次黎巴嫩战争中，敌军成功袭击了"INS 长矛"轻型护卫艇（the INS Hanit），这充分暴露了以色列海军在指挥与情报方面的缺陷。

西姆夏·毛兹也从沙龙师团的后勤部门返回了所里，他在会议发言中猛烈抨击了南部军区在战斗中的混乱无序与无所作为。据他说，很多急需的武器装备要么根本无法使用，要么不能按时达到。

战争结束了，我们终于有了时间与国防工业的代表会面，重新制定工作计划，核实各调查小组带来的大量资料，以及与美国战争分析代表团进行合作。我也征询雅各布关于与美国代表团合作的事宜，他建议我们一定要把新设的合作项目与现有的项目结合起来，这样才能够保证一切都在我们的掌控之中。

11月1日，星期四，距离战争开始还不到一个月的时候，国防部长和国防军所有的师长以上军官参加了一次总参谋部工作组筹备的特别会议。达扬说明了我们的下一步作战计划：尽快消灭埃及第三军，同时尽可能最大限度地打击他们的第二军。他还提到，希望各级军官不要通过报纸互相指责。艾拉扎尔完全同意达扬的看法。他告诫那些将军们：互相指责有百害无一利。"我们的军队和士兵都是一流的，你们不要毁了他们。"

11月2日，星期五，指挥中心高度戒备，因为我们都得知了消息：埃及准备发动攻击，为他们的第三军打通一条能够连接本土的道路，以使第三军能够撤出包围圈。他们曾经与我国接洽，希望能够通过谈判解决这一问题，但最终没有成功。

第二天早晨，我满怀关切来到指挥中心，结果发现里面根本没有几个人。后来我与首席步兵与空降兵专员伊曼努尔·沙其德（Emmanuel Shaked）开始讨论战后经验总结的问题，这时，本-盖尔走了进来。这位瘦高的军人可是戈兰高地上的英雄。我们走上去欢迎他，他也很快就与我们谈起了他在战场的经历。他说，叙利亚人在战场上很勇猛，不停地打枪放炮，可他们的士兵训练水平很低，很多子弹和炮弹都不知打到哪里去了。在战斗中他损失了三个营长，可他却依然很自信，因为他手下还有一批出色的连长。这时我在想，真正面对敌人炮火的是每一个英勇的战士，我在心中默默地向他们致敬。

雷哈瓦姆·泽维就任行动处处长

这次战争的一个直接影响就是总参谋部内人员的变动。很快，副总参谋长办公室打来电话，通知我：雷哈瓦姆·泽维（Rehavam Ze'evi）被任命为行动处处长，而亚伯拉罕·塔米尔被任命为计划处处长，并授予少将军衔。我不知道泽维会扮演一个什么角色。他与副总参谋长塔尔是平起平坐呢，还是要听命于塔尔？我也不知道这种改变会对研发所有什么影响。我上楼去问特祖尔的想法，他却说他还没有跟艾拉扎尔讨论过这些事。不久，他给我打电话，告诉我，据他理解，研发所依然属于总参谋部领导，而且我们要与计划处处长密切合作，他认为这个安排很不错。

当天晚上，我去找泽维谈了谈，他更详尽地跟我谈了谈人员调整的原因与经过。他建议把研发所的计划与经济科（Planning and Economics Department）转移到新部门去。我不知道他怎么会有这样的想法。于是，我赶紧跟他解释研发所的结构和计划与经济科在所内发挥的作用。在我解释的过程中，有一阵儿泽维没能理解我的意思，于是我有些生气，提高嗓门告诉他不如把研发所整个解散才好。他没想到我会反应如此强烈，于是便不再重提他的所谓建议。我明白，现在这段时间情况极为混乱，一切都不确定，一切都在变动之中，我要不断努力，通过耐心和建立良好的人际关系来确保研发所不受外界干扰因素的影响，保持正常工作状态。在研发所内，耶狄迪亚已经开足马力制定下一步的工作计划，而纳鸿则致力于对战争中缴获的敌军装备进行数据分析，并同国外军事代表团进行合作。

总参谋部召开了一次紧急会议。梅厄总理准备飞往华盛顿会见尼克松总统，商讨埃及第三军的问题，而总参谋部受命向总理提出建议。总参谋部的绝大多数人都反对给埃及第三军提供通道，现在的问题是如何对待这些被我们包围的士兵。沙龙建议继续用兵，把埃及第二军的退路也一并切断。塔尔比较悲观，他认为试图切断第二军无异于"自杀"，他认为我们现在应该巩固对第三军的包围，以此增强我们的士气。艾拉扎尔最后总结说，总参谋部反对为埃及第三军提供用来撤退的通道。他还强烈要求歼灭第三军的一部分兵力，但前提是我方不能付出过高的代价。另外，他也没有完全否决沙龙提出的切断第二军的建议。50年代的时候，我在空降旅当过沙龙的情报官，所以很了解他的军事思路。他在作战前会详细了解战场及周围的情况，同时了解敌军的位置、意图和战斗力，然后把这些因素放在一起综合思考。在我看来，沙龙的计划非常完美，这将使我们在将来的谈判中有更大的讨价还价的空间。

尽管战争还没有完全结束，但研发所内的工作已经基本恢复正常，有条不紊而又充满活力。我们与美国国防部的研究与工程处（Department of Research and Engineering，简称为DDR&E）逐渐建立起了友好合作的关系。我在日记中对此作了详细描述：

我起草了一份关于与DDR&E合作共同总结战争经验教训的协议，然后拿着它上楼与特祖尔商量。这位国防副部长看起来十分疲惫，但还是打起精神通读了协议，提出了一些中肯的意见，而且从原则上表示同意。他问我这份协议都有谁看过了。我说，空军、海军和情报局的主管都看过了，而且基本表示同意。他说这很不错，除了塔尔可能会制造点儿麻烦外，其他人不会对于主动做事情的人提出太多非难。

我们又聊了聊总参谋部的现状，他说任命新的行动处和计划处处长是个不错的举动，但还不足以解决总参的不稳定局面。特祖尔说，总参谋长艾拉扎尔现在正处于建国以来最尴尬的时期，参谋部内部意见很不统一，只要一出问题，就会有人跳出来说"我早就跟你说过！"现在参谋长身边基本没有可以商量的人（他认为自己是个例外）。他又提到塔尔，说塔尔在决策过程中永远扮演瓶颈的角色。我差点儿说："干嘛不把他替换下来？"特祖尔又提到了现任政府，他说里面充满了各种绝望、无助、敌意和犹豫，这让我的心情十分糟糕。阿巴·埃班（Abba Eban）在罗马尼亚，萨皮尔（Sapir）在筹集资金，摩西·达扬只能待在办公室里，而梅厄只能四处奔波……没人知道下一步该怎么做！

相对于国内的这些混乱，我们更为关心国际政治局势。亨利·基辛格在阿拉伯国家来往穿梭。最让人关切的是苏联。他们声称，如果以色列军队不在11月22日前退回边界，他们就要召集联合国安理会来商讨此事。

11月10日，星期六，当天一切太平无事，我静下心来工作了一天。塔尔刚刚被任命为南部军区司令，这一任命是基于多种原因考虑的。我还记得前几天特祖尔对于塔尔的评论，我觉得艾拉扎尔一定知道更多关于塔尔的优点与劣势，现在把他调离，这也不失为一种拯救总参谋部的方法。现在泽维被任命为行动处处长，艾拉扎尔终于有了一位可以依靠的伙伴。泽维一直是行动处副处长，经验丰富，是非常合适的人选。当天早晨的两小时内，既没有总参谋部的会议，也没有其他部门的会议，我终于可以找到整块儿的时间向特祖尔做全面汇报，汇报内容包括：1973—1974年工作计划要点、RAFAEL公司人力资源的数据报告，以及与美国就战争经验总结进行合作的协议。

我国驻华盛顿的武官莫塔·古尔回国征求政府意见。我和他通过加密电话进行了长时间的商谈，大部分的内容是关于如何回应美国不断提出的要求。他们的要求是：我们需要提供牛犊（Maverick）和白斑鱼（Walleye）空对地导弹在战斗中的作战数据。

只是电话交谈还是解决不了实际问题，我们很快见了面。见面握手后，古尔迫不及待地问："我们旅在这次战争中表现怎么样？"那指的是第55旅，因为他以前是这个旅的长官。我大致给他介绍了一下。接着，特祖尔为他简要介绍了一下我们针对与美国进行战争经验总结所起草的合作协议的大致情况。特祖尔把每一个细节都解释得非常清楚，这让我刮目相看。而且我们看得出他极力推动这一合作，并且知道我们现在该做些什么。后来，我又与古尔见了一次面，把起草的协议的整个文本拿给他看，又做了一些更为详尽的解释。

在确认双方确实停战后，我们又恢复了以前惯常的总参谋部会议。11月

12日，星期一，国防部长达扬也参加了会议。从开战前开始，达扬就不再扮演国防军指挥官的角色，他努力把艾拉扎尔推到梅厄总理面前，让他们去做重要决策，而他只是充当一个顾问的角色。而且他经常到前线去视察，甚至有几次，他跑到了战斗最激烈的地方，这着实让我们为他捏了一把汗。其中最有名的一次，达扬来到了运河东岸的哈泽尔地区（hatzer）。那里当时由沙龙师团把守，敌人的炮火日夜不停地袭来。尽管有些人认为他这样冒险没有必要，但也许他真的从这些视察中得到了灵感，至少他对于战局的判断一直很让人信服。

在会上，达扬认为停火后我们需要经历三个阶段：（1）对停战协议进行细致的字句分析，这通常需要几天的时间；（2）从运河西岸撤军，确定双方边界；（3）开始和平谈判。谈判随时可能停止，而在这段时间内，随时可能再次开战。

这次会议本来应该讨论战争本身，这是总参谋长已经向媒体宣布过的，但是随着会议的进行，我们的话题逐渐转移到了政府的政策导向问题，还有指挥官们的士气和作战信念问题。伊扎克·埃尔龙（Yitzhak Elron）开始抨击国防部，说他们只顾着自己研发武器，而放慢了对外采购的步伐。他认为，战争期间，还是应该多从国外购买，自己研发的东西猴年马月才能用上？我站起来为国防部辩解了几句。坐下以后细思量：他的看法不就是我以前的观点吗？特祖尔没有加入争论，他只是介绍了一下国内武器研发与生产的现状，发言过程中依然保持了他惯有的睿智与优雅。开到最后，艾拉扎尔发言，他也提到了埃尔龙的观点，但不是支持，而是反对。

古尔来我们办公室参加了一个两小时的会议，会议开始讨论的是我们该如何对待美国战争经验总结代表团。经过讨论，我们认为，古尔回到美国后应立即与美国国防副秘书长会面，起草一个合作协议。而古尔准备向国防部长提出提前回国的请求，因为他想确保自己在总参谋部有一个不错的职位，他将这一点说得很清楚。我们与美国代表团的合作一直不错，这主要是我的两名副手纳鸿·达雅吉和耶狄迪亚·沙米尔的功劳。

这时我们感觉最麻烦的课题就是如何制定长期计划，这需要我们具备很好的系统分析能力，西姆夏·毛兹在这方面比较拿手。我一直认为毛兹是一块钻石，比其他人员在能力上都更为出众。可是，他确实是一块钻石，不仅有钻石的能力，更有钻石的硬度。只要他的意见和其他人不合，他就会闹情绪，直接撂挑子不干了。我答应新任计划处处长塔米尔少将：把毛兹和亚当·舍菲（Adam Shefi）博士都调到一起，建立一个新的系统分析部门。到如今，这个部门已经成为国防军计划体系中不可或缺的一部分，我很庆幸自己有魄力放弃这样两个个性和能力都与众不同的人物，因为他们在新的部门中起到了更大的作用。

11月17日，星期六，这一天也比较平静。距离战争开始已经有六周时间，我主动去找泽维。我想与他谈谈总参谋部内最近的人事变动。泽维已经递交了辞呈，从表面看，这主要是因为他提交给总参的提案没有获得通过。但我认为这不过是问题的冰山一角，所以我想知道他的一些真实想法。在我见到泽维之前，塔尔手下的一个局长告诉我说：塔尔让他告诉我，研发所和新成立的计划处都属于他的管辖范围，这一安排已经总参谋长同意。我猜想塔尔一定是逼迫着艾拉扎尔做出这一决定的，在我看来这一决定过于草率，而且也极为失误。塔尔现在不仅是南部军区的统帅，还是副总参谋长，还要协调管理总参谋部的各个部门，他怎么可能有那么多时间？

泽维谈到了很多事情，比如：关于艾拉扎尔以及军队上层指挥权的不稳固；关于塔尔，他现在被"流放"到了南部军区，现在正在想尽各种办法回到总参谋部；还有，塔尔打算回到总参后不久就退役，而艾拉扎尔恳求他留下来。泽维觉得总参谋长没有把自己当成自己人，也没有在政策制定方面给过他任何指导建议。听到泽维这样说，我心里很不是滋味。这些事情我早就有察觉，但有时却不愿意承认。泽维那一天显得特别坦诚，他接着说，他会建议艾拉扎尔辞职，或者清退一些人员，这样才能保证令行禁止。我心里很清楚，艾拉扎尔没有这个魄力。这种事情还得仰仗达扬或者梅厄来做。泽维认为，该走的人包括葛农、沙龙和塔尔，只有让他们走了，"才能保证事情不会变得更糟"。实际上，事情没有他想的那么简单，中途换马本身就不是一个好主意，而且我们正处在为停火做准备的关键时期。泽维认为艾拉扎尔还没有从消沉的情绪中走出来，这是问题的关键。对此我不是很同意。我不知道在这一过程中达扬扮演什么角色，但我肯定他也在努力挽回自己的脸面。我忽然想到了《传道书》中的一句话："增加知识者，必增加伤痛。"过不了多久，政治局势就会有大的变动。

美国国会的一个大型代表团来到了以色列，以便获取我国战后情况的第一手资料。我们马上忙碌起来，安排这一代表团的行程，并准备进行各种汇报。行程中很重要的一项就是前往贝特·李德（Beit Lid）军事基地参观我们缴获的敌军装备。研发所负责这一项目。

达扬在家中招待了整个美国代表团，他用自己幽默的谈吐和家中收藏的珍贵文物赢得了美国人的好感。席间共有四人做了战后情况说明：情报处长、总参谋长、空军总司令和海军总司令。他们的报告中都透露出了我们的实力与自信，同时也不忘记表达对于美国人的帮助的感激之情。

参观敌军武器装备的活动在两天后举行。活动安排得井井有条，一丝不乱。科技情报部门收集了大量的敌军装甲车、坦克、加农炮和导弹。参观开始前，我先做了一个西方与苏联武器对比情况的简单介绍。参观过程中，科技情报部对每一种武器都进行了详细介绍。结束后，我又进行了总结发言。总体来说，我们留给美国人的印象是：我们已基本掌握了苏联武器的核心原理，正在寻找解决途径。在烦心事不断的这段时间里，这一刻多多少少给我们提供了几分安慰。

11月20日，星期二，总参谋部召开了一次特别会议，总理梅厄也到场参加。她走进会场就座后，马上点着了一根烟。全场一片肃静，没有一个人敢于出声。首先站起来说话的是空军司令本尼·佩雷德，他说现在由于政府还没有确定具体的停战条款，战场上的士兵都不知道现在的具体战斗任务到底应该是什么。阿丹、霍尔夫、沙龙和葛农随后也相继发言。沙龙强调，他们部队的准备工作相当充分，士气也非常高。大家知道，我以前担任过沙龙的情报官，我了解沙龙的说话风格，他说话一般都是弦外有音，他这样说肯定不是要单纯取悦达扬和梅厄，而是想为下一次进攻行动做好铺垫，在上一次总参谋部会议上，他就曾提出切断埃及第二军与外界的联系将其全面包围，我们对第三军就是这样做的。

葛农支持沙龙的提议，也许他是想以此挽回自己在战争初期对南部军区的指挥失误。这时塔尔站了起来，作为南部战线的指挥官，他发言的论调是我们现在很脆弱，比战前还要脆弱。为了说明这一点，他列举了在战争中牺牲的指挥官的数目，他认为我们应该不惜一切代价赶紧结束同埃及人的交战状态。然后集中精力重整旗鼓。讲到高潮处，他还引用了"某个人"战争初期所说的话："我们已经一败涂地。"这当然指的是达扬。此言一出，不光是达扬，艾拉扎尔和屋子里的其他很多人都难以压抑心中的怒火。随后站起来的沙龙和阿丹都强烈抨击塔尔的消极论调。屋子里充满了火药味，梅厄静静地听着，若有所思但却一直没有说话。

达扬站了起来，他从总体上分析了敌我实力的对比，在他看来我们现在比战前更为强大，至少在武器装备上是这样，我们在南北两条战线上都给敌人造成了很大的威胁，不管是在军事上还是心理上。随后艾拉扎尔站起来发言，他强调我们在大部分战线上应该保持防守战略。但同时也强调，我们有能力在局部战场对敌人发动进攻，不过在他看来我们的首要攻击目标应该是埃及的第三军，而不是第二军。

最后，梅厄终于发话了，她高度赞扬了国防军在战争中的表现，随后她强调，在这样的时刻，我们决不能显得软弱，为此提到了在美国与基辛格的谈判，在她看来那真是显得异常艰难，尽管基辛格已经表示没有办法让埃及同意以色列所提出的停战条款，但是只要我们坚守阵地，保持强硬的姿态，最终我们会成功的。她最后总结说："在这样的关键时刻，我们决不能显得软弱，那样会让我们一无所获。"会议结束时，我们都感觉梅厄依然像以前一样强硬，军政大权仍然牢牢地掌握在她的手里。达扬也已经从战争初期的绝望中恢复了过来。就连艾拉扎尔，也恢复了一些自信。在这次会议上，持消极论调者完全得不到大家的支持,我们也知道塔尔作为南部军区司令官的日子已经不多了。

视察北方

在会见总理的一周之后,我们终于找到了时间(更重要的是,我们终于下定了决心)去北方战区进行考察,那里乍看起来一片安静,但其实双方都剑拔弩张,我们的几乎所有预备役军队都在那里驻守。我邀请我们的副所长和地面部队科科长与我一同前往,他们自然非常高兴。到达那里时还是早晨,我们首先和北部军区司令官伊扎克·胡菲进行了一次会谈,会谈持续了大约一个小时,整个气氛非常和谐,我们无所不谈,但也只是局限在与战事相关的话题上。

我在1956年就认识胡菲,当时他是沙龙的副手,是刚刚成立的空降旅的副旅长。在旅部共事的那段时间,我越来越钦佩他的能力与智慧。他能够听取别人的意见,同时浑身散发着一种镇定自若的力量。正是有了这些品质,他才能在战争初期的危急关头沉着应对,指挥士兵在戈兰高地作战。后来,他又开始领导摩萨德,成绩也是非常突出。再后来,他又担任了以色列电力公司(the Israeli Electric Company)的总裁,同样取得了辉煌的成就。他在担任摩萨德主管期间,我有幸被邀请去做技术顾问。

赎罪日之战爆发前四天,国防部长视察了北部军区。当时,胡菲告诉达扬,叙利亚人很可能要发动进攻,达扬也深以为然。达扬回到国防部后,马上要求就叙利亚人可能进行的攻击做好准备。我们研发所接受了这个任务。实际上,我们当时就计划在赎罪日后的那个周日去视察戈兰高地。我们召集来一些军官,制定了一个计划草案,其中包括在叙利亚人最有可能进攻的路线上埋设地雷。我们还考虑过在敌人攻击时可能通过的道路周围设置可以遥控的短程火箭炮,以及雷达系统。只是到了那个周日,战争已经全面爆发,我们的计划也只好搁置。

在我们的会谈中，胡菲反复强调，一定要事先了解敌军的各种动态，并提前做出警告，以防止他们突然进攻。电子科科长受命去检查埃尔塔国防公司（Elta Systems）研发的雷达系统是否具有很好的兼容性。我们还打算购买美国人生产的地音检波器。这种设备既可以空投，也可以通过炮兵来进行发送。

北方军区的官员带着我们绕遍了整个地区，虽然很累人，收获却十分丰厚。他们把几周前坦克大战的情形尽量详细地给我们描述了一遍，听完后我们对战士们的表现由衷赞叹。我的耳边仿佛听到了指挥官用无线电向坦克兵发出的命令，而眼前都是两方坦克的残骸，想到这些士兵如何在战场上激战，我不禁打了一个冷战。

军区司令对于我们的视察非常重视，他们带着我们来到夏姆斯山（the Tel Shams）上，用 120×20 望远镜远眺大马士革。视线格外的好，大马士革距离我们似乎只有咫尺之遥。看着似乎不远处的城市，我仿佛看到了我国与叙利亚之间微妙的实力对比，但我们也清醒地意识到：决不能沉醉于我方的优势。在这里，我竟然遇到了以利沙·沙勒姆（Elisha Shalem），这是我服役期间的长官，也是多年未见的老朋友。现在他是一个预备役空降营的营长。

到了晚上，以利沙·沙勒姆把营中所有的连长都召集起来开会，这是我们一直保持的惯例。他也邀请我一同参加，我当然很高兴，因为这里面有很多我的熟人。我们一边喝咖啡一边聊天。我们聊到了敌军的反坦克武器，正在研发的我国第一款冲锋枪，美国 M–16 步枪（我们很快就会从美国购买），以及我对这次战争的看法。这样的闲聊对我很有启发，触发了我的很多新想法。而且我更为坚定了一个信念：任何时候，步兵都可以发挥十分重要的作用。离开时，我不禁对这些勇敢而又充满智慧的空降兵肃然起敬。

寻宝之旅

战斗还没有完全结束，而我们已经开始准备向美国政府确认我们提出的关于购买武器的要求能够得到满足。尽管在战争期间，美国空运过来了大量弹药，但现在回想起来，这种支援的真正作用只是提升战斗士气。战后评估显示，我们从来就没有过弹药短缺。我们的问题是，有时无法把弹药运送到士兵手中。我听说，有些后勤官员手上存有大量弹药，但就是不按照上级指令向需要的部队运送，因为他们怕自己的部队到时候供应不足。还有一种情况，就是由于战斗正在进行，弹药无法运到前线。现在说这些有点儿事后诸葛亮，而在当时，前线战斗部队哭着喊着要求弹药支援，而只有美国的飞机才能把弹药送到急需的地点。

国防军提出了我们急需从美国购买的武器清单，而我参与了清单的制定。回想起开战之初的紧张局面，以及大批战士的伤亡，我们现在有一种错觉：什么都是美国的好，什么都得从美国购买。因此，这一购置计划有了一个贴切的名字："寻宝计划"。国防部长达扬一度考虑过亲自飞往美国，把购置清单亲手交给美国的国防秘书。特祖尔要求我们把国防军各军种的购置清单汇总，然后统一提交给美国五角大楼。我们还写了一份详细的美苏武器对比分析，为我们的购置要求提供了充分的证据。

最终，国防军空军的购置清单坐上飞机冲入云霄。其中包括：带有光电导航设备的空对地导弹，以及最先进的雷达设备，其中有些还在研发阶段。炮兵部队需要的是兰斯（Lance）导弹和多管火箭发射系统（Multiple Launch Rocket Systems，简称MLRS），这些都是洛克希德（Lockheed）公司正在为美国军队研制的。清单中还有先进的夜视设备（那时只有美国才有），以及先进的声音加密系统（这样就可以节省我们的研发时间和费用）。开战初期，不管是在南部还是北部，我们的坦克都遭受了严重的摧毁，这要求我们必须购置可以用飞机空投或者用大炮发射地雷的设备，而这种设备美国军队也处在研发的最后阶段。不过，这些都还在其次，清单上的第一项就是潘兴（Pershing）导弹，这充分表明了我们的大胆而决绝，换句话说就是厚颜无耻。这种导弹能够装载核弹头，射程可达600公里。而在1974年研制完成的潘兴二型导弹飞行轨道十分准确，因为上面装有最先进的导航系统。

现在回想起来，很明显，清单上的大部分项目都能够反映出赎罪日战争给我们带来的创伤。正是有了这样的创伤，我们才急需武器装备来组建新的旅和师，其中特别需要的是坦克部队。而且我们知道，由于我们需要的数量很大，自然会对经济形成沉重的压力，而且我们的注意力将无法过多关注将来武器系统的质量要求。战后国防军对于先进武器的极度渴望给我们将来的研发造成了极大的障碍，这种障碍我们要用以后数年的时间来慢慢偿还。

特祖尔会与国防部长达扬一同飞往华盛顿，共同向美国国防部提交"寻宝计划"的清单，而且总参谋部建议我也一同前往。而且我会与达扬参加在那里举办的各种会议，这听起来实在很有诱惑力。但是，没过几天，我的兴奋劲儿还没过，就被告知这次旅程无限期延迟，因为美国拒绝在战后如此短的时间内接待这么高级别的武器采购代表团。最后，达扬和特祖尔两个人去了美国，我们只是帮他们整理好了所有的资料。

达扬出访美国并没有取得预期的效果。美国同意向我们出售 M-16 突击步枪，少量坦克和装甲车，还有数量极为有限的飞机。我们还在原则上获得许可，购买远程光学制导的空对地白斑鱼导弹，以及远程光学制导的 HOBO 导弹。但是，达扬没有说服美国人卖给我们红眼鱼（Redeye）便携式地对空导弹、为炮兵准备的兰斯导弹和激光制导的炸弹。在我们看来，五角大楼的政策比以往都更要死板，而且没有因为我们刚刚经历了这么一场艰苦的战斗而有丝毫缓和。

1973 年 12 月 1 日，大卫·本-古里安逝世，这件事对我们触动很大。"老头子"（我们都这样称呼他）悄无声息地走完了他这一生，而根据他的理念创建的国防军正严阵以待，准备应对任何时候都有可能再次发生的各种冲突。他的去世距离开战有七周的时间，我们没有机会听到他对于这次战争的看法，只能猜想在这段时间里他的脑中在想什么。在送葬的队伍中，有成千上万的现役和预备役军人，他们陪他走过了人生最后的旅程。我永远忘不了在黑箭行动中，我受伤住进哈休莫山医院，他竟然亲自来到床边看望我，问我当时感觉怎么样。我还记得，在 50 年代中期，有那么几年，他每周五都要离开耶路撒冷去他的集体农庄过周末，我就是武装护送人员之一。还有，六日战争后，他很快展示了他的远见卓识，警告我们要在西岸多加防备。

我们并没有放弃"寻宝计划"，只是我们需要更耐心一些，等战争完全结束后再做进一步打算。在南部战区，阿哈龙·亚里夫（Aharon Yariv）与敌军进行了一系列的"101公里"谈判（Kilometer 101 talk），战事基本结束。在北部战区，我们与叙利亚达成了停火协议，我们把部队撤退到了开战前的边界地区。

几个月后，莫塔·古尔当上了总参谋长，而赫茨尔·沙菲尔（Herzl Shafir）被任命为行动处处长，随后，我们派出了第二批"寻宝行动"代表团前往华盛顿。国防部长的科技顾问尼曼教授与我仔细梳理了我们的购置清单，以确保没有重复和遗漏。尽管我们知道希望不大，但我们还是在上面写上了潘兴导弹。代表团由赫茨尔·沙菲尔带队，成员包括空军和海军的一些指挥官，军需处（Quartermaster's Branch）、情报局和计划局的主管，还有我，作为研发所所长也随行。在五角大楼，我们每个人都有发言的机会。我详细解释了一些技术和战略问题，这些对我来说驾轻就熟，主要是由于我前期参与了梳理购置清单的工作。

在出访的这段时间里，我有幸与美国国防部负责武器研发的副秘书长单独进行了一次会谈。在这次会谈中，我拿出了一些较为敏感的需求，比如热视技术、声音加密、地雷，以及可以空投的报警设备。很快我就明白：我们根本不可能从美国人那儿买到这些东西。整个出访过程显得非常顺利，大家都很乐观，认为自己已经把需要都表达了出来，美国人不但能够理解，而且很快就会答应我们的要求。

其实，美国人并没有明确答应，他们的回答总是有些含糊，但我们却很轻易地被骗过了，而且这不是第一次，也不是最后一次。

回国后，我们马上向新任国防部长佩雷斯和总参谋长古尔汇报情况。我们当时还没有从战争中完全恢复过来，所以总是幻想着美国人会竭力满足我们的愿望，这种一厢情愿的乐观掩盖了更为理智的思考。首先，沙菲尔先做了一个总体情况的汇报，随后，各部门负责人又分别作了补充。我在发言时当了一把黑乌鸦。我说，美国人不会有求必应，他们不会把在技术或者政治层面比较敏感的武器卖给我们。佩雷德、塔米尔和沙菲尔会后把我叫到一边，让我不要再打击大家的士气，他们说，美国人非常同情我们，肯定会尽最大努力进行资助。很快他们就知道自己是多么盲目乐观。

我重新梳理了一下我与美国美国国防部副秘书长进行谈话时的情形，终于明白了美国人在武器输出方面的基本原则。我的结论是：美国必须先要确认我们在某项技术上正在进行研发，他们才会把相关武器出售给我们。他们这样做肯定出于多重考虑：首先，如果我们在进行研发，他们就会感觉没有必要对我们进行隐瞒，早晚我们也能够做出来；其次，把现成的武器卖给我们，我们就不会再继续研发，于是他依然可以保持技术优势。通过这种方式，他们就可以阻止我们本土技术的发展，这样也不会在将来影响他们继续兜售武器，而且以色列还要进一步依赖美国的先进技术。直到现在，他们大致还是这样的指导方针。

参与"寻宝计划"让我百感交集。一方面，我当时的预测非常准确，现在这已经是尽人皆知的事实，这种先见之明自然会让我有些骄傲。而另一方面，看着周围那些军队高层还在盲目乐观，我着实有些心痛，要知道，这对于当时军队和军工企业的发展没有任何好处。

我们抽时间去埃尔塔公司与他们的高管进行了一次会谈。其间，他们向我们展示了他们的达贡（Dagon）航海雷达，这种雷达能够在十几公里外探测到经过的车辆和船只，这真是让我们大开眼界。在60年代，帕提尔·马克里夫（Paltiel Maklef）创办了这家公司，当时，这里杂乱无章，就像是一个废弃的工厂一样，而且确实在赔钱。但是，在不断的发展过程中，马克里夫展示出了他在用人方面的远见卓识。他组织起了一支训练有素的研发队伍，从军用电器到雷达设施，这个公司不断积累创新力量，最终变成今天这个样子。现在，他们的产品大量出口，不仅销往发展中国家，就连一些技术实力雄厚的发达国家都来抢购。后来，马克里夫组织研发的雷达系统普遍用于拉维战斗机上，而青松（the Green Pine）雷达也用在了霍玛导弹防御系统上。

美国人下山摘桃子

最早结束战斗的是海军部队，因此，当美国人开始询问我们在海上的战斗状况时，我们并不感到奇怪。研发所理所当然与战后经验总结密切相关，所以美国代表团都是由我们来接待。来自美国海军的雷克（Lake）上将是美方代表团领军人物，我们两个在长期接触中建立了很好的私人关系。但是，我们也越来越能够明白：私人关系再好，有时也改变不了政府决策的变动。我们听说，美国政府禁止他们的代表与我们谈论任何有关鱼叉（Harpoon）导弹的话题，而这正是我们想要购买的。听到这样的禁令，我们自然很失望。于是，在我们与他们分享战争中导弹艇的表现、海军电子设备的成就和加布里埃尔（Gabriel）导弹时，美方代表大部分时间只是在听，只有那么一丁点儿关于他们自己的信息能够与我们分享。

多年来，美国海军的政策一直是要与我们拉开距离，现在有这么高级别的代表团访问，这还真是第一次。我们想充分利用这次机会以及他们对于刚刚结束的战争的好奇心来使我们的关系更为稳固，但很快我们发现，我们之间有着很大的差异，而且不仅仅限于海军方面。总参谋长召集我们去开了一个紧急会议，讨论与国外泽维少将合作的问题。艾拉扎尔说，我们的目的是在各方面都要达成合作协议，由泽维领导的行动局会协调一切行政工作，包括与情报有关的问题。有了总参谋部的支持，我们的腰杆硬了很多，于是继续与美国海军代表团进行接触，后来吃惊地发现，雷克上将已经获得五角大楼的授权向我们提供他们的气垫船（根据越战中的使用情况）和鱼叉导弹的评估报告。这是他们在政策上的重大变化，于是，很快这些美国海军高管从伦敦回到了以色列，带着我们急切想要看到的秘密文件。

很快，由约翰·布雷瑟（John Blesse）率领的一个小组来到了以色列，他们是美国战争经验总结和数据收集代表团的先遣队。当美国人开始计划如何对数据进行分析处理时，我们以为他们会把所有的结论都告诉我们。结果证明我们又一次犯了幼稚病。布雷瑟少将是一位飞行员，在越战中积累了丰富的作战经验，和他谈话的感觉很不错，但同时他也非常警觉。与美国军方的高层一样，他不仅是出色的军人，受教育水平也很高。与他结识后，有三样东西特别吸引我的注意：一头红发，实战经验，还有与机械有关的学识。

我们会面后做的第一件事情就是去运河附近的战场上进行考察。那里有几百辆被烧毁或者炸坏的坦克和装甲车，那种景象让人瞠目结舌。那里的味道也让人窒息，其中混杂了炸弹和火药的气味，橡胶和塑料被烧焦的味道，还有最让人难以忘记的尸体腐臭。这一切都在提示我们战争的破坏性本质。

我们穿过苏伊士运河，来到埃及防空导弹基地。掩体中整齐排列着他们的 SA-2 和 SA-3 导弹。一切都井然有序，仿佛他们的防空雷达正在搜寻可能飞过的敌机。这位将军看到这些顿时兴奋起来，他在各个掩体间跑来跑去，就像是小朋友闯进了糖果店。

距离埃及的地下指挥部不远有一个飞机场，这马上吸引了布雷瑟的兴趣。最让他感兴趣的是根据苏联设计原则建造的地下飞机库。随后，我们热烈讨论了如何迅速利用散落在战场上的各种零散信息，比如：导弹基地的建造结构，指挥部的掩体，以及其背后支撑的防御理念。我们都知道，停战谈判正在进行，最终我们的部队要退回运河东岸，这就意味着我们以后再也没有机会来这里收集信息了。在回去的飞机上，我们立刻着手设计一个能够充分测试苏联防御工事的坚固性和弱点的实验项目。同时，我们也与布雷瑟进行了正式谈话，以确定如何分配这次任务所收集到的信息，其中自然会有很多争议之处。

美国先遣队回国后，我意识到自己很有必要再去美国一次。很快，总参谋部同意了我的想法。我们的部队已经接到命令，不日就将从西岸撤军，因此这一任务立刻变得十分紧急。

在所有数据中，我们最关心的是对于双方炮弹穿透装甲的数据测量。

我们在各个战场都派出了调查小组，所有的数据都在维修与保养中心（the Repair and Maintenance Center）进行汇总。几个月后，我们最终把收集到的数据给了美方一份，这是在我们见到他们的有趣却十分简短的数据报告之后。

在本尼·佩雷德当政期间，研发所与空军关系亲密。这种关系一方面来自我与佩雷德的相互尊重，还有一个原因：我的副手纳鸿·达雅吉本身就是空军出身。我让纳鸿·达雅吉和西姆夏·毛兹与我一起讨论如何使空军从这次战争中获得经验教训，他们都非常珍惜这次难得的机会。

我请求哈依姆·以色里帮我安排一次与达扬部长会面的机会。我告诉他，我觉得部长可能对我还不够了解，我想当面与他谈谈关于战后经验总结的问题，以及这种总结会对今后的武器研发和生产有什么影响。当天早上，哈依姆·以色里就给我带来了部长的回话："摩西说他对你非常了解，你这家伙是个人才。你不用太拘泥于形式，什么时候来我都欢迎。"尽管有些惶恐，但我还是攒足了勇气去拜望了部长大人，并进行了简短的谈话。当时的达扬正在为各种政治外交问题而伤脑筋，但是看到我来了，他还是马上把注意力转移到了武器研发方面。他说，不管怎么样，我们都要鼓励自主的武器研发，我们在研发方面的基础设施一定要有条不紊地进行建设。

现在，我们最急迫的一项任务是为空军配备带有激光制导系统的炮弹。特祖尔问我能不能尽快买到这种设备。这一任务就交给了我们所里的几个部门来负责。三天内，我们就拿出了初步的方案。如果一切顺利的话，五角大楼会从空军或者海军中抽调这种设备给我们。如果美国人不卖给我们，我们还设想了三种其他解决方案：

1. 美国人可能会授权我们自己生产这种炮弹，而他们提供必要的技术。

2. 他们可能会把弹头上的传感器卖给我们，而其他部分还需要我们来生产。

3. 美国人完全不帮忙，我们就只能自力更生，完全由自己生产。

三种方案，分别由三家公司承担：如果采用第一方案，则交由以色列军工（Israel Military Industries）；第二方案，以色列航空航天（Israel

Aerospace Industries）公司的 MBT 部门；第三方案，由拉斐尔公司负责。整个文件只有五页纸，非常简洁明了。特祖尔高度赞扬了我们这种工作方式。

最终，美国人没有答应把这种智能炸弹卖给我们。我们召集五家大型军工企业的高管开了个会，本想只讨论技术问题，结果却不可避免地陷入了政治问题的争论。

我们决定成立一个工作小组，由导弹和火箭部门的主管阿里耶·拉维（Arieh Lavi）博士负责，要求他们在两个月内拿出一个行动计划来。最终，几年后，IAI 公司的 MBT 部门承担起了这一任务。根据美国向我们提供技术援助的原则，他们只有在确认我们已经掌握了激光制导的技术后才会给我们提供相关设备。

转型时期

我们现在正处于一个表面安静、内心紧张的困难时期，在"101 公里谈判"和日内瓦，有关于戈兰高地战场的停战谈判正在进行。与外界的争斗还不是那么可怕，要命的是我们的领导人内部也出现了很多矛盾，于是我们有一种群龙无首的感觉。国防军的上层军官不断变动，让我们从上而下都有一种不安定感。

12 月 18 日，星期二，在这一天的总参会议上，国防部长跟我们讲述了他与基辛格谈话的经过。叙述完过程后，达扬并没有多说什么，他发言后现场一片安静。

终于有人站起来发言，但内容与基辛格完全没有关系。这个人是南部军区指挥官葛农，他现在属于副总参谋长塔尔直接指挥。他说，现在总参谋部是唯一能让他发言的地方，他要抓住这个机会来证明自己的清白。后面，他就开始谈起了沙龙，有明有暗，反正他对沙龙有颇多不满。这时达扬打断了他，希望把话题拉回到基辛格身上。葛农不依不饶，还想继续说下去，达扬费了好大劲才让他重新坐下。

现在，塔尔特别担心赛格导弹对我们造成的威胁，而在战前，他对此完全不屑一顾。在前几年运河地区的消耗战中，我们的观察站经常可以看到对岸有封闭的火车车厢开到前线附近。每次这样的车厢一来，埃及防御工事中的几乎每个士兵都会聚集到车厢跟前，然后排起队一个一个地进去。一开始，我们的士兵不知道他们这是在干什么，还嘲笑说这就是埃及部队的流动性工作站。在六日战争之前，叙利亚就曾经这样干过。可后来我们发现，车厢里是一套赛格导弹系统的模拟装置，每个士兵都要去亲自操作一下。在所里，我们反复研究如何用美式MK-19枪榴弹来干掉他们的导弹。这种枪榴弹可以由汽车装载，每分钟可发射350枚榴弹，射程有1500米。我们曾试射过一次，整个总参谋部工作组都出来看效果如何。效果当然还可以，可问题是当时的行动局主管塔尔严词拒绝把这种武器装在装甲车上。他坚持认为这东西全身都是"境外因素"，绝对不能拿到我们的坦克上来。开战后我们也一直在研究对付赛格的办法，可一直没有特别出色的方案。现在，塔尔不仅是副总参谋长，还是南部军区的司令员，他急切地想找到一种对付赛格的方式。他想到的方法是在坦克营地周围放置栅栏和铁丝网，以尽快触发赛格导弹，这样炮弹就不会落在坦克身上。

华盛顿会谈及北欧之行

到了1974年1月，时机已经成熟，我们完全有必要再去一次美国，就战后经验总结问题与对方签订协议。我们在最后一刻敲定了协议草案，把它随身放在一个上了锁的小盒子里，而且还要有"外交官护卫"。（放在这个小盒子里是其中一个步骤，文件其实在盒子中一个用红蜡封口的信封里。）按照计划，我们先去纽约待上一个周末，只要是为了与以色列国防部代表团首脑德罗尔进行商谈，为在华盛顿举行的会谈做好充分的准备。随后，我们会在华盛顿待上一周，然后飞往一个北欧国家，与他们商洽技术合作问题。

在华盛顿连续五天的会谈中，我们既经历了高潮也遭遇了低谷。高潮时，我们感觉自己是如此的能言善辩，而在低谷中，我们失望地发现对方并没有被我们说服。

在这期间，我与美国国防部DDR&E部门主管帕克（Parker）三次会面，使我加深了对他的印象。他聪明睿智，办事公正，工作努力，直来直去，而且还有着强大的影响力。他仔细查看了我们准备的每一份文件。我还见到了雷克上将，作为海军将领，他已经成了以色列的老朋友。同时，我还与美国空军的几位将领多有来往。其中，最激动人心的时刻是与美国陆军参谋长、四星上将克莱顿·艾布拉姆斯（Creighton Abrams）进行的一个半小时的会谈。这次会谈中，艾布拉姆斯将军及其团队成员向我提出了各种各样的问题，我都一一进行了详细解答。艾布拉姆斯将军是二战中的风云人物，传奇将领巴顿称他为"美军中最棒的坦克部队指挥员"。1972年，他被任命为美国陆军总参谋长。

会谈刚开始我还有些紧张，随后这种情绪就完全消散了。艾布拉姆斯将军思维开阔，善于倾听，而当他发言时，他总可以让周围的人们放松下来。他显然对于我们谈论的话题非常感兴趣，而不时插进来的几句评论总能够恰到好处地体现他丰富的战斗经验。他不只是向我提出问题，而且还对赎罪日战争的局势做了细致的分析。我们都有些吃惊，因为事先没有想到他会对此如此关注。艾布拉姆斯将军的下属跟我们说，尽管国防部和军队很支持我们的购置意向，威廉·斯克莱顿（William Scranton）领导的国会委员会却极力阻止五角大楼促成此事。

1974年9月，克莱顿·艾布拉姆斯将军因肺炎逝世，当时他还在位。在他逝世后，美国陆军为了纪念他，把最新研制的作战坦克称作M1艾布拉姆斯。

2007年的一天，特拉维夫证券交易所的主管沙乌勒·布伦菲尔德（Shaul Bronfeld）忽然来找我。他见到我之后掏出一封信来给我看。原来这封信是克莱顿·艾布拉姆斯将军写给艾拉扎尔的，这是沙乌勒·布伦菲尔德为了写研究生论文去美国国会图书馆查找资料时找到的。下面是信件原文。

美国武装部队

参谋长办公室

1974.2.19

尊敬的艾拉扎尔将军，

　　塔尔伯特（Talbott）将军已经就出访以色列的情况向我做了详细汇报。他对于你们的热情接待和合作诚意都表示诚挚的谢意。尤其让塔尔伯特将军印象深刻的是贵军处处表现出来的专业化。这可以从他带回国内的各种资料中展现出来。这表明有专业人士已经对贵军进行了具体指导。尽管在与贵军高层进行会谈时听到了很多不同的见解，但这恰好表明大家都在从10月份发生的战争中吸取经验教训。在这里，我要特别感谢乌兹·埃拉姆将军，正是他向我提议派人进行这次考察。我们在今年1月曾有过一次愉快的会谈。再次感谢贵军各相关人士为这次视察所做的工作。

克莱顿·艾布拉姆斯
美国武装部队
参谋长

　　这封信确实让我又惊又喜。

　　可能由于当时过于混乱，他们竟然忘了把这封信复印一份给我。

　　奥尔文·塔尔伯特（Orwin Clark Talbott）将军在战争期间率领几名美军高官来到战场视察。正是塔尔伯特将军成立了美国训练与条令指挥部，简称TRADOC，并担任第一位指挥官。这位高个子将军有着运动员的体魄，浑身散发出沉静与威严，是一个不折不扣的军人形象。越战期间，他担任步兵师长。在20世纪70年代早期，塔尔伯特将军在本宁堡（Fort Benning）担任这个步兵训练基地的长官。当时，美国政府决定加强对于士兵的训练和纪律管理，于是，塔尔伯特被任命为新成立的指挥部的副指挥。在塔尔伯特将军率队视察以色列期间，他们也来到了研发所的办公室里，在这里待了大约半个小时。在寒暄了几句后，我询问了他们在这段时间的视察经过。在他们说明情况时，我很快发现了一个问题：他们会见的都是国防军的行政官员，而到目前为止还没有见到一位前线指挥官。于是我说道："各位，大家要知道，我们正在进行的是一次规模超前的大战，海陆空都参加了战斗。这是二战后规模最大的坦克战，苏联坦克与西方坦克第一次进行了正面交锋。而步兵也用上了几乎所有现有的最先进武器。如果大家来到这里却不能与前线指挥官进行深入的交流，我觉得以后想起来是会感到遗憾的。"因此，我建议他们一定要与前线指挥官见上一面，特别是装甲部队、步兵和空降兵。

他们商议了一下，很快决定听取我的意见，于是本来的一次例行参观变成了延续四个小时的热烈讨论。我们讨论了研发所已经从战争中获得的经验教训，还有我们获得的各种数据，以及对敌人武器装备的评估。讨论结束时，我建议塔尔伯特将军尽快带领一个更为专业化的团队来对我们的作战部队进行一次考察。从此后，我们的地面部队指挥官与 TRADOC 建立了长期的合作关系。刚刚成立的 TRADOC 确实需要建立新的思维方式，于是很快塔尔伯特将军就带着一个人数更多的代表团来汲取赎罪日战争的经验教训。对于美国人来说，我们所收集的各种数据以及敌我双方武器装备的对比结果都有着巨大的诱惑力，让他们不能不来亲眼看看。

塔尔伯特将军很欣赏我们的坦白直率，也对我们总结的各种战后经验教训深感兴趣。

美国人极为善变，这是一种缺点，但也是一种能力。每过几年，他们就会选择一个领域，对它进行大刀阔斧的改革，力度之大让人瞠目结舌。这让他们有机会从不同角度观察时局。借此，他们也会发明一些特别能抓人的机构缩写。比如，20 世纪 80 年代，他们发明出了 RMA 这样一种缩写，指代的是军务革命（Revolution in Military Affairs）。这被认为是他们能够在 1991 年和 2003 年取得对伊拉克战争的胜利的重要因素。这种新的战略结合了各种技术创新，比如信息技术、无人机，以及可以精确制导的远程武器。

第二次海湾战争结束后，军事评论家都高度赞扬 RMA 系统，这时他们把以色列看得和美国同等重要。最近，这一体系中又增加了纳米技术、机器人科技和生物技术。现在我们还计划把战场上的所有战斗部队纳入网络中心的管理之下。

我国军工研发所的成立同样具有革命性的意义，这是一种整体结构的调整。这使我们能够把全国的军工企业整合起来，统筹安排他们的发展方向。因此，武器与科技基础设施发展管理委员会（Israel's Administration for the Development of Weapons and Technological Infrastructure）将会整体指导全国军工企业的技术基础设施的发展等事务。

美国之旅结束后，我们又去拜访了一个北欧国家。我国驻这一国家的大使在家中召开了一次会议，旨在打开这一国家与以色列在国防科技方面的合作大门。

哈达尔·金驰（Hadar Kimchi）准将也参加了这次会议，他当时担任驻伦敦使馆的武官。会谈的中心人物是此北欧国家的国防研发部主管。

到达首都时，这里天寒地冻，大雪纷飞。尽管天气恶劣，大使家中的会谈气氛却暖意融融。壁炉中的炭火不时噼啪作响，我们在用餐过后就各种问题广泛交换了意见。这位主管聪明睿智，而且十分健谈。很快我们的谈话就进入了正题——国防研发。我们发现彼此有很多共识，比如在研发领域，人才是最为核心的竞争力。我们都有些相见恨晚的感觉。就在这次会谈中，我们已经初步确定了在光电技术方面进行合作的意向，这一领域是这个国家的强项。几年后，以拉斐尔公司为代表的以色列的军工企业与这个国家联合建立了研发实验室，这对于两国都有很大帮助。

一回到国内，我就打算马上与特祖尔会面，以汇报这两周来在华盛顿以及那个北欧国家的会谈情况。同特祖尔接触时间长了，我发现，他很少给别人特别具体的建议，而是让别人慢慢地分析问题，然后提出一两个发人深省的问题，启发别人自己想到问题的答案。他告诉我，国防部长达扬已经把塔尔将军从南部军区调了回来，他现在依然是副总参谋长，而且还有着自己的特殊使命。塔尔现在还是要负责武器研发方面的事务，而且现在由于军队大幅度改组，有很多未知因素。

现在看来，基本不可能让研发所脱离开行动处。对于在塔尔手下工作，我个人是很不情愿的，特别是在现在如此复杂的情况下。

达扬打算违反停火协议，继续沿苏伊士运河向北进攻，目标是包围住埃及的第二军。这是沙龙提出的战术，不过这一方案同样具有影响深远的战略意义。

赎罪日战争已经接近尾声，达扬认为塔尔会影响他试图包围埃及第二军的计划，于是把他从南部军区调了回来。我与亚伯拉罕·塔米尔（Avraham Tamir）去总参谋部办公楼的四层去会见塔尔。走进去之后，我小小地吃了一惊。塔尔与当初大不一样了，他显得有些驼背，精神萎靡，说话有气无力，一看就像是从战场上打了败仗回来的。现在他的工作重点不是如何进行武器研发之类的，而是忙着准备在战争追责委员会（the Agranat Commission）的证词，这个委员会就是要调查一下战争前期我们失利的主要原因。我很不愿看到塔尔如此精神消沉的样子，但是我自己也不知道如何能够缓解他的精神压力。

几天后，艾拉扎尔找我谈话，等我走进他办公室后，他说想跟我谈谈关于战争追责委员会的事。我从晚上11点一直陪他到凌晨1点，发现他和塔尔一样疲惫不堪。艾拉扎尔手上的事情特别多，他要管理整个军队，确定警戒级别准备应对来自叙利亚边界的进攻，并调节各位将军之间的争端。只有到了深夜他才有时间考虑自己被追责委员会质询的事。通过他的讲述，我大致明白了战争追责委员会对于他们质疑的原因。委员会的质疑包括这么几个方面：战前是否有充分的作战准备，以及战略物资是如何分配的。看着他疲惫与无助的样子，我的同情心油然而生。当时我给他提供了大量相关信息，并承诺：只要有必要，我会随时准备为他提供各种书面资料。我不太同意战争追责委员会的做法，他们不该把战争前期失利的责任都归结在总参谋长、情报处长和南部军区身上。我离开艾拉扎尔办公室的时候，脑子里一直在闪烁这几个字：不公平！相对来说，塔尔准备听证会的时间比较充裕，而艾拉扎尔就基本上没什么时间了。

第十章　战争经验总结与"寻宝"行动　<<<<< 155

基甸·马哈内米批判摩西·达扬

1974年2月12日，我们召开了一个上校以上级别的高级军官会议，会议一共持续了三天。这个会议广泛讨论了关于开战以来的各种问题，涉及三个陆军军区、空军与海军，以及情报部门。会议开始后，总参谋长首先讲话，他强调，这次会议主要讨论现在及以后的战局，不是讨论战争中的经验与教训。但是，对于过往的战局，大家都有一肚子的话要说，所以艾拉扎尔开始说的话基本上等于白说。葛农为了捍卫自己的名誉，不惜和反对自己的人动了手。而已经被撤职的南部军区司令官（就是指塔尔）终于找到机会为自己的军区说几句话，以证明他们的战斗任务还是完成得很好的。另外，阿丹也言辞激烈地指责沙龙。10月7、8两日，阿丹的部队孤军奋战，努力抵挡已经跨过了运河的埃及军队。根据阿丹和葛农所说，沙龙的日程表上只有一项任务——渡过运河，于是他的部队就根本没有参与阿比雷·列夫行动（Operation Abirei Lev），这也是导致这一行动失败的部分原因。我们现在还记得，尽管阿丹的部队作战勇猛，而且损失惨重，但却依然没能把埃及军队打回运河那边去。于是，在战斗打响的第二天，达扬发表了他那著名的"第三神殿即将倒塌"言论。

沙龙不仅仅是一位优秀的战场指挥官，而且对这种语言艺术也特别擅长，他总是能够抓住对手的软肋，然后恰到好处地给予回应。沙龙对这些指责和批评的回应非常巧妙，其中既有发自内心的深情讲述，又时不时地插科打诨一番。他的这种说法非常具有煽动性，在这么严肃的场合，竟然还能引起人们的一阵阵笑声，这真是非常少见。

第一天的会议结束后，大家都感觉这次会议开得非常有必要，因为大家在惨烈的厮杀过后终于有了机会把自己的各种想法表达出来了。

总理参加了第二天的会议，从早上一直待到了下午，听取了各种发言和讨论。

到了讨论阶段，首先发言的是巴列夫。尽管巴列夫防线被认为是非常失败的选择，但直到现在他还在为这一防御理念辩护。而且他还为沙龙辩护，说沙龙师团的任务是由整个南部军区下达的，不是沙龙个人的决定。

后面的会议就没有什么出彩的事情了。正当我们开始觉得无聊时，一个重磅炸弹从天而降。基甸·马哈内米上校开始进行"控诉"演讲，矛头指向了整个政府，特别是摩西·达扬。马哈内米属于参与了建国的那一批军人，他曾参加过帕尔马赫先锋团，在伊法塔（Yiftah）旅的第3营担任过连长。1950年后，他开始在情报部门供职。1956年，他已经被授予少校军衔，随后接替我当上了空降兵部队的情报官。在赎罪日战争期间，他一直是国防军与联合国的联络官，这一职位一般都是由情报部门的人员担任的。走上会场的讲台时，他脸色苍白。随后他开始讲关于丹尼·马特的事情。因为在一次实弹演习中有士兵被误杀，马特被迫辞去了空降兵营长的职务。还有，1959年，由于情报部门的失误，以色列电台竟然开始播放动员预备役军人的暗号，为此，两位情报部门的高管被迫辞职。讲完这些之后，他开始进入正题：对于这次战争初期的失利，摩西·达扬应该引咎辞职。一般到了这种时候，会议主持者会赶紧叫停。可这次艾拉扎尔没有这样做，他让马哈内米把话说完后才宣布会议结束。不过，第二天马哈内米并没有出现在会场上。达扬听说了会议上马哈内米的讲话后，他告诉艾拉扎尔："会场上有他没我，有我没他。"马哈内米在军中的升迁之路一直不是很平坦，这与这次他公开反对达扬有关，这已经成了他身上挥之不去的一个印记。后来他的升职之路几乎完全停滞，直到1976年他才作为拉宾的反恐顾问被升为准将。

这出戏演完之后，会议后面的部分确实乏善可陈了。之后，在预备役军人都离开战场之后，这些士兵开始大规模地控诉他们在战争中所经历的痛苦以及对于现有政府的失望。这最终导致了总理下台，整个政府换届。

研发所的巩固与稳定

这段时间里，事态的发展经常让人眼花缭乱。战场的局势纷繁复杂，而各种外交努力也在紧张进行中，希望能够达成一个永久停火协议。作为研发所的主管，我也要时刻准备接受改变。1974年2月，达扬已经公开声明：他不会参加下一届政府。而特祖尔也早就声称要辞职。我早就知道这一消息，只是感情上不太愿意接受。达扬在位期间，他非常放心地放权给特祖尔。达扬对于财政问题、军工发展武器研发，甚至国际联络与合作都没什么兴趣，这些事情都是由特祖尔负责的。

耶沙亚胡·拉维（Yeshayahu Lavi）曾私下里跟我说，他之所以辞去总干事一职，是因为在达扬与特祖尔当政时期，总干事的权力微乎其微。特祖尔离开之后，研发所失去了一位非常忠实的支持者。特祖尔曾告诉我，他曾向达扬提交了一份文件，里面建议将研发所、生产与采购部和预算部都由国防部总干事统一管理。而我与执行长伊罗尼的关系非常不错，这让我多少心里有了一些慰藉。

对于研发所的稳定来说，拉斐尔公司和其他军工企业之间的关系显得非常重要。战争还在如火如荼的进行之中，我们的注意力主要集中在如何生产足够的武器弹药供应前线，以及对于敌方对我们造成的威胁采取快速反应。我们把SA-6防空导弹系统的资料发给了拉斐尔公司，希望他们能够尽快想到一个快速反应的方法。

同时，我们把赛格反坦克导弹的资料发给了拉斐尔、IMI和工程部队的拉斯科夫小分队（the Laskov Unit of the Engineering Corps），同样希望他们能够想到快速解决的办法。在战争接近尾声时，拉斐尔已经研究出了一个针对SA-6防空导弹的初步应对方案。而对于赛格反坦克导弹，我们所用的时间更长。我们曾设想过各种解决方案，比如干扰导弹的控制系统，干扰导弹上的导航器，或者在攻击目标周围布置铁网，等等。但这些都不太奏效，多年以后我们才研究出应对这种苏联简易武器的方案。

1974年初，我们整个部门还没有一个被政府认可的工作计划。不是我们不去努力规划，而是上面还有着太多变数，还来不及管我们。总参谋部一片忙乱，有的在准备应对戈兰高地上的紧张局势，有的在应对各位高级军官的频繁替换。好的是，特祖尔的位置坐得很稳，他对我们的工作全面支持，而且不断进行督促。于是我们开始修改我们的工作计划，使其既包括近在咫尺的战争经验总结，同时又涉及一些长期项目的实施。在战争经验和教训的总结方面，空军、海军和情报部门都做得比较好，而陆军还没有从战争的伤痛中完全恢复过来，所以还没有来得及系统地进行经验总结。而各军工企业都迫不及待地要从国防军和国防部那里得到各种与战争有关的信息。

为了把1974年的工作计划做得更为贴近实际，我们打算把各大军工企业的代表召集在一起召开一次说明会。我们称之为开发者大会，这将是我们回归正常国防研究后取得的最大成就。各大军工企业都迫不及待地等待着会议的召开。特祖尔也答应在会上讲话。

开发者大会结束之后，借着这次会议的东风，我私下会见了特兹维·阿龙（Tzvi Alon），他是国防部生产与采购部门的主管。我们两人达成协议：只要是国防军出资的武器研发项目合同，都由我们研发所来进行管理。在研发所成立之前，这一事务都是由生产与采购部进行协调的。现在，随着我们研发所的实力不断壮大，人员不断扩充和专业化，这样的工作理应由我们接手。这些举措得到了生产与采购部的大力支持。我们的存在感正在逐步增强，而且加入了一些以前没有设想过的领域。这种扩充行动一直延续了下去，这就为1980年成立的MAFAT打下了基础。

在3月下旬，官方正式宣布：特祖尔将很快离开国防部。在一次国防部部门主管会议上，伊罗尼给我们看了一张表格，里面完整列举了国防部高层的人事变化。

战争追责委员会写的一个临时性报告中建议撤换掉伊莱·泽拉（Eli Zeira），而佩雷斯将会担任国防部长。不久，伊罗尼突然去世，佩雷斯任命品哈斯·佐思曼（Pinhas Zusman）担任部里的行政主管。

后来，国防部任命阿莫斯·霍尔夫（Amos Horev）将军作为首席科学家，这为整个国防部开辟了一个全新的领域。在此之前，这个职位一直空缺。我与霍尔夫关系很好，我们有很多共同语言，同时也能够相互尊重与理解，而且他性情温和，很难想象他发脾气是什么样子。但是，有那么一点还是很让我不舒服。因为他很快又被任命为理工学院的院长，因此就只有很少的时间来处理国防部内部的事务了。几年后，佩雷斯任命梅内斯·普拉斯（Manes Prath）为首席科学家。他曾是迪莫那核能研究中心（the Dimona Nuclear Research Campus）的第一位主管。梅内斯·普拉斯很有远见卓识，他一直致力于根据现有国防科技的发展趋势来进行一个大型的战略研究。这与佩雷斯的雄心壮志不谋而合，但问题是他不太善于分配各项资源。最终他还是放弃了他的雄伟计划，最主要的原因是国防部内部的官僚主义作风过于严重。

事态变得越来越复杂，更多惊人的消息还在酝酿之中。4月1日，战争追责委员会发表了他们的临时性追责报告。艾拉扎尔告诉我们，当晚要召开一个总参谋部特别会议。我心里在期待着最坏的结果，因为会议时间一再被推迟。最后，部长办公室的秘书告诉我，会议将在晚上10∶30举行。10点钟的时候，我收听了收音机里的新闻节目。追责委员会把战争失利的责任归在了这几个人身上：总参谋长艾拉扎尔、情报处长伊莱·泽拉以及战时南部军区司令葛农。同样负有责任的还有情报处的研究科科长阿里耶·沙莱夫（Arieh Shalev）、研究科的埃及小组组长，以及南部军区的情报官员。到现在为止，委员会还没有追问梅厄和达扬的责任。

这些消息都让我们大吃一惊。很快，我们来到了总参谋部的会议室里。总参谋长进来时，我们全体起立。在艾拉扎尔开口前，大家一句话都没有说。艾拉扎尔说，他已经收到了委员会的临时问责报告，正在准备提起上诉。然后他拿出一封信来，说道：这是他写给总理梅厄的上诉信，在信中，他否认了他被指控的各种失职行为，而且也为情报处长做了辩护。

然后他说，尽管他不想就这样离开我们，但是现在既然已经有了这份调查报告，他还是先打算让胡菲暂时代理总参谋长的职责，直到最终的调查结果出来后再说。说完这些，艾拉扎尔起身离开了会议室，而我们还是一脸茫然地坐在那里。办公室秘书告诉我们，会议结束了，可我们没有人离开，依然呆呆地坐在那里。

我们都还记得战前我们在这里进行的各种讨论和预测。开战前两周,我们在这里开会时,大家都觉得开战纯属无稽之谈;而开战前一天,国防部长达扬也来到了这里,当时情报处长泽拉依然斩钉截铁地说:战争不可能发生。当时艾拉扎尔基本同意泽拉的意见,而坐在他身边的达扬却说:我们还是小心为妙。开战后,也是在这个屋子里,大家开始互相指责,而这时艾拉扎尔站出来开始重新布置军队。

从个人情感上,我很为艾拉扎尔抱不平。这份委员会的报告过于伤人,让已经为战争忙碌了十几天的艾拉扎尔遍体鳞伤。我还记得那天晚上,他向我要关于武器研发的资料,以便为自己进行辩护。艾拉扎尔是国防军(甚至可以说是所有以色列人民)的中流砥柱,他在战争期间发挥了不可估量的作用。这次战争是对方进行突袭,而我们最终还是获胜了,当然,不能否认在整个过程中我们所遭受的损失与失败。

尽管时局动荡,研发所的日常工作还是要继续。1974年春天,在逾越节前两天,我参加了在威茨曼研究院举办的以色列物理学会的年会。多斯托夫斯基(Dostrovsky)教授赞助了这次会议,我也被邀请去做演讲嘉宾。台下的观众大多都是资深的物理学家,而且很多都是我的熟人,也正因如此,我才更为用心地准备演讲材料。我演讲的主题是以色列与阿拉伯世界在军事力量与科研能力方面的对比分析。其中,我特别提到了物理学对于我国军事工业的巨大贡献。这一点在我看来是毋庸置疑,因此在演讲时我也特别进行了强调说明。演讲结束后,有20分钟的提问时间,观众与我进行了热烈的互动,会场气氛非常融洽。在茶歇期间,我身边聚集了很多人,他们都有很多问题希望我们解释清楚。很多专业物理人士一直希望能够为国防做些贡献,但却不知从何入手。大家之所以这么热情,我想与刚刚发生的战争有很大关系。当时我对于很多问题还没有清晰明确的答案,但是当时我已经下定决心:一定要为这些有志于为国防做贡献的物理学家们找到他们的用武之地。

拉宾总理

由于战后承受不了公众对自己日益高涨的不满情绪，梅厄总理于1974年4月11日宣布辞职。拉宾顺利当选新任总理，在此之前，他一直担任以色列驻美国大使，也许正是因为他长期远离以色列，所以不必对导致战争的各种政治因素负责。六日战争时他是总参谋长，因此大家都把六日战争的胜利认作他的功劳。他在工党内部的选举中击败了佩雷斯，但是又不得不任命佩雷斯为国防部长。

新政府成立两个月后，在一个周六的下午，特祖尔邀请我们一家去他家里喝下午茶。我们两家人之间的关系一直很好，这种友好的关系在此后的岁月里也一直延续了下去。当时，欧内斯特·亚菲特（Ernest Yefet）也在场，他是国民银行（Leumi，当时以色列最大的银行）的首席执行官。另外还有一位澳大利亚犹太复国主义组织的主席。让我们大吃一惊的是，拉宾夫妇竟然也在场，这可是我们事先所不知道的。拉宾夫妇一般周六上午会去打网球。拉宾生来是一头红发，而且他的皮肤特别容易晒伤，这样看起来就整个像一个甜菜根一样。我们开始闲聊起来，这时特祖尔突然变得特别直截了当，他问拉宾：当上总理后感觉如何？政坛的争斗现在是个什么状况？现任政府中的各位部长都有什么特点？特祖尔对新任财政部长约书亚·拉比诺维奇（Yehoshua Rabinovich）特别有兴趣，问了不少关于他的问题。拉宾对拉比诺维奇评价很高，他相信，在亚菲特协助下，这位新部长一定可以大有所为。在这样轻松愉快的环境中，本来羞涩内向

总理拉宾视察 IAI

的拉宾开始变得健谈起来。这时我还不知道：拉宾很快会要求我出任 IEAC 的主管。

这是我第三次与拉宾接触。第一次我们见面是在六日战争之后，伊扎克·雅各布带着我四处去炫耀——"你看我的手下，既是空降兵营长，又是工程师，现在来到了我们行动处的武器研发部门！"当时拉宾是总参谋长。当我们走进拉宾办公室的时候，我特别紧张，不知道总参谋长是个什么样脾气的人物。可是，当我真正见到拉宾后，我很快就放松了下来，因为他看上去一点儿也不像军人，倒像是一位文人。他问了我很多问题，关于耶路撒冷的作战情况，关于我今后在武器研发方面的打算，以及将来在边境的防卫任务。那次见面时，我就注意到了他的很多性格特点：他与人握手时非常轻柔，甚至有些犹豫，而且他很少直视别人的眼睛。

第二次与拉宾接触是在华盛顿，当时我是研发所所长，而他是驻美国大使。我们这次到达华盛顿后，拉宾邀请我去他们大使馆每周的例会上去做演讲，主题是关于国防军武器研发的现状。拉宾作为大使与其他很多职业外交家很不一样。他特别重视团队合作精神，所有重要的信息都要在主要工作人员之间分享。我在大使馆的时间不长，但依然可以感受到他营造的那种轻松而又高效的工作氛围。

新任国防部长佩雷斯

国防部人事变动基本确定后，我需要尽快确定国防研发的程序与政策，这是现阶段最为紧迫的任务。一定要把程序规范化，特祖尔辞职后，国防部中就再也没有像他这样的人物了。摩西·达扬辞职后，国防部上层的管理团队还没有形成一个统一的整体，我们知道现在有两位高级顾问——品哈斯·佐思曼（Pinhus Zusman）和莫迪·霍德（Motti Hod），首席科学家是阿莫斯·霍尔夫（Amos Horev），但他们之间还没有明确的职责划分。我们还要把我们的研发程式与国防军挂起钩来，刚刚结束的战争为我们提供了最好的时机。

除了我之外，我的两名副手——纳鸿·达雅吉和耶狄迪亚·沙米尔，以及刚刚建立的计划与经济科（Planning and Economics Department）科长伊莱·莱文（Eli Levin）上校都参与了研发程式的制定。

制定完研发程式后，我们把初稿分发到了相关人士的手中，很快，大家的反馈意见接踵而至。霍尔夫看完后马上向国防部长写了一封信，抱怨说：首席科学家根本没能在这一研发程序中发挥任何作用。国防部副执行长特兹维·特扎弗里里（Tzvi Tzafriri）也写了一封信，指出：我们起草的程序草案与国防部组织处的组织原则严重不符，强烈建议进行修改。这一次，我又深深地感觉到研发所所长这个职位的复杂性，因为我要学会在国防部与国防军之间周旋。不过，对于这些反对的声音，我的心里是有准备的。我不但不感觉头疼，而且颇有几分享受。因为大家反对说明大家很看重这一程序设计，我们都是在就事论事讨论问题，而不是流于形式打官腔。

我很快与部长办公室取得了联系，要求就研发程序设计与佩雷斯面谈。很快，我们就确定了会面时间。佩雷斯看上去非常疲惫，于是我在脑子里面琢磨如何能让他的注意力集中一些。我先做了一个自我介绍，可是还没等我介绍完，他就打断了我："不用说了，你在约旦河谷当旅长的时候我就知道你。"

于是我长话短说，开始进入了正题。一谈到研发所的组织结构，佩雷斯的问题就像连珠炮一样向我打过来。我只好一个个向他解答。关于首席科学家，我说：国防部的首席科学家应该是货真价实的科学家，他要全职为国防部服务，同时还要兼任国防部国防研发咨询委员会（Defense Research and Development Advisory Committee）的主席。在此，我高度评价了咨询委员会的工作，因为首席科学家可以借此为国防部长出谋划策，并帮助研发所所长确定未来新科技的发展方向，从而做出有真凭实据的长期规划。我建议佩雷斯把研发所看作是相对独立于国防部和国防军的机构，从而单独为它设计工作规程。

这时，佩雷斯变得谨慎起来，他详细询问了正在研发中的各项主要工程项目。

我介绍了空对空和空对地导弹系统、电子战的最新发展以及通讯技术的进步。

我还提到了一些与海军相关的先进技术,以及海军在刚刚过去的战争中所收获的经验和教训。陆战方面,我主要介绍了梅卡瓦坦克项目。这一项目耗资巨大,其他项目基本已经没有发展的空间了。佩雷斯在这时问到了一些具体问题,这些问题表明他不仅对这方面相当懂行,而且已经上升到了战略思维的高度。在他的观念中,陆军作战过程中,一定要有密集的炮火和空中支援作为保障。我向他保证,事后一定就此写出一份相关报告。由于所要讨论的话题较多,时间也过得飞快,佩雷斯问我什么时候还有时间,我们需要再见一次面来讨论剩下的问题。

离开办公室时,我内心感觉信心满满,认为部长的大门会永远向我敞开着。但在后来的合作中我发现,像这次的细致讨论也就仅有这么一次,后来佩雷斯就没有怎么跟我讨论过武器研发的实际问题,而是更多地转向了政治方面。

作为新任国防部长,佩雷斯急切地想要与各友好国家建立或者加固我们在军事领域的合作。为此,我被派去与瑞典总参谋部代表团进行了秘密会谈,目的是用我们在赎罪日战争中的胜利吸引对方,并说明我们是如何用欧美体系的武器装备打败苏联系统的。尽管在1974年瑞典依然保持严格的中立国立场,但他们还是对苏联的威胁心有余悸。于是,以色列与瑞典的合作就是这样开始的。

我还按照佩雷斯的指示去了一趟巴黎。这次的目的依然是用战争的胜利吸引法国军方高层的注意力。其中最有可能引发他们兴趣的仍旧是东西方不同武器系统的对比。佩雷斯相信,法国人会从我们的战争经验中看到整体的实力对比。从20世纪50年代中期到六日战争前,正是佩雷斯一手缔造了以色列和法国的亲密合作关系,现在他想恢复法以之间的合作。当时的以色列驻法国大使是亚瑟·本纳坦(Arthur Ben-Natan),他与佩雷斯是长期的同事和密友,两个人都曾经做过本-古里安的军事顾问。

他也曾经在法以关系中起到过非常重要的作用，这也是他被任命为驻法国大使的原因之一。以色列驻法国大使馆位于拉伯雷（Rabelais）大街上。我提着一个公文包朝那里走去，包里装着英文版的战争经验总结材料。材料中的很多部分都是与美国专家共同撰写的，其中包括海陆空各军种的经验总结，另外还有一些与情报相关的材料。

见到亚瑟·本纳坦后，我便马上开始介绍相关情况。本纳坦尽量集中注意力听我说，说是"尽量"，是因为他当时正沉浸在丧子之痛中，他的儿子刚刚在战争中阵亡。不过，本纳坦明白，现在不是沉沦的时候，他还是要打起精神来协助我完成与法国国防部长的会面。

我们很快来到了法国总参谋部的所在地，与他们的很多政府驻地一样，总参谋部也坐落在一幢非常雅致的小楼里。法国人的英文水平普遍都不错，但他们很少张口去说，问的问题也非常简短。本纳坦大使开始发挥他的口才，为法国人详细解释我们的战争经验可能对他们产生的帮助。而一旦法国官员对某一点表现出兴趣来，大使也会进行细致和全面的解说。

这次出访也许有一些成效，但是还不能马上看到，因为六日战争后当时的法国总统戴高乐对以色列进行了严厉的制裁，这一政策一直持续到现在，本纳坦还需要继续努力才能够使这些逐渐消解。

财政预算大战

在制定整体工作计划的同时，我们还要确保我们在来年有充足的资金来运作每个重大项目。就像我的双重身份一样，总参谋长的财务顾问伊扎克·埃尔龙（Yitzhak Elron）也是一位双肩挑的人物。他在国防部的职位叫作预算处处长。特祖尔在位期间，伊扎克·埃尔龙曾试图抵制他的预算政策，但由于没有得到总参谋长或者国防部长的支持，因此最终没有成功。但现在情况不一样了，不管是国防部长还是总参谋长都是新上任的，就连行动处处长都换了，这对于他这位没有经过替换的预算处处长来说是一个绝好的发声机会。

而对我来说，情况就很被动了，没有了特祖尔的支持，我只能孤军奋战，力保我们研发所的财政预算不受损失。

每年9月份财政预算处都会起草一个文件，大致的名称是"新财年预算草案"。

根据以往的经验，我知道一旦这一草案公布出来，一般就只会进行微调，不会有太大的变动。于是我决定在预算处公布这一预算草案之前，我们研发所先发制人，先起草一个自己的草案。在快到9月份的时候，我们与国防部主管进行了反复协商，并经总参谋长和行动处处长同意，研发所公布了自己的预算草案。财务顾问看到这个草案后火冒三丈："这是谁允许他们这么干的？谁批准的这份草案？只有预算处才有权公布预算草案！"

后来财政预算处的官员与国防部执行长举行了一次会议，他们共同商议决定，为了减少冲突，我们只在与研发所相关的预算方面提出自己的意见。后来，执行长识破了他们的这一伎俩，伊扎克·伊罗尼虽然不善言辞，但却精于计算，对于各种小伎俩都可以轻易识别。他站出来与预算部门协商，要求他们给我们部门首先预留出足够的预算，然后再讨论其他部门的预算情况。最终，我们算是取得了初步的胜利，但我们也知道，这只是众多战役中的一个而已。

国防科研新政策

在制定长期研究计划的过程中，很重要的一个步骤就是对军事科技发展的整体现状进行仔细评估。现在距离六日战争已经过去了五年，不管是研究机构还是军工企业的数量都比以前有大幅度的增长，但不得不承认的是跟一些超级大国相比，我们在很多方面，还是非常落后的，特别是美国，摩西·阿伦斯（Moshe Arens）教授（后来他当上了以色列国防部长）当时辞掉了 IAI 公司机械部主管的工作，然后自己创办了一家名为"控制论"（Cybernetics）的小型咨询公司。他向我们部门建议让他们公司来对当时全国的军事科技情况进行一个全面调研，然后评估我们在哪些方面可以进行更为深入的研究。我对于他本人以及他的团队成员（这些年轻人都曾经在 IAI 公司历练过）非常信任，相信他们的评估工作会对我们今后的工作产生巨大的帮助。与此同时我们还需要对美国的军事科研能力进行评估，获取此类材料的最好办法，听起来却也非常简单，那就是去阅读他们的专业期刊上刊登的此类文章。

美国科研政策中有一点特别吸引我们，那就是他们对于很多领域的最新研究成果都敢向公众公开。一开始我们觉得美国人疯了，这么尖端的成果怎么能这么轻易地向外界泄露，可是在再三调查研究后我们才发现了其中的玄机，他们对于信息的分类特别的细致，哪些是可以向外界公开的，哪些是要绝对保密的，他们能分得一清二楚，而且他们的各种规章制度也非常严格，绝对不允许有任何疏漏，因此他们可以做到既对真正的机密绝不泄露，又给公众造成一种信息公开的印象。

与此相比，我们的保密制度就显得过于严苛，因为我们无法做到对信息进行如此细致的保密级别分类。我们的信息保密人员，对以色列人了解甚深，他们知道一旦某一类材料不再具有保密的价值，那就意味着马上要完全对外公开。我们的政策经常是"要么没有，要么全部"。在我们开始出口国防设备时，我们不得不重新思考我们的这些缺陷。在武器出口过程中，要想让对方无法获知我们最新的科研成果，这种事情办起来非常不容易。尽管我们在出口时会有意识地在关键领域进行"降级"处理，但还是给其他国家的研究团队提供了一些蛛丝马迹。而美国人就做得非常到位，他们会给其他国家提供像战斗机这样的高端武器，但是在技术方面，会根据两国之间的关系来进行处理，绝对不会让对方占去一丝便宜。与美国关系最亲密的是英国，以色列紧随其后。我们也从美国人那里买过 F-15 和 F-16 战斗机，但是他们的一些核心部件锁在非常精密的盒子里，我们是不能轻易打开的。

不久，阿伦斯和"控制论"公司交上了一份足有两卷的黑色封皮的报告，后来我们都管这份报告叫做"黑皮书"。这份报告对于 70 年代中期，以色列的军事科技与战略发展打下了坚实的基础。

在制定整体研发战略的过程中,有一些程序是不能避免的,其中较为重要的是与国防军的陆军进行协商,特别是他们的装甲部队。另外还包括空军。为此我开始与坦克部队的新任长官,摩西·佩雷德(Moshe Peled)少将进行会谈。会议开始的时候,我们两个人进行了长时间的单独会谈,在这期间我们达成了一个协议:允许研发所的工作人员参加装甲部队旅级会议,同时在研发所与装甲部队之间,互换部门领导。我们还花费了大量时间,来为装甲部队武器的研发确定具体的方向。然后我们邀请了装甲部队和研发所的其他人员也来参加这一会议。

整体来说摩西·佩雷德对于休斯(Hughes)火力控制系统以及坦克上用来测量距离的仪表表现出了极大的兴趣。仅仅在几年前,关于是否要安装这些仪器,国防部和国防军有着巨大的分歧,而在赎罪日战争的大规模坦克战之后,高端的火力控制系统已经变成了一种必需品。如果能够安装这一系统,我们的作战能力会大幅度提高。正是由于多年前达扬拒绝在对外购买和自主研发之间做出明确的选择,最终才导致1971年8月研发所成立。

到底是向外购买还自主研发,这个问题一直没有得到解决,所以直到现在我们也没有一个特别明确的答案。不过我们倒是借此机会与国防军的地面部队进行了广泛的交流,这对我们今后的合作打下了坚实的基础。

现在我们要和空军合作,对从战争中获得的各种经验教训进行总结,并应用到今后的战场上。空军统帅本尼·佩雷德(Benny Peled)在这一过程中,做出了重要的贡献。我们两人有很好的私人关系,所以他一直对我开诚布公,从不隐瞒任何重要信息。另外我还需要感谢阿莫斯·拉皮多特(Amos Lapidot),在战争期间他是哈佐尔(Hatzor)空军基地的负责人。我第一次见他是在1970—1972年期间,他当时在空军的参谋部任武器研发部门的主管,我们当时有过多次交流机会,很多时候也争得不可开交,但是这丝毫没有影响我们之间的私人关系。这种关系一直持续到现在。在战后的经验总结中,我们需要重点讨论的问题是关于在苏伊士运河的消耗战期间,我们的空军与敌方的地对空导弹之间的交锋。尽管当时我们已经配备了幻影战斗机,而且还有美国在越战期间一直使用的新型电子设备，我们的空军依然损失了不少战斗机。在国防部行动处的武器研发部，我们对此进行了详细的研究。最终得出的结论是我们应该把空中打击和远程炮火巧妙地结合起来。

但问题是空军不愿与地面部队合作，我记得当时阿莫斯·拉皮多特反复叫嚣：空军自己就可以解决所有问题。最终空军和炮兵的合作没能实现。我们无法估计一旦合作达成我们能减少多少战斗机的损失。

拉皮多特与我进行过非常广泛的交流，其中很重要的一点就是关于空军对地面火力支援的态度，一方面我很了解本尼·佩雷德，知道他一旦下定决心，就不会再更改。而另一方面我也了解到拉皮多特和他手下的军官都是有话就直说的人。拉皮多特继续升职，最终成了空军的第十位指挥官。就是他把艾坦·本–埃利亚胡（Eitan Ben-Eliyahu）介绍给了我，他在战争期间晋升为飞行中队长，当时只有30岁，他擅长驾驶幻影战斗机，跟他接触后不久我就发现他不仅聪明富有活力，而且待人也特别和蔼可亲。他的这些性格特征，帮助他成了下一任空军总司令。参加会议的还有两位资深的驾驶员，他们在我看来，就像是两个刚刚长大的孩子，在与他们的交谈中，我逐渐了解了作为一名飞行员有什么样的感受，而且还知道他们如果没有完成战斗任务，心理会是多么不安。我还大致了解了关于电子战的一些知识。而且我知道飞行员对此并不喜欢。他们抱怨到，在飞行过程中操作这些电子设备是多么麻烦的一件事。因此我意识到非常有必要，开发远射武器。后期我们花费了大量时间来进行这方面的研究，而且取得了一定的成效。

战争所带来的创伤，使我们把获取远程高精度地对地导弹摆上了议事日程，这种导弹比炮兵部队想要购买的兰斯导弹，功能更为强大。在我们的第二批"寻宝"名单上，潘兴导弹居于显耀的位置。尽管我们知道按照当时美国的政策，他们几乎不可能把这个卖给我们，但是如何获得这种导弹，一直在我们的议事日程上。为了具体研究这一问题，我召集了一个相关的会议。与会者，除了研发所的主要官员外，还有很多国防军的高官。在我看来，这次讨论多少显得有些肤浅，但是不管怎么说，我们还是把想表达的意思都说得非常清楚明白。其中特别强调了研发这一类型武器的重要性。负责武器研发的各级官员，都认为这次讨论意义重大。它不仅解决了我们当前面临的问题，而且也确立了研发所在国防军和国防部内的地位。

在制定政策的过程中，我们当然不能忽略科研问题。在战争期间，我把与各级科研机构联络的任务交给了沙米尔。当时希伯来大学和威茨曼研究院（Weizmann Institute）的研究人员，都急切地想要为这场保家卫国的战争做出自己的贡献，但是我们暂时还没有想到让他们参与武器研发的方式。我总觉得沙米尔性格过于温和，遇事总爱犹豫不决，这让他有些不太适合这一职责。在战争快结束时，我们访问了威茨曼研究院，目的是找到一种让科学界参与国防科研的方式。战争的惨烈与伤痛都还历历在目，各位科学家都跃跃欲试。多斯托夫斯基在总理办公室当了五年的 IAYC 主管之后，在 1971 年当上了威茨曼研究院的院长。这次参观原计划只进行 3 个小时，可在实际进行过程中时间翻了一倍，学院负责人详细展示了他们与国防相关的研究方向和科研能力。施穆埃尔·斯特克里曼（Shmuel Strickman）在国防科研领域是院里的巨擘，他原来也是整天穿着短裤的帕尔马赫的战士。他那各种各样的逸闻趣事和孩子般的直率性格，都让我对他充满了好感。他是一个物理数学方面的天才，而且也懂得如何在实验室里搞发明创造。在赎罪日战争之后他与我们合作了多年，每次都可以很顺利地拿到科研预算，单凭这一点就可以证明他们的研究方向是多么有价值。既然来到了威茨曼研究院，就不能不去看看他们的"魔像"（Golem）电脑。这可是他们院里的骄傲，它的运算能力可能还比不上现在的随便一台笔记本电脑，但在当时它却是运算最快的计算机，占据着整整一幢建筑物。参观结束后，我们与学院中的高级研究人员，在院长的别墅里共进午餐。院长声称他会鼓励院里的研究人员抽出一到三年的时间进行学术休假，这样就不仅能够与国防军合作，还能够与各家军工企业合作。我很高兴他能提出这样的建议，但是这一决定是在赎罪日战争结束后不久做出的，后来并没有得到真正实施，就这样不了了之了。

战争结束后大约一年，在住棚节期间我们来到总参谋长的办公室商讨武器研发政策，当时我手里拿着一份，最新的相关资料，我们给国防部长的办公室里送去了一份但是我还没有见到佩雷斯。因为我打算先跟总参谋长古尔讨论过之后，在与国防部长联系。我把文件的要点对古尔说了一遍，听完后他抬起头看了我一眼，抿嘴一笑，然后跟我说："乌兹，现在你这个文件上只有一些原则问题，这种材料拿给谁看他都不会反对，可是要你加上了具体的预算安排，和研究项目的优先顺序，那会有不少人给你疯掉。"多年之后当我当上了 MAFAT 主管之后，我才知道古尔当时的忠告是多么语重心长。

向总参谋长汇报之前，我和我的助手们又把整个政策文件仔仔细细地修缮了一遍，另外我们还需要揣度参加会议的各位官员的态度，想象他们对我们起草的文件到底是支持还是反对。支持和反对的力度有多大。我担心行动处处长赫茨尔·沙菲尔（Herzl Shafir）会反对我们的提议，尽管我知道从性格上来说，他是一个很温和的人，但是由于事前我们没和他进行任何协商，所以他会对我们的做法有颇多不满。计划处处长亚伯拉罕·塔米尔（Avraham Tamir）会支持我们的提议，因为我们在准备过程中，所依据的很多文件就是由他亲自写成的。还因为他参加过国防部长特别顾问莫迪·霍德（Motti Hod）所召集的一次会议，那次会议就是为现在这次会议做准备的。根据以往的经验，我推断财政预算处主管，会从财务角度条分缕析地去检查报告的每个细节。在财务人员看来制定政策从来都是他们的事，其他部门的人，只有照着办的资格。还有空军统帅本尼·佩雷德会有备而来，但我们猜不到他会持什么态度。他有可能会支持我们，但也有可能会拿出一套完全不同却又更为合理的方案。而且他这个人特别善于言辞，因此总参谋长很可能被他说服，从而否决我们的议案。在会议进行的前一天，我和情报处处长什洛莫·加其特（Shlomo Gazit）通了一个气，他答应事先把我们的提案看一遍。还有几个人物他们尽管会发言，但我相信他们不会影响最终的结果。我希望总参谋长古尔，能够从大的原则上支持我们的提案，然后以此为基础加上一些其他人的意见，最终来制定下一年度的具体规划。

到了会议当天，我一边发言，一边注意听众们的反应，根据他们的反应，我不断调整着自己的语速和音调。突然总参谋长打断了我，然后问道："我们干嘛还要商量这种有关政策的文件？我们不是已经有了关于国防科研的政策了吗"我不知道他是在装傻充愣，还是给我创造机会去对我们的政策进行更为详细的解释。前几天我们两个人见过面，对这件事进行了很细致的讨论，我相信他能够明白我所说的一切。我深吸了一口气，然后开始在更为广泛的层面上解释我们现在所从事研究的重要性。并且提到如果资金链中断，那将对某些项目造成致命的打击。我还提到，在长期发展战略中，如果这个政策文件得到通过，很多项目就会进入长期的工作计划。这对整个的国防科研来说是极为有利的，为此我还举了一些具体例子。

正像我所预料的，本尼·佩雷德开始发言，他从总体上就反对我们研发所所具有的双重属性，以及由此带来的双重责任。实际上他是唯一一个能够理解我们部门属性的将军。作为空军司令，他怀疑我们这个机构没有能力来规划整个的国防科研项目。

所以他的反对意见听起来并没有那么刺耳："要是整个预算计划得以通过，你们接下来会怎么办？你们有没有能力去一步一步地实现这些计划？"就像我之前预料的，总参谋长的财务顾问伊扎克·埃尔龙（Itzhak Elron）反对设定如此长期的预算计划，直到今天（2011年）我们依然没有对国防科研项目的多年预算规范，一代又一代的财政官员，都拒绝移交这一权利，有时候由于政治人物的更替，国防科研的经费经常会断流。

在当时的这场讨论中，财政预算处声称"国防科研预算的增长，与其他经费项目不成比例"。如我们所料，塔米尔支持我们，沙菲尔也支持我们，这对我们来说是一个不大不小的惊喜。行动处主管非常务实，他提出要想验证我们所提出的这份政策文件是否可行，最好的办法就是拿第二年（1975）的年度预算来进行验证。沙菲尔继续说，研发所并不是纯粹的军事机构，这使它有条件来制定长期发展计划。

最后总参谋长的发言，很让我们感到振奋。这是我们能够预料到的最好结果。他说你们准备得非常充分，各个实例也非常有说服力。从原则上他表示同意我们的提案，只是一些具体问题，还需要另找时间继续讨论。

接下来是与国防部长的会谈。这次我们的经验更为丰富，准备也更为充分。经过两个半小时的协商，佩雷斯最终基本同意了我们的提议。研发所的好日子总算开始了。

1974年下半年，我们家也有巨大的人事变动，继奥斯纳特和宁录之后，我们又添了一个小女儿诺亚（Noa），我们两口子早就想要一个女儿，但只是在战争结束后才实现了这一愿望。诺亚出生时，恰逢国防部的一个新机构在同时诞生。这就是信息安全科（the Department for the Security of Information），它的希伯来文缩写是 Malmab，意思就是国防部里的安全监督员（the Supervisor of Security）。

本来以色列的信息安全问题由国防部某机构中的一个小组来负责，同时还需要以色列安全总局（General Security Services）的协助，国防部长佩雷斯和执行总裁伊罗尼觉得，这样一个小机构不足以完成这么重大的任务。于是委托我，起草一个未来信息安全部门的方案。两个人对于这一机构中的人员组成是军人还是平民都没有什么意见，而且他们也不知道我们家已经添丁进口。在我妻子住院的三天里，我进行了一系列的调查，为最终方案的报告准备好了材料，妻子出院回家后，由她的妈妈来照顾她和女儿，而我带着两个大孩子来到了耶律撒冷。周六那一天，我在一家安静的酒店里写完了那份报告，然后在周日上交给了国防部长和执行总裁。几天后，信息安全科正式成立，而哈依姆·卡尔蒙（Chaim Carmon）是这一部门的第一任主管。

我在研发所的最后岁月

古尔刚当上总参谋长之后，在我们的第一次例行工作会议上，他问我还打算在研发所所长这个位置上待多久，我告诉他大约一年出头。听到我这样回答，他说："好得很，这我们就没有什么好担心的了。"可是几个月后，古尔又提出了同样的问题，那是在一次与总参谋长进行的私人会议上，讨论的主题是研发所的地面部队部门主管约书亚·罗森（Yehoshua Rozen）。塔尔要求我们解除罗森在研究所的职位，然后去塔尔刚刚建立的信息安全科去工作。这是他在离开国防军进入国防部后新成立的机构。在总指挥官司令部（GOC Army Headquarters）成立之前，研发所的地面部门统筹负责陆军的武器研发，它与总参谋部的行动处职责很像。塔尔知道我对他的很多做法都不是很买账，因此他想找到一个他能够镇住的人来担任自己的手下。罗森很清楚他现在负责的部门，比其他部门都显得更为重要一些。塔尔想建立一个完全由自己负责的装甲车研究机构。同时他也想把 IMI 的炮兵火箭项目置于自己的麾下。这就未免和我们研发所的职责有些冲突，我不想失去像罗森这样的优秀人才，所以当塔尔来跟我谈这件事的时候，我的态度很坚决，可是罗森更喜欢去塔尔那边。于是我去找总参谋长，他的态度让我又惊又喜，喜的是他也支持我的意见，惊的是他对塔尔竟然也有那么大意见。他跟我说，你就让塔尔死了这条心吧。国防军不能失去像罗森这样的人才。我大致可以猜到，总参谋长反应如此激烈的原因。他对塔尔确实没有什么好感。他感觉"你自己离开国防军还不算，还想带着我们这么优秀的人才，没门"。当然不管怎样，我倒是如愿以偿了。

不过古尔后来说的话更让我吃惊："下次应该谈一谈你自己了。"我不知道他要说些什么，但我大概知道应该是关于我的职位变动。

最终这次谈话是在医院里进行的。古尔当过空降兵，而空降兵一般都会有背痛的毛病，他当时正在医院里接受牵引之类的治疗。不出我所料，他这次跟我谈的确实是我的职位变动。从他的口气中，我感觉到他给我的只是一些建议，而最终的决定还是要有我来做。他问我还愿不愿意去指挥部队，当时作为曾经的空降兵，在我晋升的过程中，都需要接受一个装甲师的指挥权。但是我对此确实没有什么兴趣。古尔却说我指挥军队还是有必要的。现在我的主要任务是，晋升到少将军衔，为此我要么去指挥军队，要么待在总参谋部，后者的时间跨度会短一些。古尔说，要是我不想去指挥军队，那可以去担任行政处的副处长，这也是晋升到少将的普遍路径。他提议让首席电子通讯专员什洛莫·因巴尔（Shlomo Inbar）准将，接替我的职务。他之所以给我这样的建议，主要是因为他没有权力给研发所所长授予少将军衔。他曾经给地方部队的一名参谋人员授予了少将军衔，发了不少的麻烦，所以他就不想冒这个险了。

这件事一直也没有一个结果，就这样拖了几个月。突然间事情起了变化，有一天什劳莫·因巴尔突然问我，近期会不会离开研发所。总参谋长已经给他说了，等我走后这个职务大家可以来竞争。而他想尽早证实一下这个消息。我跟他说现在我还无可奉告。过了几天我准备去非洲某国，去待两周。我找古尔去道别，古尔给我说关于因巴尔，古尔感觉因巴尔是个人才，应该留在国防军内。为此古尔想把因巴尔提升为准将，因巴尔和我有一样的想法，他也不想去指挥军队，就算是少将军衔也没有办法吸引他。他唯一想当的就是研发所所长，这一切的起因是因为政府部门有意让因巴尔担任通讯部的执行总裁，而古尔不想放手。

古尔的计划是让因巴尔代替我所长的位置，而我在他眼中也是正值壮年，可堪大任，他想给我一个很重要的职务。我问他我能在国防军中找到适合我的职位吗？他说："看看我，我曾经也指挥过一个装甲师作为晋升的阶梯，不用太长时间"。我当时没有做任何决定只是答应再考虑考虑。离开他办公室的时候，我的心情有些沉重，本来去那个非洲国家参加的不是什么特别正式的会议，因此我会带着妻子一起去，弥补我们结婚时没有度蜜月的缺憾，可现在又碰上了职位调动这样的烦心事，实在让我高兴不起来。两周后我又回到了国内，在与古尔会面前，我把整个情况又思考了一番，本来我对自己能力很有信心，可经古尔这样一折腾，我又有些信心不足了。为了晋升我确实应该换一个工作，但我实在不愿意指挥军队了。

我想尽快见到佩雷斯，于是我借汇报之名和他谈了一次，听我说过古尔的计划之后，佩雷斯的表情让我相信他这也是第一次听到这件事。然后他安慰我说："你不想离开研发所，没问题你不用担心，我也不想让你离开。"离开他的办公室后，他的军事秘书阿里耶·巴龙（Arieh Bar-On）准将，拦住我说这事不像佩雷斯说得这么轻松，要是总参谋长下定决心做什么事，连国防部长都拦不住。我不希望他说的是真的，但事实证明，他确实很有先见之明。

手足无措的时候，我想到了哈依姆·以色里，他在国防部里消息最为灵通。他跟我说："要是古尔真的想让你离开，你最好不要反抗，而是乖乖地顺从，同时想尽办法跟他讨价还价，让他尽量弥补离职给你带来的损失。"以色里一直以料事如神著称，这一次他的智慧又得到了证明，没过几天国防部长和总参谋长一起找我，来商量我的工作问题。

没有太多寒暄，我们直奔主题，我对两位说中场换帅是大忌，研发所正处于上升期。古尔和佩雷斯事先商议过这件事，所以我大致能看出这次讨论的动向。就是在这次会议上，佩雷斯告诉我，总理拉宾打算任命我一个新职位，但他没说具体是什么。会谈结束后，古尔离开了办公室，而佩雷斯却喊住了我，他跟我说拉宾想让你当 IAEC 的主管，这个位置非常重要，你在这个位置上可以干到退休。我终于明白一切都已经确定了，现在我要考虑的是如何在两个职位间平稳过渡。

第十一章

以色列核能委员会

总理接见

1975年9月,以法莲·普兰(Ephraim Poran)准将(当时他是总理的军事秘书)来找我,要求我抽出时间来安排一次与总理拉宾的会面,地点就在总理办公室。我当然没有理由拒绝,只是很好奇:总理找我会有什么事呢?一到他的办公室,拉宾就开门见山地说:"乌兹。有人推举你来负责管理核能委员会。怎么样?能不能胜任?"以前我听佩雷斯提起过这件事,但事出突然,我一时间不知道该说什么。回过神来以后,我说:原则上我当然愿意,只是现在我还不能明确地答应,因为我需要先向相关人士咨询一下。另外,这是一项专业性很强的工作,而系统学习核能物理也需要一些时间。拉宾对于我这种稳健的回答方式很满意,告诉我可以回去仔细考虑一下。

离开总理办公室的时候,我心情一片大好。不管最终我是否接受这一任命,但这至少证明总理很相信我。但我也很担心,怕自己没有能力承担这么大的责任。我把自己的这种担心告诉了普兰准将,他安慰我说,总理不会看错人,现在这个任命已经基本定型。

后来我听说,现任委员会总干事沙赫维·福莱尔(Shalhevet Freier)是由前总理果尔达·梅厄任命的,他和拉宾及佩雷斯的关系都很僵。

核能委员会的名誉主席是总理本人,但这只是一个行政职务。真正负责委员会具体事务的是总干事。

我把需要去咨询的人员列了一个名单，其中包括：以色列·多斯托夫斯基教授、丹·多尔科夫斯基（Dan Tolkovsky）少将、萨迪亚·阿米尔（Saadia Amiel）教授和尤瓦尔·尼曼（Yuval Ne'eman）教授。我与多斯托夫斯基教授私交甚好，他曾经担任过核能委员会的总干事，而现在则是威茨曼研究院的院长。他是一位出色的物理学家，在核能物理界很有声誉。当时，在维也纳有一个国际核能机构，他就曾担任过机构总干事的顾问委员会的成员。我很快就见到了他，把拉宾的话原原本本对他说了一遍。他透过厚厚的镜片一直盯着我，眼神中充满智慧，有些严肃，又有些惊奇。听我说完后，他鼓励我：你能干好，别害怕。"你的学习能力很强，这我知道。核能物理没有想象的那么可怕。而且你不用再学习关于管理的知识，因为这些你都驾轻就熟了。"

丹·多尔科夫斯基少将曾经是空军总指挥官，他现在已经不再担任公职，但是我知道他曾经也曾考虑过是否负责管理核能委员会。我亲自去向他请教。他同样给了我很多实实在在的建议，这让我信心大增。

我选择萨迪亚·阿米尔教授作为我在核物理方面的导师。他是那哈尔·索里克核能研究中心（Nahal Sorek Nuclear Research Center）的一个部门主管，而且还在特拉维夫大学授课。在佩雷斯成为国防部长之后，他选择阿米尔教授作为他的科技顾问，这足以证明这位教授的权威性，这也是我选他作为导师的主要原因。

尤瓦尔·尼曼教授曾经是那哈尔·索里克核能研究中心的主管，而且在核物理界也是响当当的人物。自从结识后，我们两个人的关系十分融洽，这种关系一直持续到 2006 年他去世。1961 年，他开始担任那哈尔·索里克核能研究中心的主管，当时他已经是享有国际声誉的核物理学家。我们刚开始互相认识的时候，他还是特拉维夫大学的校长，而在他成为佩雷斯的顾问后，我们的关系变得更为亲密。我们共同参与了第二次"寻宝行动"，就是在赎罪日战争后继续向美国申请高科技武器。他在核物理学界的贡献主要在于对 Ω 负离子的研究，但这一成果却没有为他赢得诺贝尔奖，这成为他一生的痛处。也许正是由于这个原因，他才决定更多地参与到政治事务中来，以冲淡科研为他带来的打击。

当时我还有机会与《国土报》（Haaretz）报的资深军备记者泽埃夫·希夫（Ze'ev Schiff）进行了几次会面。1973年9月我开始担任研发所负责人时，泽埃夫·希夫曾经采访过我，现在我要离开这一职位了，他又受命对我进行采访。我们两人一见如故，相谈甚欢。其中，我们都认为：我可以充分利用两个职位之间相互交接的这段时间来弥补自己在学术方面的知识欠缺。

很快，我再次找到了总理，正式答应担任这一职务，并与他商讨相关的安排。谈话期间，我提出能否允许我在辞去研发所所长的职务后能够有一段短暂的休假时间，这样我就可以恶补一下自己的核物理知识，拉宾很爽快地答应了。我还告诉拉宾，我想去特拉维夫大学任教，拉宾也答应了这一要求，而且还给了我另一个头衔——总理的能源事务顾问。当时正在闹石油危机。阿拉伯主要产油国一直决定将每月的石油生产量降低5%，以逼迫以色列归还六日战争时占去的阿拉伯领土。最大的石油输出国沙特阿拉伯更是将产油量降低了10%。油价从1972年的每桶2美元涨到了1973年的3美元，1974年涨到了10美元，而到了20世纪70年代末，更是扶摇直上，一下子蹿升到了36美元。

我很快发现，周围的环境已经发生了很大变化。我在萨罗纳（Sarona）有了一间十分宽敞的办公室，有了自己的私人秘书，一辆专门为我准备的公务用车，还有专职司机。我决定先去位于耶路撒冷的希伯来大学做助教或者讲师，借机学习生产管理知识，同时结合我以前在咨询公司工作的经历，完善自己在这方面的知识体系，然后再去特拉维夫大学的工商管理学院任教。

我还在特拉维夫大学主持一个有关的研发项目管理的研修班，专门培训工业及其他领域的资深经理人。

上任前的短暂休假

跟萨迪亚·阿米尔教授学习核物理简直就是一种享受。我从小就喜欢这门课，只是没有时间深入学习，现在有了机会，自然是如饥似渴，而且教授的渊博学识和教学方法都很合我的胃口。学习期间，我还有机会出访欧美，与知名的能源研究机构建立联系。我的名片上印着"总理顾问"几个大字，这仿佛是一块敲门砖，为我敲开了本来会紧锁着的大门。而且当时这是石油危机闹得最凶的时候，这也让我更容易接近这些正在拼命开发新能源的机构。美国政府已经决定斥巨资进行新的替代能源的开发。这样，欧美及以色列才能够不受制于阿拉伯的产油国。我还参观了一些地热研究机构，知道了现在这一技术所面临的困境。

在美国，我国驻华盛顿大使馆的科技顾问为我安排了一系列的参观与会谈，其中，最让我印象深刻的是与史蒂芬·温伯格（Steven Weinberg）教授的会面。这位教授1979年获得了诺贝尔物理学奖。在与他会面前，我阅读了大量关于量子理论和强弱作用力的文章。

温伯格教授个子不高，说话轻声细语的，看起来不像是一名科学家，倒像是一个梦游者。他在专业领域的贡献自不必说，除此之外，他还十分关心时事，而且特别健谈。我们谈到了石油危机以及各种可能的解决办法。他确信，在新能源开发方面，美国将会引领世界潮流，只是这要等到美国将此变为国家政策的一部分，就像在二战时加紧研制核武器一样。

阿卜杜勒·萨拉姆（Abdus Salam）出生在巴基斯坦旁遮普省的章县（Jhang），他与史蒂芬·温伯格共同分享了1979年的诺贝尔物理学奖。14岁时，他从高中以优异的成绩毕业，并获得了去旁遮普大学学习的奖学金。四年后，他又获得了去英国剑桥大学圣乔治学院留学的奖学金，在那里学习数学和物理。1951年，他在剑桥获得了物理学博士学位。他的博士论文是量子电动力学的奠基之作，有着划时代的意义。作为尤瓦尔·尼曼的导师，他帮助尼曼创立了原子理论。1964年，尼曼发现了 Ω 负离子。而在千里之外的美国，犹太教授莫里·盖尔曼（Murray Gell-Mann）正在苦苦研究一种他称之为"夸克"的微粒子。结果，莫里·盖尔曼在1969年获得了诺贝尔物理学奖，而阿卜杜勒·萨拉姆1979年同样获奖。只有尼曼与诺奖擦肩而过，这成了他一生的痛处。

阿卜杜勒·萨拉姆一直在英国从事科研工作。但是，他并没有忘记他的祖国巴基斯坦，从1961年到1974年，他一直是巴基斯坦核能委员会成员，而且还担任巴基斯坦总统的科技顾问。巴基斯坦培养出了一批优秀的核能物理学家，他们在国内建立了很多核能发电站。在这段时间里，巴基斯坦也研制出了一种核武器，但是在这一过程中，一位在欧洲留学后又回到巴基斯坦的科学家发挥了最为重要的作用，他的名字叫卡迪尔（Abdul Qadeer Khan）。他从欧洲带来了铀浓缩所必需的离心机的关键知识与技术。此后，他就成了巴基斯坦的首席核武器专家，但在同时，他也参与了向其他国家出售核机密的活动，而巴基斯坦政府对此一直睁一只眼闭一只眼。

与卡迪尔不同，萨拉姆用另一种方式影响了整个核能物理界。1964年，他在意大利的德里亚斯特（Trieste）成立了国际理论物理中心（International Center for Theoretical Physics，简称ICTP）。他建立这个中心的目的是为发展中国家的优秀年轻人提供学习和科研的机会。我对于他充满了敬意，于是在维也纳举办的一次国际核能理事会（IAEA）会议后，我终于鼓起勇气去拜访了这位教授。由于是要见大人物，所以我的心里总是不踏实，总是怕他会用原子物理学来难为一下我，于是提前几周开始准备，几乎读遍了他所出版的各种文章和书籍。真正见到他之后，才发现人家根本不会问我这些专业问题。这位教授留着浓密的花白胡子，带着厚厚的黑框眼镜，他看我的眼神总是像在问："这个以色列人胆子真是不小，竟然敢来参观我的中心。"

一路参观下来，最让人激动的自然是洛斯阿拉莫斯（Los Alamos）国家实验室。在此之前，我们还参观了橡树岭（Oak Ridge）实验室，这里就是在曼哈顿计划中铀浓缩的地方。当时美国的核能研究实验室已经接受了国家能源部的资助，正在向非核能方向转化，整个核能物理界也对寻找替代能源很有兴趣。在我参观洛斯阿拉莫斯的过程中，寻找替代能源也是各种展示活动的焦点，其中最常被提起的是地热和太阳能。我满怀敬意地走进了这个把守严密，而且充满了神秘色彩的实验室。

坐在待客厅的火炉旁，我似乎可以想象到奥本海默与爱德华·泰勒交谈的情景。两人都是犹太人，但说话方式却大相径庭。奥本海默谈吐自如，嗓音柔和，极富音韵感，而爱德华·泰勒声音刺耳，还有着浓重的匈牙利口音。奥本海默出生于纽约富裕的犹太人社区，从小就聪明过人，思路开阔，对于很多事情都有自己独到的见解。他知道"曼哈顿计划"一定要着眼于可行性，不管是在理论方面还是实际操作方面。项目组中存在很多争论，比如，应该使用哪种可裂变物质，是铀235还是钚，以及这种武器内部应该是什么结构，等等。泰勒于1935年由匈牙利飞到美国。他已经在头脑中有了一个比奥本海默的核弹威力更为巨大的武器，因此他极力争取发展这种武器。

奥本海默的核弹基于核裂变理论，就是我们知道的原子弹。而泰勒的核弹基于核聚变理论，就是氢弹。两者都可以释放出巨大的能量，但氢弹确实比原子弹的威力要大得多。

在我参观实验室期间，负责保安的官员一直严密监视着我的行踪，唯恐我闯进任何军事禁区。

在这里，我遇到了另一位温伯格博士——阿尔文·温伯格（Alvin Weinberg）。他曾长期担任这里的科研主管，1973年时已经退休。在他担任位于橡树岭的能源分析研究院（Energy Analysis Institute）主管期间，他就已经开始关注二氧化碳排放对于环境的巨大污染。在当天的谈话中，我们谈到了他在创建核电站的过程中所发挥的作用，以及他与美籍犹太海军上将海曼·李克弗（Hyman Rickover）在建造核潜艇方面的合作情况。据他描述，那段经历简直让他"毛骨悚然"。他说："与这位将军合作，就像是去游乐场，一不小心上了过山车，而且就算想下也下不来。"尽管他们的合作由于种种原因最后无果而终，但是两个人却建立了稳固的私人关系，这为他们今后的合作打下了基础。

第十一章　　以色列核能委员会　　<<<<<　　183

温伯格博士回忆了自己在退休前曾参与过的多个与核反应堆相关的项目。他还参加过一个水反应堆项目，那是利用热水的热能来发电，他曾经领导过一个小组来从事这一研究。

位于芝加哥大学的芝加哥第一反应堆（Chicago Pile-1）就是在温伯格博士的理论指导和严密监视下建立起来的，他特别强调安全性问题。几年后，核能产业的一些大佬和国会中的一些人合力把他从橡树岭实验室赶了出去，因为他们认为博士这种过于注重安全的运作原则阻碍了他们获取更大的经济利益。

在这么长时间的出国考察期间，我一直保持了每天做笔记的习惯，所以等到我回国时，我有着厚厚一沓笔记本，上面密密麻麻地记满了各种与核能发展相关的内容。当时只是粗略地记下来，留待事后慢慢消化。在这一过程中，我也意识到核能产业是一个多面体，其中有太多的问题值得讨论与深思。总体而言，这次的出访还是让我增强了自信心，我认为我可以在委员会主管的位置上发挥自己最佳的作用。

赫尔佐格总统视察迪莫那核能研究中心

在准备就职期间，我多次与委员会的高级管理人员举行会议，其中还包括位于那哈尔·索里克和迪莫那（Dimona）的核能研究中心的工作人员。这些管理人员在创建两个研究中心的过程中都发挥了很重要的作用，所以我很珍视他们所说的每一句话。

会议期间，我逐渐开始了解这些官员。他们大多都是专业人士，而且在这个领域已经有了相当的建树。由于他们的引导，我才逐渐走进了核能物理研究这个较为封闭的小圈子。我第一次体会到了他们在这样一个封闭环境中的孤独感。这个领域基本不为外界所知，而且发表论文也比较困难。我当时就想，上任后一定要努力打破这种封闭局面。

沙赫维·福莱尔

在就职前，我与委员会的前任总干事沙赫维·福莱尔（Shalhevet Freier）见过几次面，而且还见到了他的助手——副总干事大卫·佩雷格（David Peleg）。在我就任总干事后，大卫·佩雷格依然是副总干事。福莱尔性格开朗，机敏过人。他有着在欧洲的教育背景。在我就任的第一天，一走进办公室，就看到桌子上有一个很精致的陶瓷花瓶，里面插着一朵玫瑰。玫瑰上有一张小纸条，上面写着："乌兹，祝你成功！"当时我真是如释重负，心花怒放，之前的紧张情绪一扫而光。福莱尔之体贴由此可见一斑。

沙赫维·福莱尔1920年生于德国，他的父亲是一名犹太拉比，母亲是二战时期犹太自救组织"青年阿利亚"的创始人。移居巴勒斯坦一年后，他就加入了英国军队。他后来专攻数学。1956年至1959年间，他担任以色列驻巴黎的领事馆的科技顾问，为法以科技交流做出了突出贡献。

就任总干事期间，他组织了一个科研团队，为IAEC制定了研究与发展策略，并在一些具体问题上做出了非常适当的决定。我曾参加过他组织的一次会议，在会上，他鼓励每一个与会者积极发言，大家也的确非常踊跃，而他能够倾听别人的意见，同时在最后关头做出最为适当的选择。他一直是一个单身汉，但是身边却不缺女人，这些女人都为他的英俊所倾倒。他知道什么时候该甜言蜜语，什么时候该送上鲜花，一切都是那么恰到好处。他总是喜欢让自己那有些花白的头发扫过前额，所以，尽管已经年纪一大把，他却总有一点儿像是喜欢调皮捣蛋的年轻人。事实上，他确实喜欢开一些类似年轻人的玩笑。我很快就决定聘请他做我们的顾问。我知道他的意见对我来说会多么有帮助。而且他对于委员会的热爱也是别人不能比拟的。他答应做委员会顾问小组的组长，这就保证了我在对外关系和核能发展方面有了可靠的咨询团队。

核电站

核能研究中最重要的一个课题是如何充分利用核能。控制核裂变的技术是由两位移民美国的科学家在二战初期共同研究出来的。他们是来自意大利的恩里科·费尔米（Enrico Fermi）和来自匈牙利的利奥·西拉德（Leo Szilard）。世界上第一个能够控制裂变过程的反应堆建在芝加哥，但后来"曼哈顿计划"开始实施后，这一反应堆就成了其组成部分，专门为整个工程生产钚。科学家们发现，我们日常生活中用的水就可以有效地控制中子的运动。后来发现，重水的效果要更好一些，于是加拿大人用重水作为缓和剂生产了加拿大重水铀（CANDU）反应堆。

在实施"曼哈顿计划"的过程中，美国人研究出了如何利用两种可裂变元素来生产核武器。原子弹是利用铀和钚等较容易裂变的重原子核在核裂变瞬间发出巨大能量的原理而发生爆炸的。铀-235和钚-239此类重原子核在中子的轰击后，通常会分裂变成2个中等质量的核，同时再放出2-3个中子和200兆电子伏特能量。在裂变中放出的中子，一些在裂变系统中损耗了，而一些则继续进行重核裂变（继续轰击重原子核）反应。只要在每一次的核裂变中所裂变出的中子数平均多余一个（即中子的增值系数大于1），核裂变就可继续进行。

二战后，美国的核能研究出现了明显的分化：一方面，他们还要继续利用核能制造尖端武器，这就是冷战时期与苏联所进行的疯狂的军备竞赛中的一部分（同时，英国、法国和中国也开始研制核武器）；另一方面，也有些科学家开始尝试将核能转化为民用。1957年，第一座商用核反应堆出现在了宾夕法尼亚州，而几乎在同时，苏联也掌握了将核能民用化的技术。

同年，联合国下属的IAEA在维也纳成立。直到今天，军用与民用依然是核能发展的两大方向。

在我成为委员会总干事的时候，IAEC已经开始着手为建立核能发电站做准备，相应的组织架构也已基本形成。与我们合作的是以色列电力公司，他们已经抽掉了一支专业团队来与我们对接。

现在距离1973年的石油危机已有四年时间，当时轰轰烈烈的替代能源开发已经开始退潮。在美国，当政府准备建立核电站时，有民众开始质疑其价值，因为建立一个核电站的花费是很高的。不过，美国电力的两大巨头——西屋电气和通用电气——却都瞄准了核能发电这一领域，两者开始了激烈的市场竞争。有两个国家在当年的石油危机中受伤最重，它们就是法国和日本，两国决定将核能发电这一项目继续发展下去。它们的这一政策至今没变。现在，核能发电占法国总发电量的80%，在日本占30%。有三家公司向我们提出了申请，希望能够合作在以色列建设核电站，其中两家是美国公司，就是我们刚刚提到的西屋电气和通用电气，还有一家是法国公司——法莫通（Framatom）。

提到核电站，就不能不提到一位关键人物——人称"核潜艇之父"的海曼·里科弗（Hyman Rickover）海军上将。海曼·里科弗也是犹太人，他出生在波兰，20世纪初从波兰移民美国。这位将军聪明绝顶，志向远大。他性格直爽，心直口快，别人提出的各种拙劣或者平庸的观点都会被他马上批得体无完肤。二战期间，他被任命管理美国海军船舶局的电力部门。他有着多年的海上作战经验，不管是在海面还是水下，同时他又具备丰富的技术知识，对于高新技术有着特别的敏感。

1946年，美国政府决定利用核能进行发电。海曼·里科弗与橡树岭实验室研究主管温伯格博士合作，研制出了压水反应堆，开始为潜艇和航空母舰提供能源。

有两项工程采用了压水反应堆的原理——核潜艇和名为西平港电站（Shippingport Power Station）的发电反应堆。海曼·里科弗是两项工程的总主管，他管理项目的方式可谓严苛。任何一个细节都必须完全符合他的要求。

五年后，也就是1954年，这一工程在宾夕法尼亚州的西平港完成，这成为世界上第一座核能发电站。几乎同一时期，第一艘核动力潜艇下水，这艘潜艇被称作鹦鹉螺（Nautilus）号。在完成这一任务后，海曼·里科弗被授予了上将军衔。

80年代初期的某一年，IAEC邀请海曼·里科弗来到了以色列。我们召集了委员会里的主要成员以及那哈尔·索里克研究中心的人员来欢迎这位老将军。当时老将军已经82岁，但却依然思维敏捷，精力充沛。仪式正在进行，他突然开始厉声斥责他的贴身警卫："我没跟你说过？绝对不能浪费电力资源！"原来，通往会议室的霓虹灯都在开着，老将军看不过去了。可怜的警卫只好跑过去一盏一盏去把灯关掉，这时老将军才开始有了笑容。这既体现了老将军的节电理念，也充分证明了他那暴君一样的行事风格。当然，这只是一个小插曲，后来将军为我们做了一场关于核反应堆历史的精彩演讲。

在建造核反应堆的准备阶段，最重要的问题就是选址。大家都知道2011年日本福岛核电站发生的泄漏事故，主因就是地震。我们曾考虑过尼扎尼姆海滩（Nitzanim Beach），这里靠近地中海，便于在紧急情况时用海水来冷却反应堆。但经过更为深入的研究，我们最终放弃了这一海岸地区，而是将注意力集中在了内盖夫沙漠西部地区。在靠近什夫塔（Shivta）的地区，我们找到了一个完全符合安全要求的地区。

还有一项重要的准备工作，那就争得政府同意，确立基本原则。有很多问题需要经过讨论与论证，其中最重要的是财政预算、与美国公司的谈判以及安全问题。总理拉宾同意先把这件事提请政府商议，于是我们又忙着与电力公司合作准备在政府听证会上的发言。当时的外交部长是伊戈尔·阿龙（Yigal Alon），而财政部长是约书亚·拉比诺维奇（Yehoshua Rabinovich）。巴列夫当上了工商部长，同时负责以色列电力公司的上层管理。

我本以为只要把事情说清楚，就可以赢得大多数部长们的支持，事后证明，我这样的想法极其幼稚。之所以会有这样的信心，是因为我觉得几年前的石油危机距离现在还不是很遥远，这些高官能够意识到新型替代能源的重要性。总理拉宾当然比较支持这一提议，他希望能够尽快将准备工作推进到第二阶段，巴列夫也支持从美国购买相关技术。而外交部部长阿龙却极力反对，这让我们很是奇怪。他之所以有这样的态度，主要是出于外交方面的考虑。当时，以色列没有签署《核不扩散条约》（Nuclear Non-Proliferation Treaty，简称 NPT），而如果我们从美国购买了核电站技术，国际社会势必会要求我们签署这一条约。

作为国家钱袋子的掌管人，财政部长拉比诺维奇在讲话中主要从经济负担方面分析了购买核电站技术的利与弊，他的分析极为复杂，但最终的结论却让我们无法辩驳。不过，他的分析中也有很多问题。比如，他根本没有提到使用过程中的维修费用。修建核电站当然耗资巨大，但后期的维护费用从长远来看比用矿石燃料的要低很多。会议结束时，拉宾并没有给出明确的结论，这依然需要多方论证。但我们知道，要想将修建核电站的计划付诸实施，我们还要付出巨大的努力。现在的主要问题是如何说动财政部那些精于计算的人们。

我们很快与美国核能管理委员会（Nuclear Regulatory Commission，简称 NRC）建立了联系，他们很愿意与我们分享在过去 20 年里所积累的经验。我们起草了一份以美合作协议，1979 年，我带着一批核安全官员飞往华盛顿去参加签字仪式。我们知道美国希望与以色列在利用核能方面进行合作，但他们也非常强调核安全。我想，他们有可能会要求我们签署《核不扩散条约》。我们拒绝签署《核不扩散条约》，一直到今天都是如此。这主要是由于我们国家所面临的严峻的周边局势。

在美国签署协议期间，命运和我开了一个大大的玩笑。

就在签署协议那一天，位于宾夕法尼亚州的三里岛（Three Mile Island）核电站的一个反应堆出现了故障。美国人通知我们他们正在处理故障，而我们也在不断跟踪事态的最新进展。

一开始确实比较吓人。有一架直升机载着测试核辐射的设备从出事地点飞过，测量结果表明辐射强度已经超出了正常值。事后才知道当时测量有误，但在当时，宾州州长与核能管理委员会的一些顾问人员在他的办公室里已经开始采取一些必要的措施。州长下令紧急疏散核电站周围8英里范围内的居民，总共有25000人。媒体更是推波助澜，在接到测量结果有误这样的信息后，他们没有及时通知民众，而是继续散布恐怖信息。他们拍摄了疏散民众惊慌的神色，让其他各州的人们相信：一场核灾难就在眼前。

后来，NRC的主管决定带我们去出事地点参观一下，这让我们大吃一惊。我们没有想到美国人会这么信赖我们。在驶向出事地点的途中，一直有几辆车在跟随者我们，到达那里后，发现那里已经完全对外界关闭。我们在受损的反应堆附近稍作停留，又从外面参观了整个反应堆的结构，还有涡轮机和水冷却塔。全程我们都要待在车上，不允许下车。后来，我们来到了一座办公楼，工作人员开始向我们详细讲解事故发生的各个阶段。现在还无法得出具体结论，但是他们依然把整个事态解释得非常清楚。

多年后，当我已经从IAEC总干事退下来以后，我和妻子有一次出访乌克兰，我忽然想到了当年在三里岛的这次事件。于是我坚持要求去切尔诺贝利核电站纪念馆去参观。参观后我发现，苏联的核反应堆与西方的标准大不相同，这才导致了他们的反应堆温度过高，最终造成了爆炸。爆炸造成的大火将大量放射性物质推送了出去，影响了周围几十平方公里的土地与人口。

尽管有这样的风险，我们还是没有放弃建立核电站的努力。现在贝京当上了总理，我们把在此期间所做的一切准备工作都向他做了汇报。我们与美国电力公司的谈判依然在继续，而我们关于选址的考察也没有终止，最终我们选定了内盖夫沙漠北部的一个地方。由于我们已经和美国政府签署了合作协议，所以美国公司对我们十分信赖，各项工作进展都很顺利。

但是，我们现在面临的最大问题是：政府不想签署《核不扩散条约》。我们很想能够打破这一局面，因为如果能够保证和平利用核能，那么我们会更容易取得相关技术。在1974年的联合国大会上，联合国呼吁所有中东国家都签署《核不扩散条约》，以实现整个中东地区的无核化。当时，在南美也有一个类似的协议，基本上所有的拉丁美洲国家都在墨西哥城的特拉特洛尔科（Tlatelolco）签订了《拉丁美洲无核区条约》（Latin American Nuclear Free Zone Treaty）。而在南太平洋地区和东南亚地区也有类似的条约和协商。

考虑到这些，我让福莱尔和一个外交事务小组起草了一份声明草案，准备在联合国大会上宣读，内容是以色列支持使中东成为无核区的一切努力。当然，声明最后，我们强调了以色列情况特殊，中东局势对于以色列多么不利，等等。这份声明只有一页纸，可福莱尔却润色了很长时间，以确保每句话都无懈可击。我们知道新任外交部部长伊扎克·沙米尔（Yitzhak Shamir）马上要去纽约参加联合国大会，于是准备把这份声明草案请他过目。通过外交部干事大卫·金驰（David Kimchi）的帮助，我们见到了部长，把草案递到了他手里。出乎意料的是，部长完全不喜欢这个想法，而且也不想听我们解释。他劈头盖脸地说："现在的情况有那么糟糕吗？干嘛再给自己增加压力？"

从部长办公室出来时，我们都有些灰心，但却没有放弃这个想法。当时我每周都可以与总理见上一面。既然事已至此，我们也没什么可犹豫的，于是我直接找到了贝京总理。一般与总理会面时，他会一直斜靠在椅子上，而我就坐在他对面，身边是他的军务秘书。这次，我们是在总理办公室的休息区会面的，这说明他当时比较放松，也更有可能听得进我的话。整个会谈持续了一小时，我充分利用时间，将支持中东无核化的各种理由都罗列了出来。我先大致提到了全球无核化的进程，从1974年的联合国决议，到南美无核条约的签署，以及后来可能会签署类似协议的地区：南太平洋和东南亚。

"欧洲的情况怎么样？还有，我们这边儿呢？"贝京问。

"在欧洲，所有国家都已经签署了《核不扩散条约》，因此没有必要再签署类似的协议了。现在我要和您谈的就是我们中东地区。"

我把声明草案递给总理，然后开始解释如果在联合国大会上宣读对我们会有什么好处。我还把外交部部长对此的态度一并告诉了总理。

透过他那标志性的黑框眼镜，我能看到他脸上表情的细微变化。我感觉，他已经被我说服了。他又向我提了两个问题，我都一一作了解答。随后，贝京长时间地沉默，而这种沉默对我来说就是一种煎熬。"普兰，"终于，贝京说话了，"给我接外交部长的电话。"还没等部长解释，贝京斩钉截铁地说："伊扎克，宣读这个声明对我们没有坏处，希望你能不负我们的重托。"沙米尔没说什么，不久我们就在新闻中听到了他宣读声明的实况。

当时我无论如何想不到，在以后30多年的时间里，这份声明一直在保护着我们，沙米尔所害怕的情况根本没有出现。

贝京支持建造核电站。他不断询问我们关于建造进度的问题。有一天，我正在办公室里忙活着，总理的军务秘书普兰打来了电话。"总理想跟你通话。"马上，贝京的声音传了过来。

"乌兹，好消息！"他的声音里充满了兴奋，"我刚刚和法国总统密特朗通过电话，他答应卖给我们两个核反应堆用于发电！你明天就去法国办理相关手续！"

事情来得太突然了，我完全没有准备，于是我说："总理，这么重大的事务需要先与相关部门接洽，等一切通道打开后我才能飞去法国。"

可贝京完全不想耽搁："不行！我好不容易和密特朗谈好，这种事儿不能耽搁，怕的是日久生变。"

于是我答应贝京尽快处理这件事情，随后马上联系了位于巴黎的法国总统办公室、法国外交部以及CEA（法国核能与其他替代能源委员会），更为重要的是，我们联系上了法莫通公司，这是法国主要的核反应堆生产商，他们会不断向政府部门施压，争取尽快完成这笔交易。IAEC与以色列电力公司共同组成了一个考察团，我担任了这个团的团长，飞到法国后，法莫通公司负责接待我们。由于提前与爱丽舍宫打了招呼，也由于法莫通急于促成这笔买卖，因此我们在法国受到了最高礼遇。一下飞机，我们就听取了一系列关于核技术方面的汇报，随后参观法国国家电力公司参与运营的核电厂，然后又参观了卢瓦尔工业公司（Creusot Loire），这是一家大型钢铁厂，他们生产大型钢铁外壳，而核反应堆就安放在这些外壳里。大家知道，我以前也是一名工业工程师，因此，一走进钢铁厂的厂房，我就被他们那现代化的生产线给迷住了，我在厂房里待了很长时间，久久不愿离去。他们在生产过程中对于安全性的严密监控确实是世界一流的。对我来说，电焊条的味道和切割金属的声音都仿佛有一种魔力。

参观完钢铁厂，国家电力公司的接待者又来到了我们身旁。天色已经黑了，但是我们双方都没有倦意，驱车走了很长一段路来到了他们的核电站。这个核电站位于波尔多地区，这里还以葡萄酒闻名于世界。

在参观核电站之前，我们恰好经过圣埃米利翁（Saint-Emilion）市，里面古老的建筑让我们大开眼界，这可以算是正餐前的甜点。布莱耶（Blayais）核电站位于波尔多市东侧，这里一共有4个反应堆，每个的发电能力都在900兆瓦左右（兆即百万），这个核电站已经正常运营了将近30年，从来没有发生过意外。我们参观期间，恰好有一个反应堆正在进行例行维护，于是我们得以更深入地了解了反应堆的内部结构，而这在平时是根本不可能的。

法国是一个崇尚设计的民族。他们的设计感充斥在每个角落，连最容易变得单调乏味的核反应堆都不会放过。当然，首先要保证安全，在此基础上，他们会竭尽所能使其外观变得精致而优雅。核电站经理充满自豪地向我们介绍他们反应堆的整体结构和最为核心的涡轮系统。他们对于安全监控的重视程度超出我们想象，所以，他们真的可以很有底气地说："法国的核电站是世界上最安全的。"

随后我们问到了一个关键问题：不管核电站建在哪儿，周围的居民都存在对于安全的种种担心，他们是如何消除民众对此的忧虑的。听到这里，经理微微一笑，指引我们朝一座设计精美的大型建筑走去，原来这是他们的游客中心。走近后才发现，里面人潮涌动，都是来参观核电站的法国百姓，既有成年人，也有少年儿童，有些游客是以家庭为单位一起来的。而当天并非休息日，这足以见得核电站管理者对此项工作之用心。游客中心里面有各种实景展示，讲解员在用通俗易懂的语言向公众介绍核电站内部的工作原理和流程。接待我们的工作人员强调，这种讲解和展示并不仅仅针对当地居民和媒体，他们会鼓励距离遥远的人们也来充分了解核电站的工作情况。这当然耗资巨大，但是不管是哪个层次的管理者都认为非常有必要。而且他们也坦率地承认，尽管有这样的展示与讲解，还是有不少人会进行各种示威和抗议活动，他们大部分是各种环保组织的成员，而且并非来自核电站附近地区。

我对于环保组织没有任何诋毁之意，但客观来看，他们很有必要好好了解一些核电站的工作原理，而不是只对于核能进行空泛的抵制。他们说的很多话完全没有技术含量，真的，这些话只能更为充分的暴露自己的无知。不管怎样，法国的政策非常值得称道，因为他对于公众没有任何隐瞒，为了摆脱对于石油的依赖，他们在理论与实践上都走在了世界前列。

后来，我还参观了克雷斯－马维尔（Creys-Malville）地区，这里建有一个快中子增殖反应堆。我了解到了他们在这方面取得的卓越成就，也知道他们现在面临的困局在哪里。这里的反应堆造型就像是一座现代风格的雕塑。最上面那个像洋葱一样的容器就是核反应发生的地方，而从上面延伸下来的冷却管就像是一条条血管一样充满了环境雕塑的感觉。但是，必须承认的是，冷却部分是这个反应堆的阿喀琉斯之踵，因为他们使用的冷却剂是液态钠，而这种东西对各种管子都有一定的腐蚀性。

内部的问题只是一个方面，外面的反对声浪也同样让他们挠头。1977年7月，六万反对者来到反应堆附近进行抗议活动。最终，液态钠的腐蚀没有造成太严重的后果，真正导致反应堆关闭的是来自社会党的若斯潘，他为了向绿党（Green Party）表示自己的政治诚意，做出了这样的决定。1996年，反应堆因维护的需要暂时关闭，此后就一直没有开启。

贝京在任期间没能看到以色列拥有核反应堆，而以色列的核能支持者也需要继续等待。1984年，佩雷斯第一次当上总理，他一直没有放弃修建核电站的计划。正是在密特朗第一次当法国总统期间，佩雷斯希望能够通过他们对于社会主义的一致态度，以及法以关系黄金时期的记忆能够帮助双方促成这次合作。但事与愿违，尽管技术问题基本都已解决，政治问题却成了最难清除的绊脚石。

在出访巴黎之前，佩雷斯要求我和他的团队一起前往。法国人知道怎么让他们的客人满意，于是把我们安置在巴尔扎克街一家非常舒适的宫殿里，这里距离香榭丽舍大道尽头的凯旋门不算太远。各种服务一应俱全，真正做到了无微不至。

法国政府的各位部长都来向佩雷斯致意，而我们也与当地的犹太社团领袖多次会面。这段时间，佩雷斯情绪高涨。在与密特朗会谈时，我们提出了关于购买反应堆的问题，尽管在大约3年前我们轰炸了法国资助伊拉克建立的奥斯拉克（Osirak）核反应堆，法国依然不计前嫌，愿意为我们开绿灯，当然这绿灯也是半开半闭。法国的核工业有着很高的生产能力，他们对我们提出的价格也很合理。正当我们欢欣鼓舞，准备庆祝时，坏消息传来：密特朗被迫接受外交部的意见，停止向我国销售反应堆的谈判。

我始终认为，以色列这次错失了拥有核电站的大好机会。油价不断上涨，温室气体造成的全球变暖，这些因素都使我坚信：以色列应该努力发展核电。现在，美国、英国、日本、中国和印度都在想方设法充分利用核能发电，而以色列却一座核电站也没有。内盖夫沙漠地区足够修建四座核电站，这就可以满足以色列国内大约一半的电力需求。

轰炸奥斯拉克核反应堆——收集信息，进行评估，做出决定

20世纪70年代初期，在伊拉克，阿拉伯复兴社会党（Baath Party）已经确立了统治地位，他们便开始有计划有步骤地购置核武器。他们提出要从法国购买一个石墨气冷反应堆，用以生产钚，同时还想要从铀中分离出钚的化学设备。法国人竟然答应了他们的要求，这真是让人大跌眼镜，就算是同情伊拉克的势力也应该好好考虑一下这样做的后果。

自从当上IAEC总干事后，我就开始密切关注伊拉克核武发展的一切消息。我们得知，伊拉克从1979年开始接触核能。他们采取的第一步措施是与苏联签订核能合作协议，随后在1963年在国内建立了一个苏联资助的用于研究的反应堆。到20世纪70年代末，位于阿尔-塔维塔（al-Tawita，在巴格达附近）的伊拉克核能基地已经有了两个核反应堆：一个来自苏联，装机容量在两兆瓦左右；另一个被称作伊西斯（Isis），来自法国，装机容量大约一兆瓦。两个都是真正的研究用反应堆，不可能发展成核武器，但是不可否认的是，对于核能物理的研究已经为伊拉克本国的科学家和工程师提供了丰富的相关知识和实践经验。

1974年，斯拉克成为法国总理，他们与伊拉克在核能方面的合作关系进一步升级。就在他在职期间，法国又为伊拉克提供了两个用于研究的"地狱判官"（Osiris）试验材料反应堆。这种反应堆能够帮助有较高研究水平的国家试验一些材料的辐射效果，从而为建立核电站做准备。法国人把这两个反应堆叫作奥斯拉克一号和奥斯拉克二号，而伊拉克人更喜欢称其为塔木兹（Tammuz），这是阿拉伯历法中的一个月，正是在这个月（Baath Party）开始上台执政。1979年，萨达姆·侯赛因成为伊拉克的独裁者，这时，塔木兹一号的建造已经接近尾声，同时，法国人在反应堆附近建立的实验室也已基本完工。但是，反应堆所需燃料成了一个很麻烦的事情，因为"地狱判官"反应堆所需燃料为93%的浓缩铀，这可是可以用来制造核武器的。还有一个问题是，有大量伊拉克学生被送到美国大学学习数学、物理和核能技术。

根据斯拉克与伊拉克达成的协议，法国应该为伊拉克提供80公斤的铀235用于"地狱判官"反应堆。这么大数量的可裂变物质可以使伊拉克有能力每年生产两枚核弹。据说有一种可能是，法国会承担20%浓缩可裂变燃料的研究工作，他们把这一计划叫作卡拉梅尔（Caramel），然后用于启动反应堆，但是没有证据显示伊拉克人会耐心等待这一计划一步步付诸实施。IAEC的科学家们认为这样的铀轨迹会对我们造成很大威胁。同时，对于钚的跟踪也查出了惊人的消息，伊拉克人在意大利专家的帮助下正在对钚进行处理。意大利专家打算在阿尔-塔维塔建立核能实验室，主要用于处理放射性同位素以及其他放射性物质。他们的计划是形成每年25吨核燃料的生产能力，另外还可以每年获得大约10公斤的钚。

大家从这里也可以看出，以色列各部门协同合作的几大好处。上面这些信息都是我们共同发掘出来的。我们了解到，伊拉克科学家正在努力工作，以便尽快获得独立研究的能力。我们之所以有这样的推断，源于他们曾向资助国请求购买一个能够生产钚的石墨气冷反应堆，以及从已辐射燃料中分离出钚的设备，当然，这一请求没有得到对方满足。我们认为，斯拉克授权为伊拉克提供"地狱判官"反应堆，会使伊拉克通过非法渠道获得独立进行核试验的能力。

1980年，伊朗与伊拉克正处于战争状态，他们也意识到了这一危险。于是，伊朗在1980年9月30日出动飞机轰炸了伊拉克的核反应堆，但是造成的损失并不严重。只是法国和意大利的专家都撤走了，研究工作一度停滞。

为了充分论证轰炸反应堆的意义，总理授权我组建一个非常规的委员会，委员会主席由阿哈龙·亚里夫（Aharon Yariv）担任，他是预备役军队中一位经验丰富、睿智过人的少将。在讨论过程中，我们重点提出了下面几点担心：轰炸后国际社会很有可能会对以色列进行制裁，同时，这一地区的和平进程也会受到影响。另外，我们还写了一份关于轰炸可能造成环境污染的技术报告。在外交层面，我们强调伊拉克已经签署并认可了NPT，IAEA也已经对它进行了严密的监控。

我随后参加了以色列安全内阁会议，讨论如何阻止伊拉克获得制造核武器的设备与能力，我毫不犹豫地将自己的观点全盘托出。经过大家的集体讨论，我们决定向联合国递交一份决议，要求尽快创建一份有关"无核中东"协议。我们希望政府能够支持这份协议。外交部部长沙米尔已经在联合国大会上宣读了类似的内容。

我一直坚决反对轰炸伊拉克的核反应堆，为此，我在内阁会议上不断亮明自己的观点。有一天，普兰准将给我打来电话，略带歉意地告诉我：总理要求我以后不用再来参加内阁会议。普兰解释说，贝京认为我的观点影响了各位部长的判断力。尽管这对我来说不是个好消息，但我也并没有气馁，我还有很多机会与这些部长进行私人会面。我打算先说服财政部长西姆哈·埃利希（Simha Ehrlich）。他的聪明智慧让我一直十分仰慕，而且他与贝京关系也不一般。他的大门是永远向我敞开的，而且也会很耐心地听我陈述观点。

我还与内政和治安部长约瑟夫·伯格（Yosef Burg）博士商谈过几次，我相信他已经基本上接受了我的观点，会在关键时刻站出来反对空袭。

我还与副总理伊戈尔·亚丁（Yigal Yadin）取得了联系，他同时也是达实党（Dash Party）的领导人。当时他正如日中天：他是知名的考古学教授，32岁就当上了总参谋长，在赎罪日战争后期还成了战争追责委员会（Agranat Commission）的成员。在20世纪70年代末和80年代初，他是以色列政坛上的重要人物。

我知道贝京想尽早对伊拉克核基地进行打击，为此他极力劝说亚丁支持他的行动。通过进一步的调查，我们在1981年3月起草了另一份文件——《从政治方面思考是否应该轰炸伊拉克"地狱判官"反应堆》。文件中提到，伊拉克已经展开了外交努力来强调邻国对于他们核基地的威胁，比如，他们在1980年7月24日联系了一些联合国成员国。报告中还指出，伊朗出动两架幻影战斗机对伊拉克核基地进行轰炸，造成的损失微乎其微，只是导致了法国和意大利专家的撤离。我们还分析了国际社会对于伊朗轰炸的反应，并且预测，美国可能不会支持以色列在阻止伊拉克发展核能方面所采取的行动。另外，我们也严正地指出，如果以色列出动飞机轰炸伊拉克核基地，伊拉克就有了充分的理由退出NPT，并把加入NPT的压力甩给了以色列，如果我们一直拒绝加入，国际社会就会采取相应的制裁和孤立措施。最后，我们大胆预见：一旦我们采取轰炸行动，我们自己的核能中心就面临遭受报复的危险。

有一天，在每周与总理的例行会议后，贝京让我暂时先不要走。他开始很沉静地对我讲述他的理念：立刻消除伊拉克对我们的核威胁。起先，他的语气很平缓，后来却越来越激动。他说：在二战期间针对犹太人的大屠杀后，他绝对不能再看到我们的孩子面临种族灭绝的危险。

"我现在必须采取行动！"最后他强调，"他们不敢这样做。我敢！"

我知道他说到做到，因为现在留给他的时间已经不多了。新一届政府成员的选举马上就要举行，他知道自己可能很快就要离开总理这个位子，而一旦换了总理，变数就会无限大。还得说明一下，当时以色列面临着史上最严重的通货膨胀，老百姓对于政府非常不满，利库德集团很可能在下一次选举中失利。

从总理办公室离开，我直接开车去见副总理。当时正值犹太教的安息日，亚丁穿着土黄色的齐膝裤衩和一件破旧的衬衫接见了我。他的妻子卡梅拉（Carmela）为我们端来了咖啡和甜点，我们就在他那摆满了考古书籍的办公室里谈起话来。房间里光线很暗。亚丁看起来无精打采，说话也有点儿有气无力。我能看出，他真的累了，不想再与贝京抗争下去。贝京看来在亚丁身上下足了功夫，亚丁已经完全屈服。最让他难以接受的是，贝京曾郑重告诉他，只要亚丁不同意，我贝京就绝不会下命令。这给了亚丁无穷的压力。现在我才明白，大势已定，我已无力回天。

但我还是没有放弃最后的努力。5月11日，我写了一份意见书，题目是《轰炸伊拉克核反应堆在政治上的意义》，写完后马上交给了外交部长沙米尔，并抄送了一份给贝京总理。在意见书中我强调，就算我们炸毁了伊拉克的核反应堆，却依然不能阻止他们发展核武器，因为这只是巨大链条上小小的一环。还有，可裂变物质可以通过其他渠道获得，比如从巴基斯坦人手中，而公开的军事行动只能促使他们采用这些渠道。

意见书中明确反对采用公开的军事行动。要知道，在发展核能方面，我们比他们进展快得多，所以说，我们至少有几年的时间来考虑可以采取什么措施。到时候，我们肯定可以想出更为稳妥的方式。

在文件的附录部分，我们加上了下述内容：伊拉克核反应堆的平面图；1980年9月30日伊朗轰炸伊拉克核设施的具体情况；美国对此的态度（其中包括美国驻以色列大使在会见贝京时所做的说明，以及美国国务卿亚历山大·黑格的声明）；还有法国政治立场的转变，特别是密特朗当上总统后，他曾公开声明不再向伊拉克提供核材料。其他附件还包括轰炸伊拉克核设施可能造成的各种影响，里面还附上了亚里夫（Yariv）委员会所提出的建议。

1981年6月7日晚上，以色列空军的轰炸机已经从机场起飞，而我也赶紧召集了 IAEC 紧急处置小组，成员包括副总干事，来自对外联络部的官员，以及前总干事沙赫维·福莱尔。

既然轰炸的事实基本已经定型，我们现在要面对的是来自国际舆论的压力。当天晚上，一个关于紧急处置的草案就已经拟好，第二天，我们与以色列情报部门和外交部合作，又重新把相关材料汇总了一遍。这些材料在当天就传送给了位于世界各地的以色列大使馆和领事馆，几天后，我们又增加了一些相关信息，以使他们更好地应对国际舆论。

轰炸行动后的那天早上，我与摩萨德局长胡菲（Hofi）一起去见总理。我们这次的目的是希望能够劝说贝京不要公开承认轰炸行动是政府行为。我们希望能够让事情变得更为扑朔迷离，不容易找到真正的主使者，就像以前伊朗人那样。这在当时是可行的，因为两伊战争正在进行。可是，贝京对于我们的建议完全不接受。"我们做的事没什么丢人的。让他们自己去判断吧。"会面结束后，我继续留在总理办公室，参加每周一次的例行会议，在这期间，我把紧急处置委员会整理的材料交给了总理，希望能够在舆论战中发挥作用。会议快要结束时，贝京总理忽然一反常态，从椅子上站起来，一直送我到门口，把手像父亲一样放在我肩上，然后说："乌兹，放一百个心，一切都会有最好的结局。"

我回答说："总理阁下，过去的争论都已经过去了。我们现在就是要全力打好国际舆论战，这是现在的当务之急。"当天晚些时候，在耶路撒冷的贝特·阿格龙（Beit Agron）举行了一次新闻发布会，有记者提问：为什么以色列要在伊拉克核设施正常运作之前进行轰炸。不知是谁给总理提供了一个有些蹩脚的回答，反正这让我心里很不舒服。他当时回答说：之所以选择正常运作前，是因为如果核设施恢复正常运作，那么轰炸就会造成核燃料泄露，并形成巨大的辐射云，这会对巴格达地区的居民造成巨大的人身伤害。这个回答的总体思路是正确的，但是如果我能够在他身边的话，我会提供更为准确，也更具有说服力的回答。只可惜，覆水难收。

轰炸事件发生时，贝京已经当了四年的总理，与 IAEC 的合作关系也非常融洽。这次事件发生之后，我更为佩服他的领导能力了。他始终把以色列人民的安全问题摆在第一位，这也是他最终能够与埃及达成和平协议的重要原因。

伊拉克的核试验让贝京始终不能安眠。他感到有责任阻止这一切的发生。与此同时，他也是利库德集团的重要成员，即将面临着下一次大选，而民意调查显示：利库德集团的主要对手——工党当时占有更大的优势。据贝京推算，一旦工党领导人当上总理，他们将完全搁置轰炸伊拉克核设施的计划。佩雷斯就曾经给他写过一封私人信件，信中要求贝京在采取军事行动方面一定要慎之又慎。因此，从当时来看，贝京执意要采取轰炸行动，一方面这是他所认为的神圣职责；另一方面，他也可以借机为迫在眉睫的大选争取选票。即使在30年后的今天，我依然认为这是他的两个主要考虑。

不过，尽管我在轰炸前极力反对贝京的这次行动，但是事后我还是非常赞赏他的勇气和先见之明。十年后，在第一次海湾战争结束后，我们的推测被证明是正确的，萨达姆·侯赛因确实在偷偷摸摸地发展核武器。从历史的长远角度来看，我认为对于是否进行轰炸进行深入的讨论十分必要。而贝京允许各种不同的声音出现在内阁会议中，这本身就很让人敬佩。而且在有一段时间里，总理禁止我参加内阁会议，这一决定也是有充分理由的。他确实不想让我继续影响这一行动的顺利实施。

在1981年8月下旬，我们发布了一篇政策声明，上面详细描述了伊拉克核项目的发展情况，以及我们对其进行轰炸的合理性。从这时开始，IAEC逐渐意识到，我们有义务为外交部和我国驻各国的大使馆、领事馆，以及驻联合国代表提供论据充分的相关资料。这样就可以与IAEA专家团所发布的批评以色列轰炸行动的报告分庭抗礼。

国际社会对于轰炸行动的反应当然让我们很不舒服，但我们之前就已经大概猜测到了。很多国家的发言人都对这次行动进行了谴责，其中也包括美国。在联合国发布的第487号决议中，安理会五个常任理事国一致谴责我们的这次行动，称其"公开违反《联合国宪章》以及国际行为准则"。在6月份举行的 IAEA 理事会例行会议中，各成员史无前例地一致对这次行动进行谴责，声称伊拉克已经签署了 NPT，而且他们处于 IAEA 的监管之下，以色列没有权利对其核设施进行轰炸。9 月份的时候，IAEA 将要举行大会，我们预见到，在大会上还会有新一轮的谴责攻势。

当时我已经在 IAEC 总干事这个职位上干了四年，对于 IAEA 的各项事务已经有了很深的了解，包括他们的总干事。西格瓦·艾克伦（Sigvard Eklund）博士做总干事已经有将近 20 年的时间，从 1961 年到 1981 年，他是一名卓越的科学家，也是以色列的老朋友。并非所有的 IAEA 成员国都需要在 NPT 上签字，所以，以色列、印度、巴基斯坦和南非就有机会加入 IAEA。当年，艾克伦博士的个人魅力和观念深深影响了当年的办事处。以色列在这个办事处下属的科技顾问委员会（Scientific Advisory Committee）中很有发言权，因为多斯托夫斯基教授就是其中的一名成员。艾克伦很看重多斯托夫斯基的意见，他们也经常进行私下的交流。

每年 9 月，IAEA 召开全员大会。一般来说，大会就在总部所在地——维也纳举行。可是，后来发生了一些变化，规定每隔四年大会要在维也纳以外的某个成员国举行。于是，他们选定的第一个目标就是巴西的里约热内卢，据说，巴西下了大力气来承办这次会议。以色列代表团包括原来在维也纳的代表，还包括我们的对外关系联络员以法莲·塔里（Ephraim Tarry）。艾克伦也邀请了多斯托夫斯基来参与科技顾问委员会的讨论，这让我非常兴奋，因为我知道这给了我向多斯托夫斯基请教的绝好机会。

这次在里约热内卢举办的 IAEA 全员大会使我亲身感受到了 IAEA 组织内部的政治斗争。当时，所有成员国大致分成三派：以美国为首的西部阵营；唯苏联马首是瞻的东部阵营；还有第三世界国家，这些国家主要分布在亚洲、中东和非洲，他们自称为"不结盟国家"。有时，由于地理位置和意识形态的不同，同一阵营里又可以分化出一些更小的小集团。在投票过程中，一般欧洲国家意见一致，然后是阿拉伯国家，还有南美国家，等等。从世界范围来看，特别是在联合国成员中，以色列基本处于孤立状态，如果说有盟友的话，那也只能是美国。在里约的这次大会上，我们发现南非受到了空前的孤立，原因主要是由于它的种族隔离政策。

我们与德国在核能开发方面建立了很好的合作关系，这要感谢汉斯·豪恩思柴尔德（Hans Hilger Haunschild），他是德国科研部（German Ministry of Research and Technology）的执行长，主要负责核能领域。他在 IAEA 中的地位非常稳固，这不仅是由于德国在办事处中所发挥的重要作用，还因为他有着出色的个人魅力。德国人在修建核电站方面非常努力，而且他们在设计建造方面已经有了新的突破。

对我们来说，每年的全员大会都极为重要，我们不惜花费大量时间来进行各种准备。在这段时间里，我们会与常驻 IAEA 的代表们进行合作，另外还包括 IAEC 对外关系小组的成员。我经常去请教福莱尔，他的建议经常会让我茅塞顿开。在全员大会上，我要代表以色列宣读我们的年度报告，其中包含了所有最为重要的立场与观点。每到我准备上台时，阿拉伯和阿拉伯国家的代表就会离席表示抗议，这也成了每次会议上的一个奇怪景象。

对于伊拉克核设施的轰炸让艾克伦十分震惊。这位老人一直都非常友善，他觉得他在任期间世界不会因为核能问题出什么乱子，这样他就能够顺顺当当地结束 20 年的任期，然后颐养天年。可是，以色列对于伊拉克的轰炸震惊了整个核能领域，他发现自己已经卷入了漩涡之中，难以自拔。他感觉以色列背叛了自己，那种心痛真是难以用言语来表达。而且他本来对于他所执掌的办事处充满信心，现在看来，这种信心也遭受了打击。伊拉克不仅是 IAEA 成员国，而且也签署了《核不扩散条约》。如果伊拉克真的在秘密发展核武器，那岂不是对于这个机构极大的讽刺？在全院大会前，他就给我发来一封措辞极为严厉的信件，以表达对于我们轰炸行动的愤怒。当时的理事会就试图决定取消以色列在 IAEA 的席位，停止一切在核能开发方面与以色列的合作。

在前往维也纳参加 IAEA 大会之前，我们准备好了一个演讲稿，在到达维也纳后我还在不断地修改。在正式开会前，我请求会见艾克伦博士，他答

在维也纳 IAEA 大会上

应与我会面。会面时间是在第二天的早上，我坐在 IAEA 总部侧翼的一间办公室里，脑子里又在回想自己的演讲稿。很快，艾克伦博士到了，看到他时，我简直吓了一跳，他已经完全不是我想象中那个和蔼可亲的老人了，他神情忧郁，满脸愁容，仿佛在对我说："乌兹，你们为什么要这样对我？"当然，我不能把我当初反对轰炸核设施的事情跟他说，现在我只能按照预先设置好的把我们的政策要点跟他讲一遍，然后再谈到伊拉克核设施的各种引人怀疑的细节，以及我们轰炸伊拉克的理由。

艾克伦博士告诉我，在联合国各成员国中，情绪已经对以色列非常不利，在 IAEA 里更是这样，他也想帮我们，但也感到有些无能为力。尽管提前已经有了心理准备，但走出办公室的时候我还是感到心情沉重。

会议进行到第三天，下午时分，该我上台发表演讲了。我知道他们正在酝酿一个决议，要对我们的轰炸行动提出严厉谴责，不过，好在这不会导致我们被 IAEA 除名。由于紧张，我连午饭都没有吃，听到主持人说："现在，请以色列代表上台发言。"我的心便开始剧烈跳动。我深吸了一口气，站起身来，缓缓走向主席台，我尽量把脚步放慢，以便能够平复紧张的心情。快走到讲台上时，我看到阿拉伯和穆斯林国家的代表们从我身边鱼贯而出，脸上没有任何表情。

按照惯例，他们会留下一名代表听我发表演讲，并在恰当的时候高声抗议，按照议会辞令，这被称作"对议事程序提出异议"。这次留下的是一名马来西亚代表。

我一生中无数次面对众人发表演讲，可没有哪一次会像这次一样让我感到紧张。我一字一句照着演讲稿读，不是怕读错，而是因为演讲稿是我唯一的救命稻草，如果没有了它，我真不知道自己还能说些什么。在读开头几句时，我的声音有些颤抖，我尽力平复心情，好让自己的声音能够稳定下来。读着读着，我发现自己越来越有底气了，因为这都是我自己写的东西，而且经过了无数次的修改润色，读起来非常流畅，这让我自信心大增，声调也慢慢开始上扬。

我的演讲稿中涉及两伊战争，以及伊拉克对于周围国家的敌意。这显然让那个马来西亚代表非常不满，于是他站起来，要求对议事程序提出异议。征得大会主席同意后，这位代表发表了一段时间不长但却充满激情的演讲（从用词来看，这些显然是经过提前准备的），演讲中充满了对于以色列的轻蔑言辞，这本来是要打击我的自尊心的，可不知为什么，它反倒让我增强了信心。我忽然感到一股莫名的勇气，等他讲完后很快便解释清楚了他那些所谓的问题。我看到其他代表静静地听着我们针锋相对，心中自有自己的盘算。回答完毕后，我继续把演讲稿读完，其中表达了以色列对于和平发展核能的支持，以及我们将继续履行 IAEA 成员国职责的决心。

也许是读到最后我的情绪已经十分激动，我在下台时竟然感到了轻微的眩晕，还好，走下台阶后这种感觉戛然而止。我沿着走廊快步朝自己的座位走去，其间许多友好国家的代表都站起来和我握手。回到座位后，我坐在同事们中间，这才长长地舒了一口气，开始反思自己在台上的表现。不过，今天的工作还远远没有结束，会议结束后，大批记者围拢过来，我们只得不停地回答各种各样的问题。我们事先商讨过关于记者提问的问题，认为这是一个申明我们立场的好机会，而提问机会我们主要给了美国和欧洲国家的记者。

我的演讲结束后，很快进入了投票环节。最终投票结果显示，大部分国家同意无限期冻结以色列的核能研究基金，但幸运的是，我们并没有被 IAEA 除名。我们知道这不是一个最终结论，国际社会的压力还会持续，我们的核能政策将一直会是国际社会关注的重点。不过，最艰难的时期已经过去，我们后面还有时间进行相关的准备。

贝京执政时期的 IAEC

1977年，贝京当选总理，这对于以色列的政坛影响巨大，因为一直以来，真正的执政党只有一个，那就是工党，虽然工党经过多次改组，但其核心理念不变。现在贝京与沙龙创立的利库德集团攻占了权利的中心，这标志着工党所代表的左派暂时失利，右派开始占据主动。在 IAEC 内部，我们都在思考贝京当选会对我们造成什么样的影响，我们需要采取什么应对措施。我们担心的是，贝京比较缺乏执政经验，而且其他各部首长也基本都是第一次掌握这么大的权力。在贝京正式入主总理府之前，我们迅速梳理了一遍 IAEC 的各项职能，以做到心总有数，万无一失。我们称之为"权力文件之交接"，对于那些钟情于工党的同事们来说，这样的整理过程又让他们多了几分悲叹。我们把这些文件提前放在了总理办公室里，以备新任总理随时查阅。而真正的核能控制权的交接是在贝京与前任总理拉宾召开的一次会议上，新任总理的军事秘书以法莲·普兰也参加了这个仪式。我们为拉宾提供了一个只有两页纸的总结来引导他顺利完成交接仪式。

第一次与贝京会面时，我很快意识到他与往届总理的不同之处。当时，他的头发已经变得非常稀疏，而且如果你有机会近距离与他接触，你就能感觉到他是多么消瘦，几乎就像是一个苦行僧。透过厚厚的黑框眼镜，这位新任总理从头到脚打量着我，眼神中充满睿智与深邃。

他有一个特殊的习惯：在谈话过程中要一直盯着对方，我以前从未遇到过这样的局面，所以不得不赶紧适应。前任总理拉宾性格内向，喜欢自我

埃拉姆和前以色列总理贝京

封闭，他与别人谈话时会尽量避免眼神接触；而贝京却恰恰相反，而且他那直勾勾的眼神仿佛有一种催眠作用，所以你不得不提醒自己要时刻保持头脑清醒。

新任财政部长是西姆哈·埃利希（Simha Ehrlich），他是利库德集团中犹太复国主义者总会（General Zionist）的领导人，是贝京最亲密的战友之一。我觉得非常有必要和他建立良好的人际关系，后来我确实做到了这一点，就在后面不断举行的与核能有关的信息通报或者情况说明会上。西姆哈·埃利希已经是政坛老手，在我们的接触过程中，我逐渐发现了他极强的求知欲和分外敏捷的头脑，而且他成长于波兰，有着独特的教育背景，这就造就了他与众不同的行事风格和幽默特质。我经常去他的办公室进行拜望，并把他看做重要的信息来源和政策顾问。

还有一位新任部长也来自于利库德集团中犹太复国主义者总会，他就是伊扎克·莫达伊（Yitzhak Moda'i），贝京专门为他设立了一个新的部级单位——能源与基础建设部。新任部长的其中一项职责就是检查监督以色列国家电力公司，还有国家研发委员会（National Council for Research and Development）。

有关是否有必要修建核电站的问题再次浮出水面，我们很快找到了总理贝京，想让他最终拿个主意。我不希望让总理在没有充分信息的情况下做出这样重大的决定，于是准备在每周一次的例会后把相关情况和争论各方的意见向总理做一个详细说明。这次会面被安排在了下午，伊扎克·莫达伊也参与了会议。我和我的副手大卫·佩雷格（David Peleg）代表IAEC。莫达伊表现得似乎很镇定，但实际上，我能从他的眼神中看到紧张的神色。贝京知道这件事在政府内部争议很大，于是决定在总理办公室的休息区来举行这次见面活动，希望能够把气氛变得和缓一些。

一开始先由莫达伊向大家陈述他的观点，然后就到了我。我和大卫·佩雷格决定把两方观点都亮出来，希望能够达成某种折中方案。听完我们的汇报，贝京又问了我们一些问题，然后转过身来对莫达伊说：他们的方案很有道理，正好满足了能源与基础建设部的需要。话说到这个份儿上，莫达伊基本上已经没有什么反驳的余地了，但他还是想试一试。他说："要是这几位先生不能兑现他们的承诺，那我们该怎么办？"

贝京的回答很巧妙，特别能体现出他作为领导所具有的经验是多么老到："莫达伊先生，您刚才把这两位称作先生，对不对？那么，问题就来了。值得别人尊敬的先生，难道不都是那种拼尽全力也要兑现承诺的人吗？"这话里的意思已经十分明确了，我们都觉得总理的话实在说得好，而且很有幽默感，只是在那种场合实在不适合笑出声来，于是我们就都忍着。

后来，政府又成立了科技部，这又让我们紧张了一阵子，因为我们不希望自己的工作置于这个部门的管辖之下，这样我们就失去了很多自主权。

1979年，由利库德集团分离出来的国会议员格拉·科恩（Geula Cohen）和摩西·沙米尔（Moshe Shamir）成立了复兴党（Tehiya），他们的宗旨是反对与埃及签订和平条约，反对从西奈半岛撤军。1981年，在国会选举中，尼曼代表复兴党参加了选举，当年的6月30日，有三人（包括他自己）入选国会，而他成了这三人小组的核心。在他的政治生涯中，他曾与虔诚教徒集团（Gush Emunim）的成员合作，试图建立大以色列国（Greater Israel），当然，他的初衷并非出于宗教原因。第一次黎巴嫩战争开始后，尼曼与格拉·科恩加入了贝京领导的政府。

由于复兴党加入了贝京的执政联盟，因此贝京专门为尼曼设置了科技部。这个新的部门很快就成了我常常要跑的地方。第一次黎巴嫩战争结束后的第一次例会中，贝京开门见山地问我："乌兹，知道吧？复兴党已经加入了我的执政联盟，所以我要为尤瓦尔·尼曼专门成立一个科技部。想想，我们能给他们提供些什么资源？"

我先前并没有想到这一点，所以希望贝京能够给我一些时间来想出一些相关的解决方案。1974年，尼曼颇为不满地离开了国防部，因为佩雷斯当上国防部长后，他并没有如愿以偿地得到副部长的职位，我害怕他会想方设法补偿自己，其中一种方式就是建立一个自己的核能科研帝国。

我开始向各方征询意见，大家意见不一，但有一点是一致的：总理与IAEC必须保持直接联系，总理必须担任这个机构的名誉主席。而且这一机构必须保持预算与行政上的独立性，而且也不能把管辖权移交给任何其他部门。最终，我们为尼曼想到了一些头衔，满足了他的脸面与虚荣心，但是IAEC却不在他的管辖范围之内。总理给了我两周的时间来考虑，尽管取得了初步的结论，但是我对于这些结论还不是特别有把握。在每周的例会上，贝京都会追问："什么时候我可以拿到你起草的相关文件？"他说话时声音很轻，但语气柔中带刚，让人为之一振。我说，事情很复杂，能不能再给我一周的时间？到了下一周的周末，我交给贝京一份三页的文件，里面提议让尼曼担任核能委员会大会(the Assembly of the Atomic Energy Council)的主席。这是由总理管辖的一个机构，每年有一次例会。与会人员都是知名科学家，他们都曾在核能研究机构担任过高官。尼曼对这个头衔很满意，他并没有意识到，这只是一个虚衔，并没有多少实际的权力。

在我与尼曼合作的过程中，我逐渐意识到：他说到底还只是一个物理学家，而无法成为一个真正的政治家。每次我提到关于粒子物理的话题，他都会十分忘情地给我进行一个系统的科普讲座，完全忘记了他的部长身份。所以，只要跟他会面，我都会有意识地提出跟核能物理相关的话题。这样，我不仅可以学到非常高深的物理学知识，而且也避免了和他在政治上产生过多的分歧。

能源产出系统——现实与幻想

为了减少对于石油的依赖，我们开始实施李佳特伦（Riggatron）工程，这一工程将充分利用核聚变所产生的能量。这一工程中涉及了众多国际知名的核能物理学家。

1982年夏末的一天，雅各布·宁录迪（Yaakov Nimrodi）和阿尔·史维莫（Al Schwimmer）来到了我的办公室。雅各布·宁录迪是一位商界大亨，在全世界都有着自己的营销网络。阿尔·史维莫曾是 IAI 的总裁,现在他正在寻找新的机遇。埃尔卡纳·加利（Elkana Gali）也曾在 IAI 的管理层担任重要职务,他现在是李佳特伦工程管理层的核心成员之一。罗伯特·布萨德（Robert Bussard）博士是美国人,而雅各布·沙尼（Yaakov Shani）从以色列移民到了美国,他们正在研制一种可一次性使用的小型托卡马克装置（Tokamak,一种受控热核反应装置）。罗伯特·布萨德博士认为这种设备能够使我们快速产生核能,而又不必投入过多资金在大型生产设备上。他设法说服了《阁楼》杂志的鲍勃·古奇奥尼（Bob Guccioni）来为这一工程投资。阿尔·史维莫对此也很有兴趣,打算投身其中。

阿尔·史维莫来我办公室的时候,手里拿着罗伯特·布萨德和雅各布·沙尼所生产设备的相关资料。虽然资料不是很全面,但我觉得也不能因此就轻易舍弃这一想法。阿尔·史维莫显得很兴奋,极力劝说我支持这一项目,雅各布·宁录迪也随声附和,尽管他对于核能物理基本一无所知。他们希望 IAEC 能够批准这一项目,并帮助他们成立一个研发中心。我答应他们会好好考虑他们的建议,尽快给他们答复。随后我联系了多斯托夫斯基教授,希望他能够召集委员会成员来讨论这种"一次性"托卡马克装置设备的可行性。我相信,多斯托夫斯基的经验与智慧足以帮助我们理清头绪。我们共同组织了一个包括物理学家、工程师和经济学家的委员会来商讨这一话题。这些专家们对托卡马克装置设备了解颇深,但却对李佳特伦工程所知不多。我们向罗伯特·布萨德寻求帮助,几周后他给我们寄来了相关的资料。

与此同时,另一股强大的力量正推动着我们来同意这一申请。科技部长尼曼听说了这件事,他设法与泰勒教授取得了联系,征询了他的意见。沙龙当时是国防部长,他与宁录迪私交不错,宁录迪希望沙龙能够助一臂之力,于是沙龙要求国防部执行长介入此事,并提供必要的帮助。财政部长也迫于各方压力答应提供一亿美元的资金帮助。佩雷斯更是不用说,他非常钦佩阿尔·史维莫在创建 IAI 过程中所做出的巨大贡献,毫不犹豫地表示支持。而且这还不够,他还联系了法国总统的顾问,希望法国总统和法国核能委员会也能够支持这一项目。史维莫、宁录迪和加利都坚信法国会参与其中，并承担三分之一的费用。但我很快联系了我在法国核能委员会的一位朋友，他告诉我：法国不打算加入这一项目，因为他们认为布萨德的设备并没有什么技术上的突破。

1983年5月，尼曼收到了泰勒教授的一封来信。信中说，他已经与布萨德和史维莫见了面。他希望以色列能够投身于李佳特伦工程，因为这对于科技的进步和国家的发展都具有重要意义。谨慎起见，泰勒并没有说这一工程能够马上解决以色列面临的能源问题。他只是更强调了它的科研价值。最终，尼曼决定继续支持这一项目，但更多的是出于科研角度。史维莫和宁录迪还不断给财政部长施压，希望他能够提供修建研究中心所需的土地和至少一亿美元的资金支持。财政部长很快给我打了电话，希望我能够给他具体说明一下这一项目的具体运作方式，并及时向他通报当时正在进行的项目评估情况。后来，他迫于压力，竟然要求我马上给他写出一封我的评估意见。我写了一份三页的报告，其中包括各方的意见，美国的、法国的，其中隐含的意思是，这一项目的可行性还有待商榷。也许它确实在科研方面会有所建树，但要真正应用于实际中并产生经济效益，还需要时日。财政部长接受了我的提议，决定不予拨款。从那以后，史维莫和宁录迪就从我们的视线中消失了。

在IAEC的最后时光

我不想后半生一直待在IAEC。我在这个职位上已经干了七年，当伊扎克·沙米尔就任总理后，我觉得自己也该动动地方了。我与沙米尔的合作相当愉快。他讲求实际，说话办事直来直去，而且廉洁自律（最近这些年以色列官方贪腐事件不断，我也是有感而发）。知情人士曾告诉我：有人曾鼓动沙米尔把我替换掉，换上他的自己人。但是沙米尔从来没有跟我说过类似的事情。要说想走，是我自己想要走了。

1984年大选中，利库德集团与工党组成了联合政府，决定由两党首领分别出任总理，这样佩雷斯坐到了总理的位置上。我不想在他刚刚当政时就辞职，那样显得我对他有什么意见似的，于是我决定再多待上一年。一年后，我直接来到了他的办公室，跟他说："让我辞职吧。我在这里已经待了九年，也该换个新人了。"佩雷斯没有反对，他只是希望我能够推荐继任者的人选。

几周后，我为他推荐了三个人选：约书亚·约特纳（Yehoshua Jortner）教授、哈依姆·哈拉里（Haim Harari）教授和约纳·艾廷格（Yona Ettinger）博士。最终，艾廷格博士被任命为IAEC的主管，当然那也是在沙米尔成为总理之后。

第十二章

玛法特（MAFAT）

刚来到玛法特的那些日子

总理正在为我寻找接班人，而我也在考虑下一步的职业生涯。当时我对于政治并不感兴趣，所以我更多的是在考虑商业领域，觉得自己在民营企业方面能有用武之地。

很偶然的机会，我与梅纳赫姆·梅龙（Menachem Meron）有过一次私人会面，他当时是国防部的办公室主任。他是受国防部长拉宾的委托来与我谈话的，这次谈话的主要内容是他希望我能够接管武器与科技基础设施发展管理委员会（Administration for the Development of Weapons and Technological Infrastructure），这个机构的名字实在太长，所以一般我们都用它的希伯来文缩写——MAFAT。

梅龙对我说，玛法特的第一任总干事本－慈安·纳维（Ben-Tzion Naveh）博士已经辞职，他现在是赛天使（Scitex）公司的首席执行官。这是一家由艾菲·阿拉兹（Efi Arazi）创办的图形图像公司。艾菲·阿拉兹是一位颇有些传奇色彩的人物，他放弃了美国人为他提供的在国防领域的高薪工作，来到以色列创办了首家这一类型的公司。

我很早就听说过关于阿拉兹的故事，对于他的聪明才智、创新意识和乐观开朗的为人态度都十分钦佩。他现在一心一意地为民用市场生产高端的图形制作设备。他生来就是要创业的，可是他更为关心的是技术创新领域，对于公司运营方面的事务很不感冒，那些日常的财务运营和计划报表让他头疼不已，于是他决定聘请一位专业管理人员来实施这些操作。最后，董事会选择了本－慈安·纳维博士。

"总理希望你能接受这一职务。"梅龙再次向我强调。

我有些犹豫，因为这一职务与我先前担任的研发所所长十分相似，只是名称上有些变化。我告诉梅龙：我想和拉宾部长亲自谈一谈。梅龙很爽快地答应了下来，很快我就走进了国防部长拉宾的办公室。拉宾笑容可掬地看着我，对我解释说：现在这个职位与研发所所长有着很大的不同。沙龙曾担任过国防部长，在这不到两年的时间里，他成立了这样一个组织。最初的构想是把国防部属下的生产与采购管理委员会（Production and Purchasing Administration）和国防军下属的研发所合而为一，统筹管理武器研发、生产以及对外购买等一切事务。

前国防部长拉宾检阅拉斐尔公司的空对地导弹

担任国防部长期间，沙龙还曾设想过建立一个国防部直属的战略计划部门，以制衡国防军下属的战略计划处。

这个新建的部门称为国家安全所（National Security Unit），由亚伯拉罕·塔米尔（Avraham Tamir）担任所长。亚伯拉罕·塔米尔曾是国防军下属战略计划处的第一任处长，他与沙龙素来关系密切。研发所与生产与采购管委会的合并构想最终没有实现，因为国防部下属的工会组织对此表示激烈反对。他们强烈支持生产与采购管委会的主管，而主管最怕的就是合并后他会失去对于这一部分的控制权。沙龙在这件事情上显得有些幼稚。他用的方式还是自己在20世纪50年代对付境外入侵者的方法，但他没能理解的是，国防部的工会组织在以色列国内一直以强悍著称，有这样的组织从中作梗，任何计划都不可能顺利实施。

玛法特的最终成立基本属于拉宾的功劳，其中就包含着原来研发所的很多成员。之前我与拉宾的关系就非常不错，他这个人心胸开阔，说话直来直去而又不失风度，很值得别人信赖。于是我很快决定接受这一任命。而且我感觉自己与前研发所的感情很深，很想再续前缘，这也是我最终接受的原因之一。

我离开研发所已经有十几年的时间了，但是当我就任玛法特主管的时候，一点儿也不觉得这是一个新部门。里面的很多成员都还是原来研发所的老人，他们知道我回来了都非常高兴。见面后发现，他们除了老了十几岁之外，其他也没什么变化。不过，我自己也突然意识到，自己也老了。尽管这一机构的名字变了，职能也扩大了很多，但我知道我们还是要处理好与两个部门的关系——国防部和国防军。

我在IAEC当政期间，对于以色列国防军在黎巴嫩的行动基本一无所知，不知道他们面临的是怎样复杂多变的情况。从1982年第一次黎巴嫩战争开始，以色列国防军就开进了黎巴嫩，当时的总理贝京态度强硬地称之为"加利利的和平行动"（Operation Peace in the Galilee）。我觉得很有必要去黎巴嫩南部实地考察一番，这样才能掌握关于国防军和南黎巴嫩军队（SLA）的一手材料。其中的重点是看他们如何在以色列和黎巴嫩之间的缓冲区（buffer zone）进行布防。很快，我的这一愿望就得到了实现。我的这次旅程从法蒂玛门（Fatima Gate）开始，这是通往黎巴嫩的一条主要道路，以色列人称之为"好篱笆"（很多南黎巴嫩居民可以从这里越过栅栏来位于加利利的犹太人定居点工作）。进入这一地区，我们必须穿上防弹背心，并且乘坐的也是大马力的民用奔驰车，这是为了让敌人想不到这里面有以色列方面的高级军官，不然的话，各种狙击手和反坦克导弹都会以我们为目标。

现在想起那次穿越南黎巴嫩的经历，还是让我激动不已。我们乘坐着高速行驶的汽车，穿行在黎巴嫩南部狭窄的小路上，车上是我所率领的战争经验总结小组。我们在一个个据点之间穿梭，而随行的情报人员很快将每一站的信息通过无线电设备发送回总参谋部。道路崎岖不平，而车速又极快，这让我经常感觉想要呕吐。于是，我开始怀疑自己为什么要来这里冒这种风险。但是随着我们进入一个个据点，看到那些国防军和南黎巴嫩军队的士兵，我慢慢明白：我们的这种看似冒险的行动十分值得。不经过实地考察，你就根本无法想象这里的真正情形。考察的最后一站是南黎巴嫩军的总部，在这里我们享用了一顿黎巴嫩大餐，然后又火速赶回了国内。在回程中，确实能感觉到有狙击手向我们开枪。

在1986年左右，我们逐渐意识到黎巴嫩真主党（Hezbollah）的存在，这是一个不可小视的恐怖组织。其实，早在1982年，我就知道了这一组织的存在，而且知道以色列军方对他们还没有给予足够的重视。可以这么说，沙龙指挥这场战斗的方式与他在20世纪50年代组织复仇行动的方式没什么本质区别，只不过是规模扩大了一些。从他整个一生所参加的战斗来看，我们可以说沙龙是一位出色的战术专家，但在战略方面却稍逊一筹。

总参谋长拉斐尔·艾坦（Rsfael Eitan）同样有这个毛病。我们没有充分注意黎巴嫩南部的什叶派穆斯林势力，这最终导致我们不得不实施"加利利的和平行动"。而黎巴嫩真主党的逐渐壮大也是我们在前期对他们重视不够的恶果。总之，这里的局势极为混乱，需要我们清醒地进行战略分析。

国防军在黎巴嫩待了三年时间之后，国内的武器研发部门才开始考虑如何调整旧有的武器研发思维，以为下一次战争做好充分的准备。但是，随着国防军在以色列不断遭到突然袭击，玛法特很快意识到，所谓的"下一次战争"其实早已开始。于是我们开始关注所谓的"低密度战争"，其中包括巷战、反恐等方面，这些与传统的大规模作战有着本质差别。

在分析过程中，我们逐渐发现：所谓"低密度战争"其实一点儿都不新鲜，我们早就经历过。在20世纪70年代约旦河谷的消耗战中，我们已经处理过了各种路边炸弹装置。而真主党用来对付国防军车辆的汽车炸弹也不是什么新鲜玩意儿。当时最让我不安的是我们似乎有些集体失忆，忘记了敌人曾经是怎样对付我们的。我们当时的做法就像是《圣经》中所说的："耶书仑渐渐肥胖、粗壮、光润，踢跳、奔跑。"（引自《申命记》32：15）只要战争一爆发，我们都忙着反思过往，急于总结经验；可是一旦某条战线恢复平静，我们就像集体失忆一样忘了刚刚总结出来的东西。战事再起，我们只能从头学起，重复这一过程。我当过营长，也当过旅长，还在约旦河谷经历过持续了很多年的消耗战，这些都对我在玛法特的工作产生了积极的影响。

这种新的武器研发策略要求我们把视线从"大战思维"转向"低密度战争"，尽快开发能够投入黎巴嫩战场的反恐武器系统。

国防研发的总体策略

就任后我的第一项任务就是重新规划以色列的国防研发策略。我还记得1974年的时候，我们也进行过一次研发所的总体策略调整，那时，赎罪日战争刚刚结束，战争的创痛还留在每个人脑子里。当时，总参谋长莫塔·古尔跟我说，研发政策很容易就能够获得通过，条件是里面不涉及资金分配和事项的优先顺序问题。我还记得当时我们所面临的挑战，尽管我们的政策中没有明确的资金预算和事项优先顺序问题。

而在我就任玛法特主管之后，我做梦也想不到制定政策并获得通过竟会这么难。这件事不但耗时颇多，而且极为复杂，甚至还引起了各部门之间的激烈争论。上任不久，我召集属下各部门主管开会，其中包括研发部、技术基础设施部、预算与组织部和对外联络部。当时我手里拿着1974年我们制定的那个总体政策。我告诉各位主管：我们要放眼未来，为整个国防工业的发展制定一个新的总体框架，以适应日益紧迫的现实需要。20世纪80年代与70年代的一个显著区别就是我们对于尖端科技的掌握程度。到1986年时，我们逐渐明白，我们不能再过分依赖美国，我们需要在十年内拥有与美国基本相当的国防研发能力。我们要着眼于更为不确定的未来。

以色列的国防工业发展很快，当时已经进入国际先进行列，但是作为政

第十二章　　玛法特（MAFAT）　　<<<<<　217

府机构，我们还没有对此作出全面系统的反应。在这次会议上，我雄心勃勃，提出在三个月内完成总体政策的制定工作。当时的我绝对不会想到：这一过程竟然整整持续了三年。谁也没有想到我们前方面临的无数阻力和障碍。与1974年制定的政策相比，我们这次政策制定工作的最大变化就是预算和优先顺序，我们花了大量时间来进行调查、讨论和修改。

我们取得的进步越大，我们面前所展示的图景也就越为广阔。我们必须对将来的技术进步作出准确的预测，并以此作为国防研发的基础。随着我们调查的深入，这一章的篇幅也就越长。这一章的内容比较庞杂，而且没有进行特别详尽的分类工作，这反而有利于我们与学界人士进行充分的意见交流，特别是，我们与特拉维夫大学的跨学科技术分析与预测中心（Interdisciplinary Center for Technology Analysis & Forecasting）建立了紧密的联系，他们成了我们不可多得的智囊机构。当时，这个中心的主任是巴鲁克·雷兹，他是在1974年特拉维夫大学校长尤瓦尔和我联合推举的。

在制定政策的过程中，我们阅读了大量相关资料，这些资料很多时候都很振奋人心，特别是在航空构件和小型雷达横切面扫描能力方面。其他吸引我们的地方还包括尖端的传感技术，如果这样的技术可以在将来装配到武器系统、报警系统以及管控系统方面，那将会在未来战场上发挥决定性的作用。海陆空在各种天气条件下的辅助视觉系统是一块难啃的硬骨头，研发者正在绞尽脑汁地开发更为有效的设备。我们把热感应视觉系统和综合孔径雷达作为重点来进行开发，希望能够在近期取得成果。

在热感应视觉系统方面，核心部分是要研制出符合标准的感应设备，这是一种晶体结构，生产这种晶体结构的过程有点儿类似于古代的炼金术，当然在我们现在看来属于材料学的范畴。我们逐渐意识到，这一科技只能由我们自己来开发。我在前面已经反复提到了美国在高科技方面对我国的政策：他们可以给我们提供先进技术，或者进行技术合作，但前提是他们要确认我们在这方面已经有所突破，不然他们就会变得非常保守。

由于很长一段时间以来我们在感应设备方面一直没有什么突破，因此美国人也拒绝把他们的研究成果透露给我们。我们又去向其他国家求助，最后发现法国也拥有类似的技术，经过多方交涉，他们最终同意为我们提供感应设备的模型，但是价格非常昂贵。我们狠了狠心，最终决定购买他们的模型。幸运的是，不久我们的科研人员就根据他们提供的模型研制出了我们自己的感应设备，不管怎么说，法国人也算帮了我们一把。

综合孔径雷达是能够适合各种天气条件的远程感应设备。这是一个天才的设想，它能够极大地缩小雷达的占地面积，而探测精度却一点儿也不会受到影响。这一技术所需要的是相应的电脑技术，它必须能够准确分析雷达探测所得出的数据。现在，我们已经成功地将这一技术应用到了我们的探测卫星上，这样，不管在什么天气条件下，国防各部门都可以得到非常精确的海陆空资料。

政策文件的第二章规划了将来武器研发的方向。这一章写起来和第一章一样困难，因为我们需要首先调查国防军各部门的具体需要，并根据调查结果做出适当的调整。制定这一章还有一个作用，那就是在将来的武器开发过程中应对其他人对我们的具体做法所提出的批评意见。

一般来说，军队是一个极为讲究纪律的地方，他们不太能够接受有创造性的想法。可是，以色列国防军是个例外，因为以色列人在骨子里就喜欢发明创造，喜欢鼓捣新玩意儿、新东西。另外，我们的部队中有很多人员都有工程学或者其他科学研究背景，这也使整个军队的创新意识有了一个质的提升。

政策文件的第三章主要涉及武器研发优先级别和经费预算问题，这是最难在国防军各军种之间取得一致的问题。我们把文件草案分发给各部门去讨论，结果引起了很大的争论。总参谋部对于第一章基本没有什么意见，因为这只是一个大致的介绍，并没有提出具体的研发课题。对于第二章也基本认同。到了讨论第三章的时候，各军种、各部门之间的分歧就显现出来了。不过，很快我们就发现，争论不是坏事，在争论中大家才有机会各抒己见，把自己的想法表达出来，其他人也了解了很多自己以前不了解的情况。这对于所有人都是一个学习的机会。因此，后来每年制定一次预算就成了一个惯例。我们明白，制定长远计划当然有必要，这样我们就知道自己的大致方向在哪里，不过制定年度预算同样重要，因为事情还是要一件一件完成的。

国防部长的国防研发咨询委员会

在我们制定政策的过程中，很重要的一项议题是重新建立为国防部长服务的国防研发咨询委员会。这让我想到了欧内斯特·大卫·博格曼（Ernest David Bergman）博士，他曾是本-古里安的科技顾问；还有以法莲·卡齐尔（Ephraim Katzir）教授，他在1973—1978年间是以色列的第四任总统，在此之前，他曾经做过国防部的首席科技顾问。本-古里安很早就意识到：对于以色列这样一个资源贫乏的小国来说，发展高科技是一种必然。由于本-古里安享有无可争议的权威地位，他在总理和国防部长任期内，制定了长期的科技发展计划，保证了我国科技的持续高速发展。

在我刚开始担任玛法特主管时，国防部并没有首席科技顾问，这就意味着我在无形中成了国防部长的国防研发的顾问。但是，由于我每天都要处理与国防军和国防部相关的日常工作，这就使我在进行咨询工作时，既没有不受外界干扰的观察角度，也没有相对客观的判断能力。我与拉宾见了一面，商议重建国防研发咨询委员会的问题。会面结束时，拉宾对我说："乌兹，我要求你马上与总参谋长见面商讨此事。"

于是，我很快走进了李维的办公室，这个地方我已经十分熟悉，在这里我至少接触过三任总参谋长。李维大大咧咧地斜靠在椅子上，把双腿往桌子底下一伸，几乎快要够到我的脚了。他问我："有什么事儿？"他那双棕色的眼睛看起来有些疲惫，但却并不颓唐。我开门见山地说到了重新成立咨询委员会的事，并着重强调了以往的科技顾问对于我国国防事业发展的重要影响。而且我建议其中的部分成员应该从国防部之外去找，这样才能确保决策过程的公平性。委员会主席应该是一位知名的科学家，而且一定要独立于国防部门之外。

李维很不喜欢我这一提议:"干嘛非要请外面的人?"他这样问我,然后说:"他们会把事情捅到国会去,或者透漏给媒体。干嘛非要让外面的人来当委员会主席?你自己当主席不就行了吗?"尽管这话听起来蛮受用的,但我却还是对他那种态度有点儿生气。不过,我暗暗告诉自己:"乌兹,千万不能生气,别跟李维吵架,毕竟他对于这一领域不甚了解。放轻松,把整个事情原原本本跟他说一遍,这样才会消除他的敌对态度。"我没有理会他的反驳意见,而是继续介绍委员会成员的人选。在介绍完人员名单之后,我特别提出:我举荐约书亚·约特纳(Joshua Jortner)教授当委员会主席。听到这些名字后,李维的情绪逐渐变得平和下来。我特别强调:一定要找一个人监督玛法特主管(现在看来就是我)的工作,因为主管整日忙于日常工作,很可能会犯一些大的战略性的错误。随后我又对这些候选人的资历做了具体说明,在我的反复讲解下,李维似乎逐渐被我说服了,最后他基本同意成立这样一个委员会。

接下来的事情基本一帆风顺,咨询委员会很快开始运作起来。我们一起写了一份汇报材料交给委员会的各位成员。这份材料写得非常中肯,其中不只是我们的工作成果,更有我们所遭遇的失败和困惑。报告交上去之后,我们有点儿担心他们的评价。这些都是享誉世界的科学家,而且也曾经是政府的高级官员。但是,当我们见到这些成员后,这些担心就渐渐消散了。约特纳教授嗓音浑厚,他很善于组织这样的讨论会。他那种稳健与自信似乎也感染了我们。尽管他身兼多职,但他依然积极参与到这个委员会的日常运作中来。在第一个任期尚未结束时,他就已经答应开始第二个任期。这对于我们是极大的鼓励。

委员会讨论的是国防研发的短期和中长期规划,除此之外还有其他一些议题。国防部长会就一些重要议题向他们提出咨询,比如"利箭"、赫茨(Hetz)项目,卫星发展项目,以及是否有必要把拉斐尔公司变成一家国有公司。

在"利箭"项目的起始阶段,我们遭遇了几次大起大落。这是一个导弹防御系统，从一开始，这个项目就遭到了很多人的反对，其中的主力是空军部队。而卫星项目也经历了激烈的争论。总参谋部的大多数人都不相信以色列能够搞出自己的卫星。实话实说，这个项目在我们看来过于冒险，而军工企业却一直相信这是非常可行的。拉宾要求咨询委员会进行细致的评估，计算出这一项目成功的几率，以用来决定是否继续向这一项目拨款。咨询委员会首先肯定了我们起草的国防研发总体战略，这给了我们很大的激励。除此之外，我们在听取他们的过程中也受益匪浅，因为他们提出的每一个问题都发人深省，使我们的工作层次一步步提升。

咨询委员会花了很长时间来讨论导弹防御系统的研发，特别是"利箭"项目。这一项目的负责人是乌兹·鲁宾（Uzi Rubin），而整个管理团队是在多夫·拉维夫（Dov Raviv）领导的IAI整体框架下进行的。他们向委员会详细介绍了这一项目的进展情况，其中既有成功的案例，也有失败的教训，还有他们的困惑与担忧，但是他们还是很有信心，相信这一项目能够帮助以色列拦截那些威胁国家安全的各种导弹。委员会经过仔细讨论，最终决定支持这一项目，这对于我们玛法特和IAI都是一个绝好的消息。

他们的决定最终影响了国防部长，使这一项目得以顺利进行。

国防军内部的反对意见主要是出于财政考虑，他们担心实施这一项目会消耗大批资金，从而挤占其他研究项目的份额。但是，由于研发资金主要来自美国战略防御计划组织（US Strategic Defense Initiative Organization，简称SDIO），这是一个专款专用的项目，所以军方的反对意见并没有什么影响力。对于军方的这种反对意见，我并不感到奇怪。20世纪60年代，空军就曾经公开反对过拉斐尔公司发展空对空导弹项目，理由与这次的没有什么差别。这还让我想到了当年本尼·佩雷德反对安装光电地对空导弹的情景。除了财政方面的考虑外，空军还反对开发"吊舱"项目，这是一种安装在飞机机翼上的电子设备，能够显著提高飞机飞行的精确度。而在陆军方面，反对意见不像空军那样整齐划一，但也有各种不同的反对声音。我国海军的规模比较小，装备也与陆军和空军有一定差距，因此倒是他们很快地接受了国防部和各军工企业提出的武器发展规划。其中包括加布里埃尔反潜艇导弹和一些在赎罪日战争中已经发挥了重要作用的电子设备。他们也给"利箭"项目开了绿灯，但是我们依然十分小心谨慎，因为每次相关实验的失败都会成为他们反对我们的理由。

在国防部长的要求下，关于拉斐尔公司是否有必要转为国有也作为一个重要的议题摆在了咨询委员会面前。作为以色列国内最大的国防研发与生产基地，拉斐尔已经走过了几十年的历程。很多年来，它与国防部和国防军都建立了非常紧密的合作关系，其目的就是尽快将最新实验成果运用到各类战场上。在国防军各军种里面，它与空军的关系最为亲密，各种空对空导弹、空对地导弹和空中电子设备基本都是由他们生产的。

但是现在的情况有所不同，拉斐尔也要为自己的生存而战，努力扩大出口规模。事情的起因是这样的：美国为了自身利益着想，逐渐开始向以色列提供大量经济资助，但这些资助是有条件的，那就是这其中的大部分必须用来购买美国人生产的先进武器。这看起来似乎是件好事，但其实里面也隐藏着很大的危机。美国人的这一举措是很精明的，这样就可以使以色列在军事上、经济上甚至政治上越来越依赖美国。一开始，资助金额是每年18亿美元，很快，资助数额又增加到了24亿美元。不过，以色列政府也并非对美国人的用心一无所知，因此，在合同条款中，我们经过努力后终于加上了这样一条：其中的6亿美元可以用来购买本国生产的先进武器，这就给了本国企业一条生路。

1987年，政府已经决定停止研发与生产我们自己的拉维（Lavi）战斗机，而这一条款又使这一研发项目得以重生。这珍贵的6亿美元大部分都流向了像拉斐尔这样的国防企业，这也成了以色列国防企业的基石之一。但是，仅仅依靠这6亿美元是远远不够的，他们还需要寻找新的财路来维持庞大的研发团队，于是，寻求出口门径就成了重要的解决办法。

作为国有的一个军工实验室，拉斐尔很快获得了出口先进武器的授权，其中出口量最大的就是巨蟒（Python）空对空导弹。

"巨蟒"空对空导弹的成功使拉斐尔有信心与能力为国防军开发新一代的空对空导弹，这也逐渐形成了军工出口的一条首要原则：如果他们想出口某项先进武器，那么必须首先证明他们有能力生产下一代的同类装备。当时的拉斐尔主管是泽埃夫·博宁（Ze'ev Bonen）博士，他对于各种导弹有着特殊的情感。他对于自己公司的产品有着超强的信心，坚信只要是他们生产的，以后都会行销全世界。在博宁的愿景中，拉斐尔公司至少应该有一万名员工，致力于各种尖端武器的研制与生产，产品既为国防军服务，也可以卖到世界的各个角落，为以色列赚取外汇。在出口防空导弹取得成功后，他们还想把反坦克导弹也推到国际市场。可这次军方提出了激烈的反对意见，他们认为这么尖端的武器不能轻易跨出国门，而是应该封存起来，作为未来战争的杀手锏。拉斐尔公司想尽办法说服军方，最后他们达成协议：反坦克导弹可以出口，但是拉斐尔要用出口所得为国防军研制新一代的反坦克导弹。这一协议是在拉宾主持下达成的，这也成了我们今后处理类似问题的主要原则，特别是在最高国防出口授权委员会（Supreme Defense Export Authorization Committee）成立后。

国防研发预算越是紧缩，军工企业就越能感觉到对外出口的重要性。国防部与这些军工企业在很多方面都有合作。有些军工企业是私营的，他们的产品质量有保证，而且相互不重复。而像IAI或者IMI之类的公司则是由政府控股的。

在这些公司里，国防部负责监督各项科研与生产情况。尽管这些国有公司的运营与其他公司没有什么区别，但是他们与国防部的亲密关系是其他公司无法相比的。这些公司的老板可以很轻易地见到国防部长和其他政府高官。在国防部与国防军看来，保证这些公司正常运转就是他们的责任。

拉斐尔是一家大型的国有军工实验室，里面的员工同时属于政府成员，而公司预算也是国家国防预算的一部分。随着军工出口额的迅速增长，这些赚取的资金已经成了军工企业赖以生存的重要支柱，与此同时，争夺国际市场的竞争也慢慢加剧。有些私营企业觉得国防部过于保护那些国有军工企业，而他们在获取出口许可方面处于劣势，于是他们提出了强烈的抗议。但是抗议归抗议，国防部怎么也不可能做到完全一视同仁，天平总会倾向拉斐尔这样的公司。

于是，不管是国有的还是私营的，他们都对拉斐尔怀有颇多不满，要求政府能够一碗水端平。

自从成立以来，拉斐尔一直注重研发能力，不断挑战自己的极限。作为最大的国有军工实验室，他们不仅享受了国家的资金支持，还享受了在研发方面的充分自由，因此，他们在各个领域都积累了大量顶尖人才，这也是他们自身努力的结果，我相信，就算没有政府的资助，他们一样会做到最好。

最后，国防部决定，适度调整与拉斐尔公司的关系。知其不易，拉宾最终决定委派摩西·佩雷德（Moshe Peled）少将出任拉斐尔总裁，相信他能够充分运用自身丰富的经验来为拉斐尔做出合理的调整。摩西·佩雷德在赎罪日战争中曾担任装甲师师长，在戈兰高地战场上的表现非常出色。退役后他一直担任国防部长的顾问一职，主要负责在军工企业方面向部长出谋划策，对于自己将要面临的挑战，他十分清楚。我们对于他都很有信心，因为在我们的心目中，他具备了几乎所有的优良品质：睿智，诚实，善于谈吐，富有勇气。

摩西·佩雷德面临的第一个挑战来自于拉斐尔公司的试验所，这是一个有着悠久历史的机构，它的组织结构也非常有特色。这一机构位于内盖夫沙漠中，所有成员都能够应对各种充满压力的工作，而他们也特别有耐心，知道何时该安静地等待。在与试验所接触过一段时间之后，佩雷德果断地关闭了这一历史悠久的机构，很多重要的研发项目都被迫停滞。而试验所的员工很快得到了拉斐尔公司工会的支持，与佩雷德的这一决定进行了不懈的斗争。

国防部长很快意识到佩雷德与拉斐尔公司的紧张关系，赶紧召集咨询委员会对此进行商讨。这是约特纳领导的咨询委员会所进行的最有意义的一项工作。他们收到了关于拉斐尔公司的详细报告，以及佩雷德进行机构调整的具体情况。这些背景报告中包含了大量信息，既有公司各分中心的介绍，

第十二章　玛法特（MAFAT）　<<<<< 225

也有公司近期及未来在研发和生产方面的计划。在国防部的鼓励下，拉斐尔想在各方面都建成一个经济实体，其他部门都成为其下属机构，同时与外部实体建立合作伙伴关系。他们还保留了一个生产民用设备的技术转化公司，其中最为引人注目的产品是一种光学传感器。国防部为拉斐尔公司建立了一个董事会，就像常规的公司一样，董事会每月召集一次会议，商讨生产计划以及预算情况。不过，大家也都心知肚明：真正的决策权还是在国防部手里。咨询委员会要做的就是为国防部提供建议：拉斐尔是否还应保留国有公司的地位。如果拉斐尔真的摆脱了国防部的掌控，成了一家完全符合市场规律的公司，那么它还能不能保持原有的技术优势和质量监控。

来到玛法特以后，很多事情都是我以前没有预料到的，其中一件就是埃尔比特公司总裁伊曼努尔·吉尔（Emanuel Gil）的强硬态度。在所有研发费用中，有很大一部分都被标记为"探索性研发"，这些研发活动要利用基础研究的成果，并充分利用各种已有的技术能力。这些探索性研发很有必要，它们可以清除很多技术疑点，从而可以在可行性得到进一步保证后继续进行更大规模的研发活动。从创立之初，拉斐尔就进行了大量的探索性研发工作。而IAI（特别是它下属的埃尔塔公司）也组织了很多团队进行这一类型的研究。可是，埃尔比特公司却对于这种做法很有意见。

我见到吉尔后，开门见山地问他为什么这么不情愿。他回答说："乌兹，你们也得理解我们一下。要进行这种类型的研究，我们得把我们最好的科研人员都搭进去。而这种研究又不是百分百能够成功。你知道，我们是一家要靠利润生存的公司。没有钱赚，最好的科研人员又去进行不一定有成果的研究，我们当然有意见。你们可以把这笔科研经费给那些愿意付出的公司，等他们的科研成果出来之后，我们负责进行大规模生产，怎么样？"听完他的解释，我十分震惊，同时也感到深深的失望。在一次咨询委员会的会议上，我把他这种论调说给大家听。回想一下，拉斐尔确实在科研方面给了我们极大的帮助，但是单从利润率方面来说，他们确实不算突出。

于是，咨询委员会开始倾向于把拉斐尔转化为一家真正的企业。支持这一观点的都是经验老到之人,不仅仅是在军事上,更是在商业上。最后,委员会提出了他们的咨询意见,我们可以将此看作一个折中解决方案:重组拉斐尔公司,使其各组织部门像其他军工企业一样具有一定独立性,同时保留国家实验室的核心员工,使其依然接受国防部的资助与管理。这在当时看来是一个非常可行的方案,得到了委员会中大多数人的支持,其中包括约特纳、特祖尔、霍尔夫(Horev)和我自己。而作为纯粹的物理学家,多斯托夫斯基教授强烈反对我们的建议,他宣称,我们的设想绝对不会成功。他强调,要想取消这个国家实验室,就应该做得更为直接一些,不要遮遮掩掩。他还认为,拉斐尔应该保持其科研特性。如果按照我们提出的建议,这一机构将很难笼络住大批高素质的科研人员。多斯托夫斯基的反对意见和我们的提议一起交到了国防部长手里。我向约特纳提议,让多斯托夫斯基加入向部长直接进行汇报的专门小组。而我则没有参加这一小组。

拉宾接受了大多数人的提议,拉斐尔开始有条不紊地向正规公司转型。这一过程并非一帆风顺,之所以能够相对顺利地进行下去,多亏了摩西·佩雷德的不懈努力。

今天,拉斐尔已经成为一家非常成功的国有公司。多斯托夫斯基教授关于"改组就是拿科研换钱"的预见并没有实现。但是,大家不要被假象所迷惑。大约20年后,我越来越佩服多斯托夫斯基教授的远见卓识,因为以色列国内确实没有一个完全属于国家的军工实验室。他准确预见了改组为公司后人员的部分流失。而国防部对此的投资也大不如以前。拉斐尔之所以能够使产品行销全世界,靠的还是自己作为国家军工实验室的老底。

1995年,拉宾被暗杀。1996年,内塔尼亚胡击败佩雷斯成为以色列总理,与此同时,伊扎克·莫迪凯(Yitzhak Mordechai)成了国防部长。不可否认,莫迪凯是战场上的硬汉,可他对于科研这方面实在所知不多。有一次,约特纳和我一起去会见莫迪凯,向他汇报情况,并接受他对于我们工作的指示。我们驱车来到耶路撒冷,在拜特·哈夏亚尔(Beit Hachayal)士兵旅店里见到了莫迪凯。那时正是冬天,气温很低。可这家旅店又正赶上停电,我们几个人只好哆哆嗦嗦地待在又黑又冷的房间里。先前已经有人向部长汇报了关于研发咨询委员会的情况，我们接下来需要进一步解释这一机构的本质。可是，我们说了老半天，莫迪凯依然似懂非懂，寒冷的天气以及焦急的心情永远留在了我们心里。我们两人离开会面地点时心情都很低落。我们知道，拉宾的时代已经一去不复返了，现在的这位部长很难像前任一样信任咨询委员会。

奥菲克人造卫星

全世界能够自行发射人造卫星的国家并不多，幸运的是，以色列就是其中一个。以色列自行生产与发射的带有以色列蓝白两色国旗的近地轨道（LEO）侦察卫星在距离地面300—600千米之间的轨道上运行，使我们能清晰地看到地球各处的重要观测点。这些卫星不仅用于军事，也可对民众的日常生活产生积极影响。远地轨道（HEO，距离地球表面至少36000千米）通讯卫星能够将通讯信号传输到世界各地。今天，我们对这一切都已经习以为常，可是，在当初进行设计制造的过程中，我们还完全没有一个整体构想。要发射自己的卫星，主要技术难点存在于两个方面：一个是卫星本身，一个是与之配套的发射器。对于当时的我们来说，这两个方面都像白日梦一样遥不可及。以色列并不缺乏与之相关的理论知识，但却完全没有实践经验。要想闭门造车不异于痴人说梦。

到了20世纪70年代初期，侦察和通讯卫星的需求量激增，它们主要是用于军事，但在民用方面也已方兴未艾。当时，只有三个国家能够自主发射卫星：美国、苏联和法国。不久，中国等一些国家也进入了这一领域。到了20世纪70年代中期，作为以色列最为重要的国有实验室，拉斐尔意识到外太空研究的重要性，于是开始派遣一些员工到世界各国的航天中心去进行考察。

在国防军中，第一个急需人造卫星协助的部门是情报处。1979年，以色列与埃及达成了和平协议，随之，以色列需要尽快从西奈半岛撤军，在撤军过程中，为了确定准确的地理位置，他们迫切需要从太空中拍摄的照片。情报处处长约书亚·萨吉（Yehoshua Sagi）少将是军界唯一一位要求发展卫星的高级将领，支持他的也只有副总参谋长耶库提尔·亚当（Yekutiel Adam）一人。由于约书亚·萨吉支持发展卫星事业，所以，1979年哈依姆·埃塞德（Haim Eshed）中校被委任为情报局的主管，他们要求拉斐尔公司和IAI共同承担卫星研制与发射的前期准备工作。那时，情报处享有与军工企业直接接触独立主持研发工作的权利。国防部利用生产与采购管委会的一个部门来执行合作协议。由于乔纳森·马斯（Jonathan Mass）博士的远见卓识和公司对于与航空航天项目的不断投资，拉斐尔公司当时已经在卫星研制与发射方面积累了很多相关资料。经过商议，这家公司的科学家们最后得出结论：要想成功地发射一枚侦察卫星，必须经过长期的努力，而且还要花费巨额的资金。拉斐尔建议：必须参与国际合作才能实现我们的这个目标。他们对于时间和投资额的预见非常准确，但是他们从未想到参与国际合作对我们来说是多么困难。

与此同时，IAI也提交了他们的计划书，其中充满了对于完成这项任务的自信，而且整体结构也比较严谨，很有说服力，还附上了具体的时间表和预算。在这一时期，IAI已经把这项任务分配给了公司旗下的两家工厂：一家负责研发卫星发射器（后来这家工厂被命名为玛拉姆）；而玛贝特工厂负责研制卫星本身。当时正值伊斯兰革命时期，伊朗国王被推翻，IAI公司当时面临着很大的压力，因为玛贝特工厂负责的很多项目都被取消了，这使IAI不得不寻找新的出路，而卫星项目无疑是其中很被看好的一种。

不过，尽管有了这些前期准备工作，我们还是需要等待国防军的授权。总参谋长拉斐尔·艾坦认为没有必要发展卫星，理由很简单：那会占用太多的国防军经费。而当时的空军总司令大卫·伊夫里（David Ivry）少将也反对这一项目，但理由却很不一样。他觉得空军完全有能力拍摄满足各种需要的照片。他们害怕的一方面是卫星项目会挤占空军发展的费用，另一方面是它会制约空军发展高级摄影的能力。直到1986年他开始担任国防部主管时，他才改变了这种态度，从而成为以色列卫星发展的主要支持者。

1981年年中，我们终于找到了资金预算问题的解决方案。研发所提议，让IAI的电子部门挑头主持卫星项目，同时让玛拉姆负责研制发射器，让玛贝特负责研制卫星本身以及信号传输。

1986年早期，我回到了国防部，这时我们已经在卫星研制方面有了很大突破。在玛法特，我遇到了哈依姆·埃塞德中校，他当时全权负责卫星项目，已经取得了很大进展。

研制卫星发射器的过程也很有故事性。20世纪60年代初期，以色列已经开始着手积累与发射器相关的知识与信息。1961年，拉斐尔公司在阿卡城（Acre）南部发射了沙维特（Shavit）二型航天器，当时在现场的有本-古里安、果尔达·梅厄、西蒙·佩雷斯等高级官员。沙维特二型航天器分为两级，重250千克，使用固体燃料，它可以升到80千米的高空，主要用于气象观测。

沙维特火箭

据我所知，根本就没有沙维特一型航天器，我猜这有两种可能：要么是有一次发射失败，要么是一种外交噱头，好让其他国家觉得我们一直在进行这方面的研究。当时发射的情景被拍摄了下来，进行大肆宣传，但是其中没有多少对于技术参数的介绍，考虑到发射器尺寸之小（只有3.76米长），这次的宣传攻势还是很成功的。

IMI把研制大型发射器引擎的任务交给了一家工厂，这家工厂是由迈克尔·朔尔（Michael Schor）创办的，他是一位非常有影响力的工程师，后来，他当上了IMI的主管，而且还当上了第一届董事会的主席。

研制卫星发射器的过程和研制卫星一样具有挑战性，其中也有很多故事可讲。在很长的一段时间里，国防部的这一项目是由安塞姆·亚龙（Anselm

Yaron）博士负责的，他是一位出色的工程师，有着在欧洲接受高等教育的背景，而且反应机敏，经验老到，是一位资深政治家。在一段时间里，发射器项目遭遇了资金短缺的问题，使我们都有些难以为继了。这时，安塞姆·亚龙萌生了去意。他悄悄告诉我，打算去美国休假一年，然后慢慢退出这一项目。听到这些，我对他有些失望，不过还是鼓励他说：我们依然有机会搞到必要的资金，我希望他不要因为眼前这点儿挫折就失去这次足以创造历史的机会。但是我的话没能打动他，他最终还是选择了离开。

之后的一天，忽然有一个"肉球"滚进了我的办公室。我无意贬损这位大哥，但那确实就是他的长相。他的身体胖到了横竖一般粗，而且还剃了一个大光头，怎么看都像是肉球上顶着一个鸡蛋。此公名叫乌兹·鲁宾（Uzi Rubin），当时我怎么也不会想到，从那时开始，我们的合作基本持续到我们两人退休。

鲁宾和我一样毕业于以色列理工学院，他当时的导师是摩西·阿伦斯（Moshe Arens）教授。现在他是IAI的一名航空工程师。我们第一次见面时，鲁宾还在IAI刚刚成立的营销部门工作。当时我们谈得很投缘，我当时就觉得如果我们能够合作，那将是一件非常愉快的事情。只是当时会面的时间很短，我还没有充分见识他那卓越的处理人际关系的能力。直到后来我才意识到：他的各种品质使他特别适合领导一个大型的技术团队。我很为自己能够选择他当卫星发射器项目的主管而自豪。

现在我们面临的其中一个问题是工资待遇问题。IAI付给员工的工资比较高，而政府部门就拿不出那么多钱来。我向鲁宾承诺：我会尽全力为他争取"A+"研究级别，这是政府系统的最高级别。

在20世纪70年代中期，军方开始关注研究员级别问题。我当时还在担任IAEC主管，国防军希望我能够兼任研究人员评级委员会（Research Rank Committee）的主席。我与部门主管摩西·纳提夫（Moshe Nativ）少将有过一次会面，当时我提交了一份提案，要求对整个研究人员评级委员会的性质和规程进行大的调整。我认为，这个委员会应该包含各个相关领域的专业人士。而国防军的代表不能充当最终裁判的角色，他们只能对军方候选人提出他们的参考意见，并参加讨论。

摩西·纳提夫少将全盘接受了我的提议。现在，这个委员会中既有军方人士，也有无军方背景的技术人员，这样我们就有资格对任何与国防有关的技术人员进行等级评定。这使致力于科研工作的军事人员能够长期留在军队中。这个委员会具有一定独立性，我们的提议直接交给附属总处（Adjutant General Branch）的主管审核。在长达15年的任期中，没有一次审核出现争议的情况发生。军队高官和人力资源部门的官员都觉得有点儿难以接受这样一个相对独立，而权力和影响力又如此巨大的机构存在。但是我们顾不了这么多，把优秀的国防科研人员留在军队里是一项非常急迫的任务，容不得耽搁。当我来到玛法特后，附属总处觉得还是应该由我来管理这个委员会，我也很爽快地答应了。直到现在，玛法特主席兼任研究人员评级委员会主席已经成为惯例。

对于鲁宾来说，正是我们这个委员会给了他合适的级别评定，使他下定决心担任发射器项目主管。他的热情与乐观很快感染了身边的员工，项目进展非常顺利。当时，三家大型国防企业都参与了卫星发射器的研发——IAI、IMI和拉斐尔。项目主管的责任就是协调与平衡三家公司的运作，这任务可不简单，因为三家都是业界翘楚，独立研发能力都很强，这就容易让他们产生傲气，从而瞧不起合作伙伴。

拉维夫是一位出色的航空工程师，他对于研制卫星发射器的每个环节都非常熟悉，在IAI是一个很有影响力的人物。只要是他的命令，手下人都会心悦诚服地去执行。他头发稀疏，喜欢留欧洲风格的背头，眼神凌厉，身材修长，动作十分干练。他自信心超强，有时会让人感觉有些刚愎自用，不过事后大家都会承认：如果没有他的极力推动，很多事情就很难按期完成。

他出生在罗马尼亚，很年轻的时候就移民到了以色列。他在法国学习过导弹发射技术，因此法语相当了得。进入IAI之后，他的技术以及管理能力很快得到了上层的赏识，因此公司给了他很大的自由发挥空间。IAI公司本来有一个工程部门，后来这一部门独立了出来，组建了后来的玛拉姆工厂，专门从事各种火箭的研发与生产。卫星发射器项目开始后没几年，拉维夫就已经用实际行动向我们展示了他的卓越才能，因为他们已经研制出了非常先进的反导弹武器，这一项目被命名为"利箭"，因此他又被尊称为"利箭先生"。

拉维夫功勋卓著，这让他的自信心更为爆棚，于是他与IAI管理层的矛盾也与日俱增。鲁宾和我对于他的能力都极为赞赏，但同时我们也意识到要对他的各种新奇想法多加留意。IAI其他部门的人员对他的成就既羡慕又嫉妒，他们在寻找合适的机会给他找点儿茬儿。机会很快就来到了，只不过这次大家都不愿看到这样的结果。当"利箭"项目正在有条不紊地进行时，噩耗传来，拉维夫被诊断出脑部有一个肿瘤。医生建议尽快做手术进行切除，他只好请假去美国进行治疗。事后他跟我说：当时他十分焦虑，不知道手术结果会怎么样，他能不能活着下手术台。手术费用很高，而他当时的收入要想支付这笔费用还真有些困难，于是他又利用业余时间为一家与IAI有业务往来的加拿大公司做咨询工作。总体来说，手术算非常成功，医生取出了那个虽是良性、个头却大得出奇的肿瘤，除了在手术过程中有一根神经遭到损坏（造成的结果是偶尔的面部痉挛）外，其他一切都好，他很快就痊愈了。

但是，回到以色列后不久，当局就开始调查他对于加拿大公司的咨询活动是否涉及泄露国家机密，而且他还被指控有受贿嫌疑。调查开始时，他还没有完全恢复。病痛让他难以忍受，但是更为让人难以忍受的是IAI上层对他的态度。一夜之间，每个人都像躲瘟疫一样躲着他。

在事先没有通知他的情况下，IAI管理层与国防部联合宣布：取消他参与一切科研项目的权利。1993年，经过两年的调查与审讯，最终确认：在与加拿大签订合同的过程中，他确实收取了17.5万美元的贿赂。作为回报，他向以色列当局建议：应与这家加拿大公司签署为以色列提供重型装甲车辆的合同。地区法官阿姆农·斯特拉什诺夫（District Judge Amnon Strashnov）说："所谓咨询只不过是一个幌子。"最终，他被处以罚款并入狱两年的处罚。

拉维夫向最高法院提起上诉，但很快被驳回，入狱时间也没有得到任何减免。当一切希望都要落空时，他的律师提议他向总统申请赦免。而且他们还联合像以前他在国防部工作时的高级官员提起申请，希望他们能够为他求情。收到他的信件后，我很快给总统写了一封信，希望总统能够赦免拉维夫。在我看来，对他的审判存在有失公允之处。但是总统并没有赦免拉维夫，他还是需要马上服刑。在他入狱期间，我去看过他两次。他只在狱中待了15个月，这是以色列法律的一个惯例：如果犯人在狱中表现良好的话，一般会把入狱时间减掉三分之一。

IMI历史悠久，以色列建国前就已经存在，而且在独立战争中发挥了重要作用。他们主要生产各类子弹和炮弹，还生产各种炸药和火箭燃料。因此，让他们生产火箭发射器也是非常自然的事情。迈克尔·朔尔负责公司的吉翁（Givon）部门，这一部门主要负责研发各种火箭发射器。朔尔是一名优秀的化学工程师，他生于德国，是一名典型的"业奇"（yekke，对出生于德国的犹太人的统称，主要表明他们做事时那种一丝不苟的态度）。他青少年时期一直待在农村，是一名天生的领导者。他相貌出众，一表人才，一眼看去就像是一名美国参议员的派头：一缕灰白色的头发恰到好处地垂在前额上，鼻子像鹰喙一样挺立，下巴见棱见角，为他增添了几分威严。在严肃的外表下，他的内心却极为敏感。他很少表露自己的真实情感，因为在他看来，那是软弱的表现。

国防部委托吉翁工厂研发卫星发射器上的大型机械，他们坚信：这里的科研人员有能力完成这一任务，而且这里的基础设施也适合生产这些机器设备。尽管固体燃料的生产只是在大熔炉里进行加热，但质量要求还是非常严格的。后期的燃料塑型也需要专业人士一丝不苟地进行操作。吉翁工厂在生产小型机械方面已经积累了多年的经验，现在已经完全有能力生产大型机械。为了生产与实物同样大小的机器，我们需要在远离居民区的地方修建一个试验场。这主要是出于安全考虑，因为卫星发射器中有好几吨的固体燃料，点燃后有发生爆炸的可能。

在整个项目中，拉斐尔的作用似乎没有事先想象的那么大，他们只是负责卫星发射器的第三阶段。不过，这并不表明他们的作用不重要，这一阶段的发射器有着很高的技术含量。他们需要考虑的主要是重量问题，卫星被推入轨道时，周边重量绝对不能太大，但同时也必须保证能够严密地包裹固体燃料，不能出现任何泄露情况。因此这个球形的容器需要非常坚固，耐高温，耐腐蚀，只有钛合金才能满足这些要求。不过，拉斐尔公司总是能让我们信心满满，在这么多年的发射过程中，他们研制的钛合金燃料球从来没有出现过问题。

前面我们提到，整个卫星项目被分为两个平行的部分：卫星本身以及卫星发射器。参与其中的军工企业都要凭实力说话。在发射器领域，IAI 的玛拉姆被选为主要承包商，而 IMI、拉斐尔和一些小公司成了二级承包商。鲁宾领导的项目管理团队在其中起到了非常重要的作用，没有他们的努力工作，这些公司很难通力合作。卫星研发领域的一级承包商是 IAI 的玛贝特工厂，他们在 1986 年专门为此成立了一个太空研究中心。二级承包商包括以研发光电设备著称的 El-Op，而拉斐尔负责研发卫星进入轨道后所需的一些小型机械，还有很多公司也参与其中，里面还包括几个国外的公司。哈依姆·埃塞德全程负责协调卫星项目。随着项目不断取得进展，不管是军工企业还是管理团队都需要不断学习新的空间技术。

当时很多人都质疑这种把卫星研究与发射器分离开的管理模式，但现在看来，这样做的好处是大家都可以各司其职，把精力放在一个专门领域。另外，我们选择的管理人员也决定了这样的分工：鲁宾是发射器方面的奇才，而哈依姆·埃塞德很快成了卫星研究的权威。两个团队之间的协调工作由我们玛法特部门来做，这样的安排让大家都觉得很舒心，因此效果也非常不错。

从一开始我们就意识到，管理这样两支复杂、人员众多而且花费巨大的项目，所需的技巧要远远超出单纯的技术或者管理知识范畴。国防军中的反对声浪一直很强，他们主要是担心卫星项目会占用过多资金，影响国防军内其他研究项目的开展。我们还要不断与国防部的预算部门进行协调，以使他们明白这个项目的重要意义，从而赢得他们的支持。所以，在我们看来，管理这项工程就像是同时和众多高手下棋。不同的是，你和各个高手下的又不是同一种棋，规则和输赢规律又完全不一样。

下面这个关于可变形喷嘴的例子，也许能够更为具体地说明这一问题。在研制卫星发射器的过程中，来自IMI的朔尔坚持用最简单的技术设备，而不想在其中加入任何技术创新成分。而鲁宾觉得我们完全有能力将可变形喷嘴用在发射器的出风口位置，这样就可以使发射器更为准确快捷地进入正确轨道。原来的设计是有四个小型喷气装置来控制发射器的方向，但鲁宾感觉，只要有一个能够接受卫星自身电脑控制的可变形喷嘴就足够了。鲁宾想把这一任务交给拉维夫，可拉维夫却对此不屑一顾。情急之下，鲁宾只得向我申请绕过拉维夫，借用IAI的工程部门独自研发这一创新设备。不久，我们研制成功了这一设备，但那时卫星发射器的研发已经到了最后阶段，做出那么大的设备变更已经不太可能。最终，这一可变形喷嘴用在了代号"利箭"的导弹防御系统上，而这一系统正是由拉维夫管理的。如果没有这个喷嘴，反导系统就不会这么反应迅速、快捷有效。

管理卫星项目以及后来的导弹项目使我进入了一个与纯粹的研发领域完全不同的世界。原来在武器研发部或者研发所时，我的职权局限在完全的工程技术领域。研究工作结束后，生产和采购的责任就会移交给国防部的生产与采购管委会。当梅卡瓦坦克刚刚进入研制阶段时，国防部专门成立了一个坦克研发项目管委会（Tank Development Program Administration），一开始由以色列·塔尔掌管。在研制海军导弹舰艇时，他们也是在生产与采购管委会内部专门成立了一个管委会，而且这一部门由海军中的高级技术官员来领导。而拉维项目的负责人都是飞行员或者专业海员出身，专业知识过硬，而且也有着在军队内部进行国防科研的经验。

在获得贝京批准后,卫星项目还遇到过很多意想不到的困难。幸好,办法总是比困难多。1983年,我们得到了科技部的大力支持。科技部部长尤瓦尔·尼曼(Yuval Neeman)一直在关注着我们的卫星上天计划,他觉得时机已经成熟,需要成立一个国家级的航空机构,以便更为充分地利用太空资源。1983年1月,在尤瓦尔·尼曼的领导下,部长级研发委员会(Ministerial Committee for Research and Development)决定成立以色列太空局(Israeli Space Agency,简称ISA)。当时我还是IAEC的主管,那时我几乎每周都去他的办公室坐一会儿,聊聊关于我国核能发展的最新动态。我们谈到了以色列学术界对于航空航天发展的重要推动作用。那时我们已经意识到,当时以色列的国防工业对于这一领域几乎一无所知,但是只要专业技术人员在这些方面进行一段时间的突击研究,这些空白是可以被弥补的。我们在科研方面取得的成就越大,我们与发达国家之间的距离就会越小。我建议尤瓦尔·尼曼能够拿出一部分资金来资助一些科研机构进行航空航天领域的研究工作。而且这种资金投入不应该只是一次性的,而是要一步步跟进,只有持续不断的资金供应才能保证科研工作的顺利进行。

科技部部长这个职位听起来很响亮,但实际上很不好当,其中一个原因就是他们能够获得的资金数额有限,做什么事都会显得捉襟见肘。幸好,尼曼和科技部执行长坦洪·格里金(Tanchum Grizim)都是有着远见卓识的领导,他坚持在航空航天领域持续投资,这才保证了以色列航空航天事业的稳步发展。

在此过程中,我们遇到的最大障碍是卫星发射器的推举能力不足。整体资金供应达不到IAI所提出的预算要求。而我们又有些迫不及待要向国防军证明我们的实力。这只有通过一次成功的发射才能够实现。可是到了1984年底,拉维夫被迫承认:发射器的研究被迫停滞,我们不得不推迟预定的具有拍照功能的侦察卫星的发射日期。

此时我要在发射器的推举能力与侦察卫星重量之间做一个权衡。我们要尽可能地减轻卫星的重量，甚至去掉一个辅助性的小型照相机。但是，在拉维夫看来，即使这样，发射器的推举能力还是显得不够强大。在一次高层会议上，我强调：前两颗卫星的重量必须尽量削减。

这两颗卫星都被称作奥兹（Oz），原计划重量是250千克，而现在已经削减到了160千克，它们原计划分别于1987年和1988年送上蓝天。带有拍照功能的作战卫星被推迟到1993年再进行发射，这就给了我们足够的时间来解决大部分的技术问题。IMI要在不减少燃料数量的前提下减轻发射器重量，而拉斐尔公司则要完成发射器第三阶段的研制工作。El-Op要完成望远镜的研制，而这是拍照功能所依靠的主要设备。最为重要的是，在拉维夫的指导下，玛拉姆要详细评估发射器是否有能力推送一个重量为250千克的卫星成功进入轨道。

1986年非同寻常，这一年见证了以色列历史上最大幅度的国防预算削减。总理佩雷斯和财政部长伊扎克·莫达伊采取了较为激进的措施，以应对当时高达三位数的通货膨胀。

国防部长拉宾决定与总理携手合作，同意把国防预算削减几亿美元。当年沙龙当国防部长时也曾这样做过。总参谋长摩西·李维觉得既然国防军已经遭遇了这么严重的预算危机，那么反对耗资巨大的卫星项目就显得顺理成章了。他实际上是在给国防部（当时还是在支持卫星发射项目）一个信号：军队的研发重点已经转移。好玩的是，尽管总参谋长强烈反对，军中的情报部门对于卫星图片的需求却越来越高。一家外国公司正在出售他们拍摄的卫星照片，分辨率在10米左右。这种照片的分辨率远远达不到军用要求（至少要在1米左右才可以），但是当时的情报部门也确实找不到更高质量的了。

1988年9月9日，奥兹一号升空并成功地进入轨道，这比原定计划晚了整整一年。卫星表面布满了太阳能板，用来为卫星提供能量，并向地面传送数据。

我们共有三个中心来指挥卫星发射：由空军掌控的发射安全控制中心、IAI的控制中心，以及IAI下属玛贝特工厂的空间活动控制中心。这些中心

238　>>>>>　以色列国防强大的奥秘：前首席技术将军的自述

要掌控一切与外空间相关的活动,包括在卫星进入轨道后跟踪卫星的运行情况,向卫星发送各种指令,以及接受卫星上发来的数据。空军的指挥中心不对外开放,在发射期间只有个别高级官员可以进入。外界若干想了解发射的具体的情况,可以申请去IAI的指挥中心。不过一般申请的人数要远远超过最后能够获得批准的人数。作为项目总负责人之一,我当然有机会亲眼目睹了各种发射过程。不过,我能够明显感觉到地勤人员的紧张情绪。因此,我觉得有必要为他们适当减压,于是下达了一道命令:高级官员一般不要在发射期间来这里视察,连国防部长拉宾都开始严格遵守这道命令。

在发射前出现各种问题是家常便饭,一般都是由于天气原因或者其他什么的。这次,发射的日子临近了,科技部长基甸·帕特(Gideon Pat)却要求在发射时亲临空军的指挥中心。在发射前一天的晚上,我去拜访了拉宾。部长夫人为我端来了咖啡,而部长本人又在吞云吐雾。拉宾跟我说了帕特的打算,我说最好能够劝说他去IAI的指挥中心。"那你就直接跟帕特说吧。"拉宾很信赖地看着我。最后,帕特在IAI的指挥中心观看了发射的全过程。他非常兴奋,发射成功后来向我表达了感激之情。

这次发射的成功像是给我们打了一针强心剂,我们很自豪地给这一系列的卫星起了一个很拉风的名字:奥菲克(Ofek,中文意思是"地平线")。以后的所有卫星都属于奥菲克系列。尽管我们知道用于实战的侦察卫星要到1993年才能发射,我们还是早早地成立了一个内部人士称之为"项目局"的组织来专门研究接收卫星信号的雷达设备,这一设备是基于合成孔径技术来研制的。这一举措也许过于具有前瞻性,不过,事后看来却一点儿也不为过。1990年4月,奥兹二号(对外界宣传时用的是"奥菲克"这个名字)发射成功,更是让我们信心大增。我们在与卫星的联络方面也有很大突破。现在看来,那真是一段激动人心的日子。

第一次海湾战争对以色列的卫星科技发展产生了重要影响。以色列建国后虽然战事不断,但都是邻近国家在进行威胁,而当伊拉克的导弹向我国飞来时,我们第一次感受到了远程弹道导弹的威力,这在我国历史上也是第一

第十二章　　玛法特(MAFAT)　　<<<<<　239

次。在整个战争期间，以色列一共遭到了 39 枚导弹的袭击，幸好它们携带的都是传统的高爆弹头，但是这也让人心里非常不安。当时由于以色列没有自己的侦察卫星，只能依靠美国的卫星网来通知国民什么时候该进防空洞，来躲避可能从天上飞来的化学武器。所以，在战后，我们很快得到了国防部长阿伦斯的命令，要我们玛法特马上制定一份最新的侦察卫星研制计划，我们对此一点儿也不觉得奇怪。战前，总参谋长李维还强烈反对研制摄影卫星呢。看来，战争带来的教训是最为真切的。阿伦斯的心情很急切，他感觉国防军在这方面的动作过于迟缓，于是，1991 年 10 月，他亲自授权制定了一个为期数年的太空计划。新任总参谋长埃胡德·巴拉克（Ehud Barak）批准了这一计划。但是，巴拉克对此还是有些犹疑，他还是希望先确认以色列具有发射卫星的能力。

这段时间里，我曾在总参谋长的办公室里参加过一次小型会议，与会者包括空军的高级将领以及情报处的官员。在听取各方意见后，我发现他们对于以色列发射卫星的重要性认识严重不足，他们只是担心预算问题，却看不到卫星能够给我们带来的巨大优势。巴拉克领导的总参谋部希望国防部能够干这火中取栗的活儿。他们的态度可以用两个字概括——骑墙。他们不想承担研究失败所带来的指责，但又想在取得成果后马上从山上跑下来摘桃子。

那段时间，太空项目的发展并不顺利。除了国防军的阻挠外，研究过程本身也遭遇了很多问题。其中最大的一次灾难就是我们第一颗实战卫星的发射失败，而且在很长一段时间里，我们都搞不懂问题究竟出在哪儿。我还记得我们第一次发射成功后去国防部长办公室汇报情况时的情景，那时他的办公室里人满为患，各级项目主管都涌了进来。可这次发射失败后，我发现去向部长汇报的只有我和鲁宾两个人。拉宾像往常一样决定为我们撑腰，他还让我们参加了一次政府安全内阁召开的会议，向这些高级官员汇报具体发射情况。约特纳教授领导下的国防研发咨询委员会也很快发表了意见，他们支持拉宾的决定，建议我们继续完成卫星项目。他们的表态都很暖心，可问题在于我们到现在为止还是不知道发射失败的具体原因，而且我们只有那么一颗用于实战的卫星，现在它毁掉了，我们的研究遭遇了前所未有的困难。在那段最让人灰心丧气的日子里，我们需要的是信念与乐观，更为重要的是，我们还需要那么一点点儿幽默感。

我们组织了一个高级别的专家团来调查发射失败的原因，并且提出改进方案。专家团很快发现了发射失败的五种可能的原因。因为无法确认到底是哪种导致了最终的失败，鲁宾决定彻底进行核实。我们开始建造新的发射器。现在卫星又成了一个问题。我们手里的卫星只剩下了一个试验品，这颗卫星被称作QM，虽然它在大小上与发射的那一颗一般无二，但我们在建造这颗卫星时只是想用它做实验，而没有想过真正的发射出去。我们现在急需验证一下我们改进后的发射器的运行情况。有一派人比较谨慎，他们建议重新制造一个250千克核载的卫星，然后用改进后的发射器把它推送到太空轨道。但这意味着把发射日期向后推迟很长时间，而在这种国防军时时在盯着我们漏洞的情况下，这一方案无异于自杀。而比较激进的一派建议我们把那颗用于实验的卫星进行改装后直接发射。这一方案也存在很大的问题，因为我们曾经在这颗实验卫星上做过大量实验，而这些实验我们是不敢在那颗用于发射的卫星上做的，因为怕影响各项机械的正常运转。现在要把这颗被我们折腾了很久的卫星发射上天，心里自然会有很多担心。

在经过大量的数据分析和相互协商之后，我们最终决定采用第二种方案。国防部很快同意了我们的这一决定。于是，我们把下次发射日期定在1995年年初。

我们需要面对的另一个问题是雷达系统，在把卫星送上太空后，我们一定要确保它不会偏离轨道。雷达系统位于空军管控的试验场地，这里的设备十分精良，能够检测出任何轨道偏移的迹象。而且如果真的偏移到了安全区域之外，指挥塔就会下达一个自我毁灭指令，从而将卫星自行销毁。

距离正式发射还有一个月的时候，我们正忙着进行各种检测。这时，有人告诉鲁宾：有一个雷达出现了问题，现在还没有修复。于是我们赶紧派人去修理，可是，如同雪上加霜一样，这个还没修好，另外一个又出问题了。

我们当时真是有些六神无主。距离发射只有一个月的时间，如果雷达不能正常运转，这次发射又得泡汤。我们紧急从生产雷达的公司调用了一些被认为"轻易不能使用"的零部件。经过三周紧张的维修与调试，我们终于把问题解决了。我们像请神一样把这两个雷达小心翼翼地运到了发射场地。

当时还有一项规定：当美国和俄罗斯的卫星在太空中经过以色列时，我们不能进行卫星发射。后来，我们得到了总理拉宾的亲自授权，可以无视这项规定。

正式发射前的几天里，天空中不是大雨就是多云，可到了那一天，天空晴朗得让我们每个人都笑逐颜开。空军负责发射场地附近的安全戒备，首席安全专员乔拉（Giora）上校召集了大量预备役军人来执行这项任务。乔拉既是优秀的飞行员，又是一流的机械工程师，他执行过多次火箭发射的警戒任务，经验丰富，而且他还有一项超常的能力——钢铁般的意志。

正式发射前一天，我去发射场地考察了一番，卫星已经安安稳稳地装在了火箭上，火箭挺立在发射台上，准备凌空飞跃。一些有幸被选中参观发射过程的人坐在一个专门的区域，他们与那些操作人员有很大一段距离，这是为了确保工作人员不会被打扰。我也要去那个区域见证卫星发射。在此之前，我找到了乔拉和他的手下，预祝我们发射成功。距离发射只剩下了10分钟。参观区域一片寂静，那紧张的气氛让人有些喘不过气来。我们能够听到的只有室内电脑嗡嗡的声音，以及时不时传来的倒计时的声音。

"五分钟倒计时。""三分钟倒计时。"每一次都让我们为之一震。最后来到了最后十秒钟的自动倒计时。一切都已经就绪，只等那最后的轰鸣声。这时，唯一能够使卫星停止发射的是IAI的首席执行官，他手里有一个红色按钮，可以在发生特别紧急情况时阻止卫星上天。突然，空军控制室的步话机里传来了一个人声："停！停！"我们的心一紧，不知道出现了什么意外情况。后来才知道，他们并不是在喊停，而是在说：倒计时已经停止了。这时我们看到眼前的大屏幕上出现了火箭的画面，它已经慢慢离开了地面，带着蓝白两色的以色列国旗，一点点向上移动，尾部出现了浓重的黑烟。

但这是一个开始，发射器一共有三级，每一次的分离过程都让我们屏气凝神，生怕出现意外。幸运的是，一切进展顺利，很快我们就听到了那两句激动人心的话："成功分离！卫星已进入轨道！"

我们这些坐在参观区的人们几乎同时发出了欢快的叫喊，大家相互拥抱，每个人的脸上都挂着最灿烂的笑容。我赶紧跑进控制室，跟那些工作人员一一握手，祝贺这些英雄完成了如此壮举。随后我打电话给项目执行长伊夫里，除了向他报喜之外，还告诉他：我会马上赶到他的办公室。

在发射准备阶段，我们在卫星轨道沿线设置了大量跟踪设备，以检测卫星是否在轨道上正常运转。而且我们也具备了向卫星发射指令调整方位的能力。现在我们都期待着卫星第一次飞临以色列上空。

在执行总裁的办公室里，人们看上去还是有些紧张。我们已经通过国防部发言人向外界发表了一份简短的汇报，现在正在等待卫星飞临我国上空。我和哈依姆·埃塞德一直保持着电话联系，他已经去了玛贝特工厂，忽然，电话那头他低声咕哝了一句，我一时没有反应过来他说的是什么。"哈依姆！"我大喊，"怎么样？有什么最新消息？"他倒是很平静，告诉我说，他们已经检测到卫星的方位，它正在飞过以色列上空。这个消息像炸雷一样在办公室里传播开来，大家都有些兴奋得不能自已。不过，我们还得再耐心一些，等待卫星完全打开太阳能板，地面控制中心也要对卫星各项功能进行全面检测，完成检测后卫星才能够开启摄影功能。

12小时后，奥菲克已经环绕地球八圈了，我们启动了上面的望远镜。忽然，我们眼前的大屏幕上出现了IAI总部的影像，以及本-古里安机场上停放的一架架飞机。电话那边传来兴奋的叫喊："看这张照片！这是卫星刚刚发送过来的！清晰度棒极了！"

我马上去国防部长的办公室。拉宾正在开会，我给他留了一个简短的便条："伊扎克，卫星发回的照片清晰度非常好！我拿到影印件之后马上给你看。"他的秘书马上把这个便条拿给他看，我能猜到他那兴奋的样子。

几天后，拉宾的办公室给我发来了一封热情洋溢的表彰信，我很快把信件复印了几份，拿给各位项目负责人看。信是这样写的：

亲爱的乌兹：

奥菲克卫星已经上天，我们正在逐步享受它给我们带来的巨大便利。这一伟大的成就超出了前期我们所有人的想象。

这颗卫星是我国技术水平的集中体现，而且还不仅如此，这是我国人民集体智慧的结晶。

只有伟大的人民才能创造出如此伟大的成就。而阁下就是这些人之中的一员。

以色列人民无限感激阁下以及阁下的各位同事，不管他们的级别如何，他们都为了这一伟大梦想的实现贡献了自己的力量。

这一成就不仅是人类科技史上的奇迹，而且实实在在地保证了我国的领土完整和人民安全。

请允许我代表以色列人民对阁下及阁下所带领的团队所有成员致以真诚的谢意。

伊扎克·拉宾

"利箭"项目的故事——争议与决心

以色列的导弹防御系统最初专注于"利箭"拦截导弹系统的开发，这与美国的弹道导弹系统紧密相关，他们的系统有一个大家都很熟悉的名字——"星球大战"。在我刚刚担任玛法特主管期间，我听说美国的詹姆斯·亚伯拉罕森（James Abrahamson）中将要来以色列考察，考察途中会来玛法特总部参观。他是美国国防部导弹防御局（Missile Defense Agency）的主管。听到这样的消息，我兴奋异常，因为这位三星上将不仅是优秀的飞行员、航空工程师和宇航员，而且还成功领导了美国研制 F-16 战斗机的项目。以色列是 F-16 战斗机的忠实用户，所以我们也有机会接触他的研制者，亚伯拉罕森中将本来只是来以色列参加一个飞行技术大会，但他很愿意利用这个机会多多了解一些我国，于是给了我们更多的接触机会。

我与亚伯拉罕森中将接触的时间总共有三天。他身材瘦长，精力充沛，谦逊有礼，

埃拉姆与美国国防部官员会谈

语调和缓，而且精明过人。他是典型的美国儒将，有很好的教育背景，又有非常丰富的实战经验，而且既是技术专家，又善于管理。在他职业生涯的四年中，他参与了F-16战斗机的研发。1981年，他被任命为美国NASA太空飞船项目的副主管，随后又升任主管。

1983年3月23日，里根总统发表了一个演讲，这标志着美国的战略防御计划（Strategic Defense Initiative，简称SDI）项目正式启动。当时这一项目的主要目的是防御苏联可能装有核弹头的弹道导弹。

这一项目与其他项目有很大区别，因为它的防御范围不仅止于陆地，更要包括天空。SDI的目标非常具有前瞻性，很多人都认为这只有在科幻小说中才能实现。

这一想法是由位于加州伯克利的劳伦斯·利弗莫尔国家实验室（Lawrence Livermore National Laboratory）的研究者首先提出来的，他们想通过核爆炸来产生与X射线等长的激光辐射，从而拦截核武器。泰勒教授把这一发现告诉了里根总统。这位泰勒教授不仅是国际知名的理论物理学家、诺贝尔奖获得者，而且还是一名天生的好演员，他口才出众，非常善于说服别人。里根对泰勒非常信任，他在1983年那次著名的演讲中表示："我呼吁为我们带来了核武器的科学界从现在开始能够把他们的聪明才智用于另一项伟大的人类事业，那就是如何防御那些带来恐怖的核武器。如果他们的研究成功，那就是对于人类和平事业的巨大贡献。"

劳伦斯·利弗莫尔国家实验室的高端激光项目引起了我极大的好奇心。

有一次我去美国时，特意去参观了他们的一个展示活动。当时，根据导弹防御局的指示，对这一技术的限制级别已经做了宽松处理。参观第一天，我们来到了激光研究团队的会议室，实验室主管马上为我们介绍项目研究的总体情况。大约一小时后，有个高个子男人走了进来。他穿着一件棕色的外衣，看上去就像是牧羊人的斗篷，手里拿着一根大约一人高的手杖。这就是爱德华·泰勒（Edward Teller）教授，以前我曾见过他，这次重逢让我兴奋异常。他走进来后，屋子里忽然静了下来，在我们看来，他就像是《圣经》里的摩西那样的人物。他缓步走到桌子一头为他预留的椅子上坐了下来，而我就坐在他的旁边。

他事先就知道我来参观的消息，坚持陪我度过了下半天的参观行程。实验室主管继续讲解。突然，我听到一阵鼾声。转头一看，老教授已经睡着了。可是，当讲解快要结束的时候，他醒了过来，提出了几个很有见地的意见，还提了一个很有难度的问题，这表明刚才讲解的每一个字他都听进了耳朵里。如是反复，只要他们一开始讲解，我就能听到老教授的鼾声，可是讲解一结束，他会马上起来，用他那带着浓重匈牙利口音的英语问一个非常发人深省的问题。

里根总统与泰勒教授的关系非常亲近。当里根刚提出 SDI 时，很多知名科学家都因为各种各样的原因站出来反对这一计划。著名的核物理学家、诺贝尔奖获得者汉斯·贝特（Hans Bethe）就是其中之一。他反对的理由是技术层面的。而有些科学家担心这一防御机制的确立会违反国际上共同遵守的"确保相互摧毁"原则（Mutually Assured Destruction），从而在外交上处于不利地位。而这时泰勒教授站出来力挺里根，并提出了政治上和技术上的各种反驳意见，从而使这一计划开始稳步实施。

战略防御计划组织（Strategic Defense Initiative Organization），简称 SDIO，成立于 1984 年，詹姆斯·亚伯拉罕森将军是它的创建者，也是第一位主管。以色列一直在关注这一项目的紧张情况，在 1986 年亚伯拉罕森来以色列考察后，我们也开始考虑如何在这一项目中发挥我们自己的作用。这一想法向各界公开后，引起了激烈的争论。反对者认为，如果我们参与到美国这一明显反苏的战略计划之中，本来就与以色列有敌对关系的苏联会以更为严厉的态度来对待我们，那些现在还生活在苏联境内的犹太人就更难移民到以色列。

这一争论被媒体炒得火热，有一次，受国防部办公室的委托，我还上了一个电视节目去专门讨论这个问题。我驱车来到位于耶路撒冷的演播室。这个节目的主持人是莫马西·拉斯（Memashe Raz），而与我辩论的是外交部的一位前任局长——什洛莫·阿维内里（Shlomo Avineri），他是一位世界知名的政治专家。在辩论中，我主要谈到的是参与美国的SDIO项目对于我国军事工业所带来的进步。同时我强调，即使参与了这一项目，以色列既没有兴趣，也没有能力对苏联的核导弹系统构成任何威胁。我们只是借用这次合作机会发展自己的导弹防御系统，以应对周边敌对国家可能对我们采取的攻击行动。

主持人拉斯很会掌控局面，而阿维内里也是一位谈吐得体的政治家，所以在整个辩论过程中，双方都没有表现得特别咄咄逼人。后来，主持人问我关于项目预算的问题，我回答说：据我初步估算，我们每年可以从美国拿到大约一亿的资助。有些人觉得这完全不现实。可是，后来几年的发展为我的预测提供了完美的论据。美国每年对我们的资助都不少于一亿，而且这一趋势一直持续到现在。

还有一点需要指出：美国从一开始就不允许任何国家介入导弹防御系统最核心的技术领域，哪怕像我们这样的盟国也不例外。因此我们决定与SDIO在基础研究领域合作，于是我们开始向以色列的各个研究机构征求研究提案。亚伯拉罕森给我们提出了一些建议，比如：与弹道导弹远程感应相关的设备，导弹分类系统（这对于摧毁敌军的导弹非常重要）。不过，全国各个研究机构给我们发来了各种研究提案，我们将这些提案转发给了SDIO，可是在几个月内却没有收到任何回音。后来我们了解到，这些提案都被转交给了美国的一些研究机构来进行测评。结果，很多提案他们都接受了，只不过他们打算自己来进行研究。这使我们很是失望。

亚伯拉罕森知道了事情的原委后也有些失望，但是他不能公开反对自己的国家和人民。但是，他还是想法设法寻求合作的机会。他还是打算让我介入导弹防御系统，只是不要涉及特别敏感的研究领域。他后来想出来的一个点子让我们茅塞顿开："你们为什么不研制一套导弹防御系统来应对你们自己所面临的威胁？这样你们不仅能够名正言顺地参与到我们的项目中来，而且我们在跟五角大楼说明你们项目的合理性时也显得更为容易一些。政府和国会也会更为同意为你们单设一个独立的防御系统。"

这个想法并不是亚伯拉罕森偶然想到的，这基于他在过去三年中与同事在实际工作中产生的共识：如果只发展空间项目，那需要进行相当广泛的研究，耗费大量的研究经费。为了更为"脚踏实地"（这一说法既有实指，又有比喻义），美国政府决定：导弹防御系统的第一阶段主要用于发展地面感应系统和地面导弹拦截系统。亚伯拉罕森坚信：如果以色列能够研究出一套本国的导弹防御系统，将会对整个的项目研究产生重大的积极影响。在这一背景下，以色列开始了"利箭"项目（也被称作霍玛项目）的研究工作，这是世界上第一个用于实际的弹道导弹防御系统。

亚伯拉罕森及其团队要求我们审核各家军工企业所提出的各种拦截导弹方案。有三家公司接受了这一挑战，他们分别是 IAI、拉斐尔和 IMI 的通用机械部。根据惯例，我们部门要全程管理整个合约签订过程。

在玛法特内部有一个开发者遴选委员会（Developer Selection Committee）。除了本部门的专业人员外，这个委员会还包括来自国防军和国防部的代表，他们会从经济、财政、法律和安全方面来对申请者资质和计划书进行审核。1988年6月，所有高级别的代表聚在一起开了一个全体大会。

第一位申请者是 IMI 的通用机械部，他们是 IMI 中很特殊的一个部门，主要负责系统分析和计划。他们的展示中对于反导弹防御系统做了一个概括的介绍，除此也就没有什么其他的了。

拉斐尔展示的项目名为 AB-10。他们的幻灯片上充满了各种手绘的草图。当他们正在展示的时候，拉维夫和他那些来自 IAI 的同事耐心地等待着自己展示的机会。毋庸置疑，拉斐尔公司的导弹专家们经验极为丰富，他们多年作为国家级研发实验室的经验是 IAI 很难在短期内获得的。但是，也许正是因为如此，才养成了拉斐尔在技术方面的傲气，那种"老子天下第一"的傲慢感。在进入军工出口阶段后，这依然是他们的主要特征之一，但遗憾的是，这种傲气已经开始严重阻碍了他们的进一步发展。

拉斐尔公司的 AB-10 是为海军研发的一种快速反应导弹，是加布里埃尔导弹防御系统的重要升级版。能看出他们的幻灯片是匆忙准备的，他们的防御系统只能拦截高度在 20 千米之内的导弹，但是拉斐尔的专家们却非常自信地说：我们的系统会非常有效。

拉维夫的团队是最后一个进行展示的。他们没有用手绘的幻灯片，而只是用语言来进行陈述。他们的拦截导弹系统具有超强的可操控性，而且拦截高度可达几十千米（拦截高度越长，敌人的导弹能够进入我国领土的几率就越小）。委员会一直认为 IAI 的方案最为优秀，但是我们不打算自己做出决策，而是让美国专家们自己做决定，我们只是把自己的倾向性表明一下。

最后，拉斐尔和 IAI 都派出了代表团前往美国的红石兵工厂（Redstone Arsenal）研发基地进行项目展示。

最终，美国人也选择了拉维夫的方案，这位"'利箭'导弹之父"又开始了弹道导弹拦截系统的研发工作。

从一开始，这一项目就和其他项目有很多不同。理论上来说，这一项目是为美国的 SDIO 而做的，因此在开始的几年里，科研资金完全是由他们提供的。可在实际上，项目的受益者是以色列国，不仅仅是空军，也不仅仅是以色列国防军。造成这一局面的原因主要是以色列军方内部的争斗。在从事这一项目的过程中，以色列国防军感觉自己颜面扫地，因为这一项目不是由军方发起的，而是在外部势力操纵下自上而下开始实施的。军方还担心这一项目会侵占整个的国防预算资金。最终结果是，玛法特只是作为象征性的经费接受者。我们曾试图建立一个项目管委会，但最终没有成功，现在我们要写出一份与操作需求相关的报告，并具体描述IAI将要开发的系统的具体情况。

在这种情况下，我们觉得有必要成立另外一个机构，作为项目指挥部以及美国SDIO的受托人。这一机构也负责定期向SDIO汇报项目的进展情况。这一关键任务最终被米哈·科恩（Micha Cohen）准将赢得，他成立了一家名为威尔士（Wales）的咨询公司，虽然规模不大，但办事效率极高。科恩曾经是以色列空军的一名中队长，而且还是经验丰富的航空工程师，有着很好的整体思维能力。他出生在保加利亚，少年时期移民以色列。这位将军非常谦逊有礼，说话温文尔雅，他的希伯来语很流利，只是偶尔还会流露出些许保加利亚口音。他的公司很快赢得了我们以及美国方面的信任。于是，整个项目现在有了四个主管机构——SDIO，IAI，玛法特和威尔士。

在没有明确目标的情况下，科恩严密的逻辑思维能力和涵盖内容广泛的分析能力提升了我们的自信，我们逐渐开始相信我们有能力把拉维夫的构想变成现实。而当时的很多人都认为他的这些想法只不过是痴人说梦。在拉宾和阿伦斯两位国防部长，以及IAI总裁伊夫里的支持下，我们克服了军方为我们设置的重重障碍，使这个项目能够不断向前发展。不过，技术问题还是存在的，要想拦截当时主流的导弹攻击，我们必须使拦截导弹的速度达到6马赫以上，而且还要保证在如此高速的情况下保持它的精准度和可操控性，这真不是一个在短期内可以完成的任务。

最开始的两次试射只是为了测试拦截导弹的飞行能力和可操控性，可遗憾的是，这两次实验都失败了。在第二次试射时，国防部长阿伦斯决定亲自去发射现场督阵，但他的到场并没有提升各位地面工作人员的士气，而且有可能起到了反作用。这两次失败都是由计划不周导致的。在考虑如何分析从遥感勘测设备上传输来的数据时，我们毫不犹豫地决定：放下害人的所谓自尊，主动向美国方面求助。很快，一批资深的军工专家从美国飞了过来，他们仔细检查了我们的导弹模型，发现弹身上的一些孔洞过大，这使导弹在空中飞行与空气摩擦所产生的高温（导弹的飞行速度是音速的6—8倍，因此外部温度极高）能够进入导弹内部，从而造成转向装置运转失灵。这一发现对我们帮助极大，在以后的试验中我们没有再犯过类似的错误。

不久，导弹拦截系统进入了实战测试阶段，这意味着我们要先发射一颗真正的导弹，我们这次选择的是"利箭"一型导弹。以色列海军也参与了这次测试，他们派出了一艘舰艇，测试的时候，导弹从船上发射，以保证导弹能够向正上方发射。后来，我们又研制出了一种名为"黑麻雀"的目标导弹，它很像已经越过了轨道最高点的一种快速弹道导弹。为了达到这一目的，拉斐尔提议借用他们在研发空对地巡航导弹时的经验和专业人才。在我们的预想中，这种导弹将从飞机上发射，然后快速上升，随后下降，这样就很像是一个接近完美的弹道轨迹。

我们取得的成果越多，我们就更为清醒地意识到：这一项目应该由国防部内部的某个机构来管理。当时，鲁宾已经管理卫星发射项目有一段时间了，而由多夫·拉维夫掌权的IAI（特别是他们旗下的玛拉姆公司）是最主要的签约公司。现在，卫星发射项目和"利箭"导弹项目基本是独立运营的，只有拉维夫在其中进行一些协调工作。鲁宾很担心这种状况。他自告奋勇，要求在管理卫星发射的同时，兼管"利箭"项目。我心里也很明白，这样对于两个项目的协调发展非常有帮助，就连运营费用也会节省一些。我与鲁宾多次会面商讨此事，最终决定同意他的申请。我相信鲁宾有能力同时做好这两件事情。我们把这份提议拿给执行总裁伊夫里看，他不喜欢这一提议，但是也只好同意。我们现在的任务是为"利箭"项目招兵买马，这些成员既包括军事人员，也有一些非军事科研者，我们要为招聘过程制定一些标准。尽管我们确信美国将会为此买单，但是要调节好国防军与国防部之间的关系，我们真的还有很长的路要走。鲁宾很快学会了如何与上层人物打交道，在我组建管理团队时为我提供了很大的支持。

在科恩与他创立的威尔士的帮助下，我们开始为导弹防御系统的主体结构打基础。科恩告诉我，"利箭"系统对于拦截导弹很重要，但却不是全部。

我们还需要一套完善的预警系统，以便知道敌人的导弹何时何地发射，正在以怎样的速度和角度向我们飞来。这样才能指引着"利箭"导弹去摧毁敌人的导弹。而且敌人的导弹肯定不止一枚，在多枚导弹同时以不同角度向我们飞来时，我们自然需要一个统筹指挥中心来协调自己手里的拦截导弹系统。

我们当时还没有这种类型的预警系统，所以只好向SDIO的同行求助，希望美国能够放宽他们对于此类系统的限制。这种预警系统属于战略保密系统。最终，我们的申请没有任何结果。我们只能进行自主研发，这一任务落在了IAI的埃尔塔（Elta）公司头上。到这时为止，我们已经建立了一个完整的行政管理部门，包括技术部和财务部。

在第一次海湾战争期间（1991年），伊拉克向以色列和沙特阿拉伯发射了几十枚埃尔-侯赛因（al-Hussein）导弹，我们感受到了前所未有的威胁。对于这种发射距离大约在600千米的导弹，我们真的没有很好的应对措施。以色列空军紧急装备了爱国者防空导弹。这对于振奋士气很有帮助，但实际上，它们并不能真正地拦截埃尔-侯赛因导弹。就算英美的飞机已经掌握了伊拉克的制空权，但是他们还是无法消灭伊拉克的导弹发射车。

在整个战争期间，玛法特一直与作战指挥中心保持着紧密的联系，所以我们对于军方的各种信息都能够第一时间获得，其中包括伊拉克导弹的攻击方向。

有一天晚上，空袭警报大作，我们赶紧躲进了预先准备好的防空洞。三分钟后，我们听到一声巨响。随后，总参谋部给我打来电话，告诉我一个我已经得知的消息——我所居住的社区附近遭到了导弹袭击。我和家人们手拉手来到了出事地点。我的好朋友伊莱（Eli）和丽芙卡（Rivka）的家遭到了重创，基本上已经成了废墟。唯一没有被炸毁的就是琴房。正当我们在废墟上唏嘘不已时，琴房里突然传来了悦耳的琴声。我们走近一看，原来是丽芙卡，她正在旁若无人地演奏自己最喜欢的曲子。"都这会儿了，你还有心思弹琴？"我问她。

"是啊，这会儿还能干什么呢？"

第一次海湾战争极大地推动了霍玛（Homa）项目（也被称作以色列导弹防御组织，简称 IMDO）的团队成员和军工企业的研究热情。他们夜以继日地工作，完全不管时常响起的防空警报。这种工作热情在战后依然持续了下去。更多人（包括国防军中的一些有识之士）开始意识到弹道导弹对于我们的巨大威胁，所以下决心要找到一种可靠的解决方案。

当时，柏林墙已经被推倒，《华沙条约》（Warsaw Pact）也已经土崩瓦解，美国人心里明白，苏联人在争夺太空的斗争中已经认输。这对于全体美国人当然是好事，可是像 SDIO 这样的机构却面临着生存危机。于是，他们迫不及待地要找到继续存在下去的理由。这时的美国人已经意识到了"爱国者"反导弹系统的失败，于是又竭尽全力开发这一系统的升级版——萨德（THAAD，为 Terminal High Altitude Area Defense 缩写形式）。这表明，美国的导弹防御局又在酝酿一系列新的研发行动。我们对此表示热烈欢迎，因为这给了我们机会与美国同行平起平坐，共同开发为各自地区的防卫服务的反导弹系统。新型的萨德反导弹系统应该重量更轻，结构也更为紧凑，为此美国人决定把重点放在直接攻击敌方导弹的发射基地上，而不需要使用任何具有爆炸性的弹头。而用来跟踪敌方导弹并引导我方导弹准确击中目标的雷达也必须重量轻，结构紧凑。美国人要保证这种拦截导弹能够飞到世界每个角落，以保卫自己和盟国的安全，因此，这种导弹被设定为要安装在大力神 C-130 型飞机上，这种飞机能够在简易跑道上或者平坦地面上起落。

我们对于美国政府给他们的军工企业出的这个难题很有兴趣，但我们也很有自知之明，知道自己没有能力承担这么重大的研究项目。所以我们的原则还是在拦截导弹上安装定向弹头，并保证它们能够在距离敌方导弹几十米的范围内爆炸。我们并没有致力于减轻导弹的重量，即使最新型的"利箭"导弹（"利箭"一型的升级版）也很重，无法通过飞机运送。

预警和引导雷达所使用的无线电频率也是基于时间和预算来进行选择的。后来我们开发出了名为"青松"（Green Pine）的雷达系统，它可以在长波段进行工作，这是由埃尔塔公司开发的，本来是为拉维战斗机设计的。

那时，拉维项目已经暂时搁浅，但是，就像其他一些预算较高的项目一样，他们的工作为军工企业留下了很多新技术，其中就包括雷达技术。尽管有了这一雷达系统，但这距离全面覆盖的雷达系统还有很大距离。幸运的是，埃尔塔公司从一开始就致力于这一类项目的开发，能够设计出很多产品模型。他们把这些模型都安装在公司的一幢建筑上，用来监视从空中经过的一切物体，包括军用和民用的飞机，以及更高处经过的卫星。塔迪兰（Tadiran）被推举为命令与指挥系统的负责人，这是霍玛系统的第三个组成部分，也是一个非常重要的签约者。

到现在为止，我们心中还是没有对于整个防御系统的总体构想。米哈·科恩的公司就整个课题进行了多项研究，我们也逐渐得到了关于这一系统三个组成部分的可行性的准确数据。尽管有了一些进展，但还是没有整体观念。后来的事实证明，整体观念的形成不是自然而然的，而是需要一定的压力，有压力才会有动力。

事情起因于我们去美国的一次例行考察，当时我们打算向美国同行汇报一下我们的项目进展情况。我们当时想通过这次汇报来争取美国对我们项目的更大投入。与我一同前往华盛顿的有乌兹·鲁宾和霍玛团队的一些成员，还有纽约国防部代表团团长摩西·科夏诺夫斯基（Moshe Kochanovski）和我们驻华盛顿的武官乔拉·罗姆（Giora Rom）少将。我和鲁宾到达华盛顿后，罗姆少将告诉我们：他们已经为我们安排好了与国防部秘书威廉·佩里（William Perry）的会面，地点在五角大楼；然后在美国国务院会见副国务卿；随后去白宫会见当时的国家安全委员会主席马丁·因迪克（后来他曾担任美国驻以色列大使）。

这时我们才突然发现：我们对于整个的霍玛系统还没有一个完整而又经过授权的操作构想。但是，我们不想错过这个向美国当局进行汇报的机会，因为如果汇报能够得到美方认可，我们就可以获得更多技术与资金支持。可问题是，我们不仅没有整体构想，也没有得到以色列各部委及军方的支持，而且我们连个像样的幻灯片都没有。我们现在只有24小时的时间进行准备。

于是，我马上和鲁宾的团队成员以及驻华盛顿武官的下属一起连夜准备幻灯片，把所有我们能想到的最新设想都放了进去。到了当天，我们的幻灯片确实做到了内容丰富而又重点突出。

我与驻美武官罗姆一起与威廉·佩里进行了一次私下会谈。我与佩里曾经打过交道，那是在1974年，我与他共同参与了对苏联和欧洲武器的分析。而鲁宾与佩里也是老相识，这无形中给我们的展示活动做了一个很好的铺垫。

我们的第一次展示活动很成功，我们能在美国同行的眼中看到热情与钦佩，而佩里也马上下达了支持我们继续进行研究的命令。随后的展示也基本上没有出现任何问题。这才让我们的心情慢慢放松下来。

尽管如此，在回国途中我们还是非常紧张。因为我们自知我们的各种构想都没有经过上级批准，如果没有他们的批准，我们很有可能完全无法对双方交代。一到以色列，我就马上要求会见IAI总裁伊夫里。我把事情原原本本地告诉了他，并强调：当时情况紧急，我们没有时间向国内申请，于是就将在外不从军令了。如果不这样做，我们争取美国支援的路就会拉长很多倍。伊夫里同意我们的做法，而且还为我们谋划如何以同样的方式说服国防部长。虽然还没有给国防部长汇报，但是这时我们心里已经有了底：因为美国已经同意，国防部没有什么理由反对。大家读到这里就应该明白了：霍玛系统的整体构想就这样在情急之下意外产生了。说是意外，其实这与我们多年来辛勤不断的研究是分不开的。

爱德华·泰勒教授，"奇迹"激光，以及鹦鹉螺工程

提到用高能激光对付喀秋莎火箭，以及后来的"鹦鹉螺"工程，我们就不得不再次提到爱德华·泰勒教授。

世界闻名的以色列物理学家尤瓦尔·尼曼与美国的学术界有着密切的联系，与泰勒教授也私交甚厚。20世纪80年代初期，泰勒访问以色列，尼曼建议我邀请他来给IAEC的成员进行一次演讲。在他上台演讲前，我与泰勒

教授有一次短暂的谈话，虽然短暂，我却很快被这个高个子男人给迷住了，他声音洪亮，眼睛里总有些调皮的神色。报告厅里坐满了人，泰勒一走上场就受到了热烈的欢迎，一个小时很快就过去了，听众们都感觉意犹未尽。

我在家里招待泰勒教授吃饭，我妻子知道教授的原籍是匈牙利，于是特意为他做了匈牙利特色的辣椒炖牛肉。我们这里只有以色列本地的辣椒，而且我妻子对于自己的厨艺信心不足，生怕教授不喜欢。教授品尝后连夸做得好，不仅辣椒不比匈牙利的差，而且烹饪技术更是出色，最后他给了我妻子三颗星的好评（注意，三颗星可是饮食行业的最高等级！）。

泰勒教授再次来以色列时，我已经是玛法特的主管。有一天，尼曼告诉我，泰勒教授打算与我见一面，我当时真的有些受宠若惊。他当时下榻在特拉维夫的希尔顿酒店，住的是非常宽敞的套房。当时正是葡萄丰收的季节，他的桌子上就摆着一大碗。我们一边吃葡萄，一边讨论导弹防御问题。他开口说道："我知道你们正在从事拦截导弹的研究，这很有必要，不过，这只是防御体系的其中一层。你们有没有想过增加一层防御措施？我建议你们考虑一下高能激光。"随后他开始跟我介绍美国使用高能激光的情况。他们在新墨西哥州的白沙岛已经进行了几次实验，效果很明显。他继续说道："你们可以申请向五角大楼借用这种激光设备，看看在以色列这种干旱、多灰尘的气候下运行效果怎么样。"我一边听他说，一边想："奇迹"，真是个好名字，以色列人每天都在盼望奇迹发生。

泰勒教授一直是美国导弹防御系统的积极支持者，在五角大楼和白宫都享有特殊的地位，我相信我们在必要时可以向他求助。在随后我对美国的访问中，我申请去参观位于白沙岛的美国军事实验基地。军事实验基地是美国一直保持高度戒备的地方，要想拿到参观许可证需要很繁琐的手续。而且就算进入了实验基地，也并不意味着你就可以随意参观了，很多内部区域依然不对外开放，或者需要更多严格的手续。不过，这次我们进入基地倒是比较顺利，不知是因为我们是 SDIO 请来的客人，还是因为泰勒教授的举荐。

白沙城已经成为美国军方在导弹防御系统研发过程中一些重要阶段的主

要实验场地。这就需要建造大型的极为复杂的雷达系统来收集每次导弹发射的信息。经过这么多年的研究后，他们已经基本掌握了如何借助雷达系统用高能激光摧毁空中目标。

我们到达这个基地后，他们对我们的欢迎程度超出了我们的想象，而且很快就把整个基地的基本架构都告诉了我们，当然，这些也都是他们在考虑了我们的安全级别后才安排好的。下午时，我们来到了高能激光的发射场地。当天的天气非常炎热干燥，这反而让我们有回家的感觉，因为我们的拉斐尔公司在内盖夫沙漠的实验基地就是这样的天气。刚到这里时，我们有些茫然不知所措，因为不知道接下来要参观的是什么样的一种设备。我们在这里只是看到了一片雄伟的建筑。他们把我们带进了其中一座，在一个会议厅里开始给我们放激光实验的纪录影片。看完后，我们都对高能激光的威力更为信服。不过，激光束的辐射距离要看天气而定。在没有灰尘、雾气和水汽的情况下，激光的发射距离可达10千米。不过，我们当时心里也清楚，美国绝对不会把这种技术传授给我们，就算是泰勒教授从中帮忙也无济于事。

我们回国后依然对高能激光的威力记忆犹新。我们知道，美国人给我们展示的只是他们成功的例子，而他们的那些失败案例应该也不少，但是谁又没经历过失败呢？不久喀秋莎火箭炮就从黎巴嫩向以色列北部发射了过来，而且数量也在不断增加。为了应对这种火箭炮对于八英镇（Kiryat Shmona）的攻击，1993年7月，以色列进行了"问责"行动（Operation "Accountability"，希伯来文称作 din v'kheshbon），最终与黎巴嫩达成了谅解备忘录，保证了以色列北部边境的安全。这时我们就意识到：我们一定要找到另外一种解决黎巴嫩火箭炮攻击的办法，基本原则是积极防御。我们开始讨论利用高能激光在中途摧毁火箭炮的可能性。

我们一开始的时候还是比较谨慎的，只是要求美国人允许我们测试一下激光能否穿透喀秋莎火箭炮。

喀秋莎火箭炮对我们的威胁很大。苏联人生产的东西都非常厚重，这种火箭炮也不例外，它的弹壳是用10厘米的钢板制成的，非常不易钻透。为增加火箭炮的飞行能力，设计者还增加了炮弹的自转设计。这种设计充分利用了空气动力学原理，有很多好处，很多是原来的设计者都没有预料到的。其中之一就是：当雷达探测到导弹的位置后，它能够确定的不是一个点，而是一个由于高速旋转而形成的一个环状物。

在美国SDIO一些我们的朋友的支持下，我们得到在白沙城进行试验的许可。我们欣喜若狂，因为我们知道我们将要进行的是一个有历史意义的试验。为进行试验，我们需要从以色列运送几枚喀秋莎火箭炮及发射装置去美国。美国人自然不负责火箭炮的维护和安全保障，所以我们需要派出自己的人员去准备发射过程。第一次测试很快开始，激光控制室里的气氛很紧张，大家都在期待结果。火箭炮发射了，炮弹无精打采地升上了天空。突然间，屏幕上出现了一束耀眼的光，几秒钟后，我们看到爆炸的景象，炮弹消失了。控制室里马上响起了一片欢呼声。我们欢呼不仅仅是为这一次实验，而且我们证明了用激光可以中途拦截导弹，这是能够创造历史的一刻。

鹦鹉螺工程（或被称作THEL，战略型高能量激光项目）就此拉开了序幕，但是这个项目从始至终都充满了坎坷。美国军方对此没有兴趣，他们也就自然不愿在这上面多花钱。还有，这一项目多少会受到天气的限制，这也是美国不愿看到的。他们希望自己研究出的东西在各种天气条件下都可以拿出来用。但是，出于政治因素考虑，美国国会要求军方与我们合作，于是军方也只有服从。

1996年，美以签署了关于发展可拦截火箭炮的激光系统的协议。我们急需在八英镇布置两套这样的防御系统。据我们的估算，两套系统就足以保卫八英镇和周围的加利利狭长地区。也就是说，我们的激光摧毁导弹技术刚刚成型就要用到实际战争中去，但这并不是第一次。这是一个需求催生技术进步的绝佳例证。而且在实战中，技术的进步是最快的，我们可以随时根据实际情况调整技术设定。我们在美国白沙城进行的数次实验都很成功，这给了我们巨大的信心，但是实际遇到的困难还是很多的，比如：激光中的有毒化学成分所可能造成的污染；如何确保激光发射器的安全，防止敌人的蓄意破坏以及炮弹弹片对其的损害；最重要的还是资金问题，因为这次美国不会全部出资，而是需要以色列承担一部分费用。

以色列撤出黎巴嫩南部后，各界整体的感觉是：导弹以及火箭炮的袭击已经基本不存在了，所以激光项目可以暂缓。尽管后来位于加沙地带的巴勒斯坦人向斯德洛特（Sderot）及周围地区发射了数百枚自制的卡萨姆（Qassam）火箭炮，但是大家普遍认为这种炮弹过于低端，不会对我们造成什么威胁，因此也没有太放在心上。因此，2004年，当局叫停了鹦鹉螺工程，自然而然，美国人也就不会单独开发这一系统了。直到2006年第二次黎嫩战争爆发，我们才重新意识到：导弹的威胁不仅存在，而且比我们预想的更为可怕。这也同样证明了我们当初在拦截导弹和高能激光方面的努力都是值得的。

投标者，抗争，艰难的决定

1993年5月，《投标人强制法》（Mandatory Tenders Law）开始在以色列全国生效。尽管国防部努力想避开这一法律的制约，但最终还是同意了其中的所有条款。在选择合格的投标人方面，国防研发项目已经有了一套自己的决策机制，这足以确保他们做出正确的选

埃拉姆参加武器系统测试

择。这套决策机制的具体体现就是开发人员遴选委员会。现在要把它转型成为一个投标人委员会，难度并不是很大。这一委员会一直由我领导，这也是无可奈何之事，因为找不到其他愿意插手这一复杂事态的人。前面我们提到过为"利箭"导弹系统选择主要投标人，在这一过程中，玛法特得到了美国国防部弹道导弹防御组织（Ballistic Missile Defense Organization）的大力支持。

第十二章　玛法特（MAFAT）　<<<<< 259

从 1992 年到 1995 年，拉宾既是总理，又是国防部长。在这一时期，玛法特又作出了一个重要但同时十分艰难的决定。在最近这些年里，我们一直在考虑一种可能性，那就是发明一种具有革命性意义的武器系统，这一系统要把无人机起落平台、智能操控系统和无人机上的各种设备结合起来。我们很快向当局证明了这一构想的可行性，于是政府当局同意我们开始研究工作。在起始阶段，这一项目遇到了各种技术上的困难，整体预算也得在上亿谢克尔（以色列货币单位）。对于几家大型的军工企业来说，这既是一次难得的机遇，又是一个不小的考验。我们从一开始就明白：投标过程是不可避免的，于是研发所的专业部门开始准备参与投标的具体说明。经过第一轮竞标后，有两家公司进入了第二轮：一家是埃尔比特，另一家是已经在无人机方面占有很大优势的 IAI。

但这并不是说埃尔比特就完全没有竞争力。他们最近收购了一家小型的无人机公司，这家公司是一位前空军军官与费德曼（Federman）家族共同创办的。这位军官看到了无人机在今后可能会拥有的巨大潜力，于是计划着手开发轻型高端无人机项目。埃尔比特公司看到了这家小公司所蕴含的能力，于是很快将其纳入自己旗下。

IAI 对自己的研发能力当然是信心满满，于是他们决定委托埃尔塔公司负责无人机的电子操控系统。而埃尔比特选择的合作伙伴是塔迪兰（Tadiran）公司，他们的报价要便宜很多。看到自己获胜的机会在逐渐减小，IAI 的总裁在最后时刻决定大幅度降低报价，以期能够赢得这场竞争。

最后的评估是由三个独立的团队完成的，他们分别负责技术领域、经费问题以及与实际需求的吻合程度。我觉得在这一阶段不宜让伊夫里总裁或者拉宾部长参与其中。投招标是一个非常敏感的问题，我觉得应该把这种事情只局限在专业领域，等到最终结果出来了再告诉两位高端人物。

委员会经过严密的审核，认定埃尔比特的项目构想更具有优势。但是这并不是说 IAI 输掉了比赛，整个项目中有将近 50% 的工作需要他们两家公司合作完成。可是，当我们宣布埃尔比特中标时，IAI 还是感觉很丢面子。对这一结果，伊夫里总裁和拉宾部长都没有发表任何意见。

IAI 对此反应十分激烈，他们表示强烈抗议，还打算把整个国防部告上法庭。这一决定非常不明智，法庭判决国防部没有任何失当行为，IAI 的名声反而受到了一定损害。但 IAI 不想就此罢休，支持他们的各界势力依然在向我们施加压力。

有一天，国防部的法律顾问与我取得联系，要求我辞去 IAI 董事会成员的职务。我当然知道，做出这一决定的幕后人物是拉宾。看来他确实承受了很大压力。我回应说，我没有理由辞去这一职务。如果部长认为我应该辞职，他应该亲自告诉我。不久，在一次例行会议后，拉宾吞吞吐吐对我说：你既是玛法特的主管，又是 IAI 的董事会成员，这两个身份多少会有些冲突。我抬起头来对他说：据我所知，公务人员担任国有公司的董事会成员一直是被允许的。"关于招标的事，我自信我是秉公办事，其中并没有任何偏袒。我可以拍着自己的良心这样说。如果您决定在我到任后不再用我，我也会心甘情愿地尊重你的决定。"拉宾后来没有说什么，这件事也就这么过去了。

国际交流与研发协议

作为一个小岛国家，以色列面临众多海洋敌国，因此它一直渴望与其他国家建立有效的军事以及防务关系。我们通过武器开发部、研发单位和其他机构工作过程中与外国及各个机构的交往中所获得的经验是十分重要的，但是在 20 世纪 80 年代中叶，我们开始觉得有必要扩展我们与美国的专属关系，而开始建立与欧洲和远东的关系。

六日战争之后，以色列同美国的关系逐渐加强。法国和英国做出政治决议，几乎全面禁止对以出售武器系统。即使在政治上和道义上仍然支持以色列的德国，也限制了其对以出售的武器系统类型及零部件。我们在国防领域对美国的倾向有许多表现形式，这些在国际舞台上都得到了美国的政治支持。此外，美国还向以色列提供援助，援助金额持续增加，目前已达到每年 20

多亿美元，并迫使以色列购买美国生产的武器系统。在许多情况下，武器系统都是通过美军的技术－金融机构购买的，这就形成了以色列国防军和美国军方官员之间的多种个人联系网络。

美国援助的高明之处在于它使我们极其依赖美国，并造成了以色列国防军和以色列国防机构的各个部门都越来越沉迷于从美国采购武器的情形。同时，人文因素也发挥了重要的作用。以色列所有高中毕业生在某种程度上都懂英语，这使以色列人更容易适应美国的学术和商业环境。美国为以色列军事人员提供了一整套课程和培训方案，这也有助于增加以色列的亲美情绪。美国高等教育提供的各种机会，包括学者以及研究实验室和国防工业工作人员的休假制度，也加强了当地对以色列亲美政策的支持。

在20世纪六七十年代，以色列同其他外国军队的联系主要是建立在西方国家对我们与苏联战斗中获得的经验和汲取的教训的兴趣。随着时间的推移，我们在自主研发方面取得了更多的进展，我们意识到，我们也拥有可以与信任的友邦分享的技术资产。然而，从美国得到的援助越多，以色列国防机构为以色列国防军开发和生产以色列武器系统所投入的资金就越少。这一趋势迫使国防工业不断加大防务出口的程度。

国防出口继续扩大，武器系统市场的国际竞争日趋激烈，这使国防工业的需求不断增长，并逐步出售其日益先进的系统。出口前的授权过程涉及三个主要考虑因素：政治因素、安全检查，以及最重要的技术因素。玛法特的专业部门负责准备和评估支持或反对向敏感地区的产品颁发出口许可的理由。国防部和国防军都认识到需要建立一个最高协调机构来确定整个国防机构在出口许可问题上的地位。担任国际联络最高协调委员会主席的任务自然落到了玛法特负责人的身上。该委员会由国防部有关部门负责人、总参谋部高级代表、以色列国防军和国防军信息安全部门负责人组成。几年来，分配给玛法特技术部门和参与委员会会议材料准备工作的其他机构的工作量有所增加。这反过来又增加了我的工作量，但我毫不怀疑，投入必要的时间是非常重要的。以谢克尔为基础的国防军军备预算减少到了极点，国防工业不得不加强国际营销团队以保持其能力并留住训练有素的专业人员。这一情况持续没多久，国防部门就统计出以色列国防工业中只有20%的工作是致力于建设以色列国防军，而其余80%的工作则专注于防务出口。

国防研发专业人员发现自己踏入了一个新的活动领域。在短短几年时间里，国防研发人员就成了建立和维护以色列与其他国家国防业务关系的重要力量，为以色列国防出口铺平了道路。因此，从20世纪80年代中叶开始，玛法特就越来越多地参与构建独具特色的新型外交关系的复杂过程。国防工业需要提出新的项目来开发和营销，而国防机构认识到在以谢克尔为基础的以色列国防军采购预算减少的状况下，急需另外一种力量使国防工业能够继续生存下去。

法国

无论过去还是现在，法国都以其全球愿景，保持着重要的技术和工业国家地位，并成为欧洲的主导力量。六日战争前，法国是以色列军事技术的主要供应国，但戴高乐总统在战后对所有武器实行全面禁运。禁运表面上针对所有战斗人员，但很快就对阿拉伯国家解除，但对以色列却严格执行。这意味着我们需要提出创造性的解决方案来修复关系。

法国国防部装备总局（Direction générale de l'armement，简称DGA）由平民和军事人员组成。当时的军官主要为军需官，大部分毕业于巴黎综合理工学院，一所国立的工程学校。我们开始与由马凯斯（Marcais）将军领导的DRET（法国军事研究机构）建立联系，并决定尽力以相对宽松的安全检查为基础来恢复我们的关系。玛法特决定设立一个联合行政和监督机构，由马凯斯和我主持年度会议（会议地点在法国和以色列之间轮换）以便跟进在共同关心的问题上取得的进展。维克多·马凯斯（Victor Marcais）是一个身材高大、秃顶的男人，他满面笑容的背后隐藏着勇敢而坚毅的性格。我逐渐开始欣赏他的勇气，正是因为这份勇气，他独自承担风险，使我们能够在日益敏感的研发项目中建立伙伴关系。

在我们恢复关系的初始阶段，我们都很清楚我们需要选择那些不会涉及安全风险的民用非机密领域开始合作。我毫不犹豫地朝这个方向前进，因为我明白这是培养双方关系的唯一途径。我希望通过双方共同努力能增强信任，从而开启机密领域的合作，进而推动双方国防体系共同发展。

五年后，在逐步消除双方合作中涉密相关的障碍后，我们已经能够在防务研发领域签署协议草案。这个时候，马赛（Marseilles）将军已经退休。他的继任者是保罗－伊凡·德·圣热尔曼（Paul-Ivan de Saint-Germain），一位专门从事军备工作的将军，他也是位工程师，同样毕业于巴黎综合理工学院。他身材瘦长，尖脸型，戴着眼镜下的棕色双眼炯炯有神，如激光般具有穿透力。他行事果断，对待下属很严厉，只有当我深入了解他之后，才感觉到他温和的一面。他精力充沛，着力改善以法关系，很快两国间国防研发合作协议草案就准备就绪，等待以色列和法国国防部长签署。我们很期待法国国防部长弗朗索瓦·雷奥塔（François Léotard）作为以色列国防部长拉宾的贵宾访问以色列。在与法国防部长代表团的会晤中，我被要求就联合研发活动的现状做简短介绍。我决定用法语进行介绍，时至今日，我仍然无法想象当时的胆量和勇气。拉宾和莱奥塔尔部长签署了这项协议，为今后进行的联合行动提供了强有力的保障，这一合作持续至今并依然发挥重要作用。

法国和以色列在国防技术领域的合作没有任何戏剧性的发展。相反，以色列和法国的国防工业之间的关系是建立在一个不断发展的关系和人民之间相互信任的基础之上的。随后的几年中，这一坚固的关系基础促成了法国与以色列之间的扩展协议，由当时的国防部长埃胡德·巴拉克（Ehud Barak）与法国国防部长阿兰·理查（Alain Richard）于1999年访问以色列期间签署。这一关系也促使法国能在有限的采购中购买以色列的武器系统和弹药。

德国

自从1952年以色列总理大卫·本－古里安（David Ben-Gurion）和德国总理康拉德·阿登纳尔（Konrad Adenaur）签署赔偿协议以来，以色列与德国保持着友好的关系。自从博尔科先生和赫尔德博士在六日战争之后访问西奈半岛战场开始，根据过去的经验，我们不难理解德国国防部、军队以及国防工业中同行的做法。在赎罪日战争之后，两国国防机构之间的关系恢复正式化和制度化，两国高级官员定期会晤，国防领域的大量实际工作也逐渐展开。

20世纪80年代，以色列国防工业已经掌握了各种电子战领域的先进技术，这曾是令德国在过去十年中为之痴迷的。德国国防部的主要人物是彼得·朗格（Peter Runge），他天资聪颖，是位首席工程师，所有新兴技术都离不开他的支持。德国国防部的工作人员以及见过他的以色列人都害怕他。我很幸运能得到他的青睐，当然这也难免无数杯啤酒下肚，还得耐心地聆听他用雷鸣般的声音讲的很多故事。继而两国国防部长级高级别年度会议持续进行，为全年的合作提供了重要的帮助。两国国防机构之间关系的最高点之一是赫尔穆特·科尔（Helmut Kohl）总理在第一次海湾战争之后决定向以色列海军提供几乎免费的两艘现代化潜艇。多年来，一大批以色列海军和技术军官驻扎在德国首都波恩（联邦德国首都）和北部的造船厂，与德国人共同建造潜艇。

德国人知道我计划在1997年完成我在玛法特的工作，所以邀请我作正式的告别访问。幸运的是，我可以携带我的妻子娜奥米；然而，当走下飞机时，我们大吃一惊，展现在面前迎接我们的是一群着装优雅的官兵仪仗队。朗格和他的妻子竭尽全力使我们访问愉快。在整个行程中，所有到访之处遍布警察，由警车和摩托车为我们开路并护送，提供保护。当时德国已经处于统一东西两部的实际阶段，在我的请求下，朗格还安排了对东德国防工业的参观，东德国防工业仍无法达到西方工业的效率水平。在东德，我们参观了德累斯顿市，有一天晚上接待我们的人是在巴伐利亚州有很大影响力的著名政治家。这个才华横溢、经验丰富的人，我被悄悄告知，他曾因挪用公款被捕并流放到东德，东德人民还希望他能够使陷入困境的东德国防工业恢复繁荣。白天，我们参观了二战前曾是德国国防工业骄傲的蔡司光学工业。我们还参观了一家生产砷化镓晶体的工厂，砷化镓晶体用于国防工业光学产品。在晚餐期间，主人发表了一篇感人肺腑的演讲，他讲述了在努力恢复和繁荣东德国防工业的过程中所遇到的困难。

英国

英国与以色列的国防关系在六日战争后逐渐变冷，主要是出于政治原因。在1967年以前英以关系的黄金时代，英国向以色列提供了第一批潜艇（包括英国驶往以色列途中沉没于地中海的Dakar），并与以色列联合研发酋长式坦克。我们尝试寻求办法与英国重启合作，但都没能成功，即使以有限的规模，在非敏感非机密的领域。在正式的层面上，一切做得都很好：我们在伦敦有一个体面的大使馆，设有经济、商务和军事参赞，而且并没有禁止英国向以色列运输武器的官方政策。但在国防领域，并没有任何合作。即使在英国深受爱尔兰共和军以及极端分子困扰而开启打击恐怖主义之战的时期，也没有使双方关系进一步回暖。更不用说洛克比空难，以色列驻伦敦大使什洛莫·阿尔戈夫遭暗杀（作为黎巴嫩战争爆发的导火索）和其他一系列恐怖袭击事件。事实上，在第一次巴勒斯坦大起义期间，英国人拒绝批准以色列购买路虎吉普车，称以色列无疑会将汽车武装并用来对付被占领区的巴勒斯坦人。

在与英国国防部首席科学家会面之后，两国关系突然发生了变化。这位科学家是有着丰富研发经验的数学教授，我是在美国国防部战略防御计划局的年会上碰到他的。通常在美国举行的会议上，以色列总是备受尊重，因为我们在针对远程导弹的区域防御系统研发方面处于领先地位。英国人、法国人、德国人和日本人都对此感兴趣，成立了小组来考虑这个事情，但从未发起过实质性的研发行动，也从未购买过美国的系统。

这就是美国人为什么要定期在美国以外举行会议的原因之一。我们于1995年6月在英国出席了这样一个会议。除了我们的导弹拦截技术和对实际试验结果的分析之外，我们还能够展示导弹防御的整体概念。我们的青松雷达可以侦测敌方飞行中的导弹并引导导弹拦截威胁，这引起了众人的注意。建立一系列蓄电池和指挥控制接口的原则对于大多数与会者来说是新的领域，也是令大家非常感兴趣的课题。通常，战略防御计划局只为代表团团长设午宴。在午宴期间，我坐在英国国防部那位首席科学家旁边，我们两人自由交谈。他还没有意识到我们在防御技术方面所取得的进展，我们在导弹防御系统方面所做的工作给他留下了深刻的印象，引起了他的好奇心，我邀请他到访以色列参加第二次会议，后来他同意参加会议，并称一切准备就绪，就剩下确定会议日期。显然，这样高层次的访问需要政府的批准，我希望他那份好奇心会帮助促成此次访问。果然，在一年之后，由英国国防部副首席科学家率领的英国代表团抵达以色列。代表团包括各个学科的专家，我们竭尽全力让他们印象深刻，不虚此行。

下一步是安排以色列代表团访问英国。研发主任伊萨克·本-以色列准将（后升为少将）率领玛法特团队前往英国，并营造了积极动态的沟通和信息交流氛围。我们选择了双方都感兴趣的领域，并开始起草英以防御研发合作的书面协议。

多年来，我们意识到了签署协议的重要，因为它为我们提供了一个框架，你可以轻易填充内容，并且可以在需要时随时更改。在政治紧张时期正式协议的重要性尤为明显，因为这种协议通常只在面临非常严重的危机之后才会被取消。协议提供了一种保障，当政治风暴消退时，合作可以轻松恢复，而不必从头开始。在与英国国防部官员合作期间，我们成功起草了一份本应由英以两国国防部长签署的协议。在这个过程的关键时刻，英国政府要求他们的国防官员及法律顾问对协议发表评论。从玛法特的角度来看，要求修改有关信息安全和法律事务的措辞似乎是微不足道的，但是为了国内工作关系顺畅，这个问题需要解决。然而，在我们完成协议修改期间，英国的政治环境发生了变化，他们决定不签署协议。我们现在不得不等待一个政治环境改善后更加适当的时机，这个时机发生在1998年以色列总理本雅明·内塔尼亚胡签署"怀伊备忘录"之后。尽管这个时候我已经在巴黎休假了，但我仍鼓励玛法特尽快前往伦敦签署协议,这个协议直到今天仍然有效,它为未来两国防御技术合作提供了一个开放的框架。

瑞士

与瑞士的合作是一个从无到有逐步发展的过程,因为在以色列外交防御史上从未有过与瑞士合作的先例。瑞士一直以来都是一个独特的国家,它的中立政策要求其必须保持强大的军事力量和强制性短期义务兵役制与预备役相结合的征兵制度。瑞士的防御理念呼吁建立先进的空军以及配备德国豹式坦克和多种大炮基础上的装甲部队。多年来,一名以色列军事参赞驻守在位于瑞士首都伯尔尼的大使馆,但结果仅限于两国之间的礼节性互访,以及以色列最低限度地购买瑞士生产的厄利康高射炮等武器系统。

有一天,有人告诉我说,耶库迪尔·费德曼想跟我谈谈。费德曼是一位有名的酒店老板,曾作为 El–Op 公司合伙人身份进入国防工业,并在瑞士建立了业务联系。此前我与费德曼见过几次面,但是我们从来没有过紧密的工作关系。他有着德国的血统,欧洲人的长相,虽身材矮小却精力充沛,而且非常热情,他的大脑比言语表达更快。所以,他总是听起来像是在结结巴巴地说话。当我拿起电话时,马上切入正题:"乌兹,"他激动地说,"你必须去瑞士!现在有机会与瑞士军队和国防部工作人员一起工作!组建一个团队,下周去。我已经和那里的人谈过了。他们正在等你。"

在电话里我没有表现出我的惊讶。我只是说:"耶库迪尔,这样的事情不会立即发生。我需要弄清楚情况,如果决定要去,我们仍需要作出必要的会议安排。"

我话音刚落,另一串混杂的声音从电话听筒中冒出。"不,不,不!"他坚持说,"一切都已经准备好了。我告诉瑞士人,我们会就技术问题为他们举办一个研讨会!他们很有兴趣,会把军队和国防部的高层领导请过来!"

我们驻伯尔尼的军事参赞是阿里耶·阿隆(Arieh Alon),他长着红头发,性格开朗,是一名来自情报部队的中校。我立刻给他打了个电话,得知确有此事，通过举办一个技术研讨会，我们现在有机会直接与瑞士国防机构的高层会面。

话已经说出去了，看来我也没有理由不接受挑战。我们决定策划一个关于电子战的研讨会——阿隆坚称这一主题是瑞士的首要议题。在策划研讨会时，我们面临着棘手的问题，例如我们能够向瑞士透露敏感和机密信息的程度。我们并不怀疑他们保守机密的能力，我们也知道他们值得信任。尽管如此，我们仍然感不安。我们在瑞士总参谋部的联系人兼双方关系发展的推动者是保罗·拉斯特（Paul Rast）将军，他是负责计划和培训的副总参谋长。在加入总参谋部之前，拉斯特曾担任瑞士驻莫斯科大使馆的武官。我们计划前往瑞士首都伯尔尼参加为期两天的研讨会，第三天参观瑞士的军事设施。当我们抵达时，我们了解到瑞士军队和国防部的整个领导层都会参加研讨会，包括总参谋长，总参谋长亲自主持会议并举行会议第一天的午宴。

瑞士参会者聚精会神地聆听了来自玛法特、以色列国防军通讯及情报部队和以色列空军的工作人员的专题演讲。在为期两天的研讨会上，他们问了很多问题，这些问题显然不仅仅是出于礼仪而提的礼貌性问题。在研讨会结束之前，阿隆开始默默主张举办另一场研讨会。实际上，当我们返回以色列时，我们举行了一系列会议来选择一个合适的主题。最终我们决定把重点放在指挥控制相关的问题上，并成功说服时任中央司令部指挥官的埃胡德·巴拉克（Ehud Barak）参加会议并讲授现代战争指挥控制系统的整体构思。费德曼很高兴地告诉我们，我们给瑞士同行留下了非常深刻的印象，第二场研讨会也取得了圆满成功。我们已经熟悉了这种研讨会的动态，并能以最有效的方式向瑞士军官们传达讯息并强调具体要点。我们了解到了瑞士的国防机构，并开始认识到尽管其文职部门很小，但却能作出瑞士军方采购相关的决定。

自然而然地，经过两次研讨会的成功举办和双方共同认可的互利互惠，双方成立了一个联合协调机构。我方的目标是帮助以色列国防工业在瑞士营销他们的产品。瑞士的目标是使瑞以这种关系制度化，并对两国国防工业之间的所有活动进行监督。瑞士团队由负责计划和培训的副总参谋长领导，并包括瑞士国防部采购机构的高级代表。我们认为以色列团队应该包括国防出口援助处处长，玛法特的负责人，作为以色列国防军代表的作战部助理参谋长，以及国防部外交联络处处长。我们的团队由出口援助处处长泽维·罗伊特（Zvi Reuter）领导，这非常合乎逻辑，因为我们的主要目的是促进国防出口。罗伊特不愿担此重任，并让我代替他领导以色列团队。

在组织文化方面，我们和瑞士人的工作给我们上了有趣的一课。它教会我们尊重约定的时间表，并坚持会议准时开始。对于我们来说，这是一种新的方式，因为我们习惯了以色列组织文化的随意性，最典型的例子就是诸如"不用担心，会好起来的"和"相信我"之类的空头保证。我自然地认同了瑞士文化的这一方面，并努力说服国防机构的同事在日期和时间方面要精确准时。协调委员会支持下的瑞以合作取得了令人瞩目的成果，其中包括将以色列先进系统出口到瑞士。在了解了瑞士防御理念的原则之后，我们就更容易指导我们的国防工业如何为瑞士军队提供他们所需求的解决方案。拉斯特将军从计划和培训副总参谋长的职位上退休后，由保罗·穆勒（Paul Müeler）将军继任，虽然保罗·穆勒和他的前任截然不同，但他对待双方合作仍然保持着开放、信任和热情，这种精神弥漫在整个瑞士军方领导层。

我们第一次访问瑞士的时候，有一天在伯尔尼的音乐商店里漫步时，我发现了一个袖珍小号。在我们访问的最后一天晚上，我们参加了我们驻伯尔尼的军事参赞举行的晚宴，我为瑞士的同事们播放了许多约德尔歌曲（用真假嗓音交替歌唱）和传统的以色列民歌。结果联合委员会瑞方秘书学会了如何弹吉他，为瑞士-以色列协调委员会会议添加了音乐元素。1997年在瑞士举行的协调委员会会议是我参加的最后一次会议，我的同事穆勒将军知道我即将从现职卸任后，为我准备一个惊喜。两天会议之后，瑞方在伯尔尼的一座宫殿举行了庆祝晚宴。晚餐后，我们开始发表演讲并互赠礼物，这是我们与瑞士人开会的习惯。穆勒首先赞扬了两国之间积极稳定的关系，到了开始赠送礼物的时候，他建议调换顺序，从以色列代表团的成员开始。

代表团的每一位成员都收到了带有瑞士军队刺绣标志的领带。"乌西

（Oussi），"我的朋友穆勒继续说道，"今天我有一些不同的东西送你。"然后，他正式地递给我一本小绿册子，一本如何在瑞士军乐团吹小号的学习指南。在感谢穆勒将军的同时，我迅速翻阅了这本小册子，并开玩笑地说明天想请假，以便研究这本小册子。紧接着，将军的助手从我身后悄悄走过来，把一个大箱子放在我面前。我把它打开，发现里面装着一个闪亮的银色小号！当我拿起它的时候，我的心怦怦直跳，我意识到这是一个叫作巴赫·斯特拉迪瓦里（Bach Stradivarius）的小号，由位于印第安纳州埃尔克哈特（Elkhart）的世界顶尖高品质小号公司生产。我顿时不知道该说什么，只蹦出一句话："什么也不说了，我现在就想吹。"我把漂亮的巴赫·斯特拉迪瓦里放在嘴唇上，也没开始热身，就吹起了节奏轻快的瑞士约德尔歌曲。然后我跟大家说我要吹一首以色列的歌曲，首先跃入脑海的便是"金色的耶路撒冷"。这次晚宴感人而特别，为我参与的所有瑞士－以色列联合防务活动画上了圆满的句号。

亚洲

以色列与亚洲的关系是以色列外交关系史上的一个独特篇章。我有幸涉足这一关系的某些方面并发挥作用。我与远东和东南亚的关系始于1959年举行的亚洲学生干部研讨会，当时我作为海法理工学院的学生参会。我在马来西亚首都吉隆坡与来自亚洲其他国家的学生干部一起度过了五个星期，亚洲在我心中是个温暖的地方，这份温暖留存至今。多年以后，在参加完斯坦福大学工商管理专业大学讲师专题项目返回以色列的途中，我经过中国台湾、菲律宾、新加坡和印度，并拜访了几位大学时代的朋友。来自菲律宾的马丁·波诺安当时在马尼拉大学担任工商管理系教授，后来被任命为菲律宾国家航空公司总干事。来自中国的经济学家庞教授小时候便与家人从内地搬到香港，后又迁至新加坡，在新加坡的南洋大学（现为南洋理工大学）任经济学教授。庞教授和他的妻子盛情款待了我。新加坡于1965年宣布独立之后，他们的传奇总理李光耀开始努力统一全国，带领他们走上一条将新加坡建成亚洲主要经济、商业和政治大国并屹立于国际舞台上的道路。

随着时间的推移，为以色列国防军相对较小的市场开发先进武器系统所带来的高昂成本使预算问题愈演愈烈。简而言之，以色列国防工业在为国防军提供所需的系统方面面临困难，因为军方的军备支出无法覆盖研发成本。与美国或欧洲大国这样的超级大国所能负担起的系统数量相比，以色列国防军可以负担起的系统数量微不足道。近年来，法国、英国、德国等欧盟国家也开始面临国防预算削减、研发成本高昂与采购数量有限的问题。

以色列的决策者们已别无选择，只能为建立武器系统的大型合作项目而努力。当我们开始朝这个方向努力时，我们不知道这对以色列国防出口政策的未来将会有多么重要的影响。以色列国防工业提出了巧妙的解决方案来应对未来空中、海上和陆上战争的挑战，但是他们无法从以色列国内获得足够的经费用以支撑系统研发。唯一的选择就是在系统研发之前，说服亚洲国家的同行们购买我们研发的系统。这是一个非常复杂的过程，这要求国际联络最高协调委员会授权向国外提供我们未来系统的信息，同时要求以色列国防军有关部门承诺在完成研发后购买该系统。这些要求是我们的国外合作伙伴决定装备这些系统的先决条件。同时还要求得到国防军总参谋长和国防部长的支持和授权。在某些情况下，我们被迫达成看似不可能的妥协。但是，当我们最终签署协议的时候，我们知道我们正在走上一条新的道路。这标志着一个突破，它将带给我们迄今难以想象的工作模式、伙伴关系和预算来源。这种基于工程研发项目建立的伙伴关系模式非常成功，以至于我们获得的每一个可能的机会都得益于这种伙伴关系。事实上，在今天的以色列国防出口中，大量的研发成本都是由有意购买我方系统的外国支付的。这使以色列国防军能够节省开发成本，在采购武器阶段面临的经济困难较小。让以色列客户从一开始就参与进来，向他们保证每个项目都受到专业监督，以确保其满足操作需求，这样就减轻了外国客户的担忧。以色列国防军军官的参与也确保了以色列客户的利益。

印度

从我个人的角度来看，以色列与印度的特殊关系也可以追溯到1959年在吉隆坡举办的亚洲学生干部研讨会。另一个个人因素是我参加了1965—1966年斯坦福大学工商管理专业大学讲师专题课程项目，在那里我和来自印度的八名讲师一个班。印度讲师的雄心和他们的成功欲给我留下了深刻的印象。我认识到了他们的民族自豪感和愿意向每个人证明印度是世界强国的欲望。他们聪明、博学、勤奋，最重要的是他们雄心勃勃。他们来自印度的不同地区，从加尔各答到新德里，再到孟买——尽管他们有许多不同之处，但也有着明显的共同点。

当以色列和印度两国国防机构之间的关系开始走向制度化的时候，我计划飞往印度，建立双方在技术研发方面的联系。我要见的那个人是阿卜杜勒·卡拉姆（Abdul Kalam）博士，他在印度军事和国防研发领域身居高位。国防部长伊夫里曾在访问印度时见过卡拉姆博士，形容他是一个封闭难懂的人，并不认为我们能以任何方式与他建立关系并从中受益。此次印度之行我并未有所期望，只是充满好奇，因为议程第一项便是与卡拉姆博士进行私人会面。

阿卜杜勒·卡拉姆，一个身材瘦小的男人坐在一个巨大的桌子后面，桌上堆满了书和文件，他起身热情地与我握手。短短几分钟之内，我们就好像有了共同语言，聊得十分投机顺畅。我们聊到了以色列，以及如何开辟我们自己的技术独立之路。谈到了印度在研发上面临的挑战，以及印度第一次核试验后美国对印度实施的几乎全面禁运。卡拉姆博士是位杰出的航空工程师，他出生并成长在泰米尔纳德邦。这个谦虚的穆斯林，看起来像一个真正的苦行者，天生具有强大且迷人的个性。他在印度弹道导弹研发方面的作用以及他为印度核计划所做的贡献使卡拉姆这个泰米尔穆斯林成为印度最受尊敬的人物之一。

怀有强烈的敏感和理解，卡拉姆博士在我们的会面中甚至没有一次提过

第十二章 玛法特（MAFAT） <<<<< 273

核问题。我们都清楚双方在这方面所扮演的角色。在美国技术封锁的这些年里，阿卜杜勒·卡拉姆是印度技术独立斗争背后的推动力量。2002年，在领导印度进行漫长而光辉的国防研发事业之后，卡拉姆博士当选为印度总统。

第一次到访印度期间，我们参观了研发实验室和雄心勃勃的项目，见证了印度人为发展各种类型及尺寸的导弹所做出的努力。我们了解到他们为开发电子战系统所做的巨大努力，他们拥有的金属和先进材料的知识以及他们对计算机和先进应用的掌握令我们印象深刻。卡拉姆博士还坚持要我们参观大学并会见自然科学领域的教授和学生。他一直对教育感兴趣，始终鼓舞着年轻一代，甚至在他辞去总统和所有其他公职之后，仍然如此。

那时候，印度人雄心勃勃，但在没有外界帮助的情况下，需要走相当长一段路才能实现目标。在充满启发性的印度之行结束之际，最合适的做法似乎就是建立一个合作项目，并让他们明白由他们领导这个项目。我们与卡拉姆博士及其同事达成协议，约定在以色列和印度之间定期举行会议。我们明确了对他们重要的事情，也知道我们所能提供的东西。尽管如此，我们开始考虑安全风险，怀疑我们的新合作伙伴能否对共享的信息进行保密。在我们第一次会议上，卡拉姆博士只提出了一个要求，但我别无选择只能明确回绝，因为这涉及我们的"神箭"导弹。虽然卡拉姆的要求旨在缩短采购系统的时间用以防御巴基斯坦远程导弹，这当然是可以理解的，但我不得不明确地告诉他，"神箭"导弹是与美国人合作开发的，而且我们正在接受美国巨额资助，没有美国人的明确授权，我们无法向他们提供该系统。我也知道，更多的帮助也需要与美国人进行磋商和协调，因为导弹防御系统及多种部件的分析不是美国人做的。总而言之，我们清楚地认识到，在战略－政治领域给予印度人任何的帮助都需要衡量美国对这个问题的敏感性。我告诉卡拉姆博士，我们可能需要经过大约两年的合作才能在导弹防御方面帮助他们。在我看来，他对我们的政治和防御方面的局限性有了清楚的认识。在我们与印度人的持续关系中，我们开始明白，实际上，正是因为我们对他们"神箭"导弹的要求所作出的直接且诚实的回绝才建立起了信任的桥梁，这支撑了大量技术含量高，预算高且复杂的合作项目。

后来，当我率领代表团在巴黎访问的时候，基于我和阿卜杜勒·卡拉姆博士的特殊个人关系，使我不得不迅速前往印度。这次访问是因为国防部担忧以色列与印度的关系正进入危机时期，这可能会危及我们的合作项目。在不到三天的时间内，我乘飞机回到以色列，迅速了解双方关系的最新状况，继而又乘飞机飞往印度与卡拉姆博士及其同事会谈，然后又回到以色列汇报会议结果，随后返回巴黎履行国防部代表团团长的职责。当我抵达新德里时，卡拉姆办公室秘书告诉我卡拉姆想在我下榻的酒店与我见面。他独自一人过来，没有带助手，他的保镖在酒店的入口处等候。经过三个小时并喝了两大杯鲜榨橙汁之后，我们解决了所有问题。不过，我们仍然需要与他的资深的负责武器开发和采购的同事见面并共进晚餐。晚餐地点选在市里最高档的餐厅，我们预定了一个安静的私人房间。卡拉姆博士那沉着冷静、富有魅力的领导能力让他的同事无用武之地，只有接受他用泰米尔口音所说的一切。晚饭后，我坐着卡拉姆博士的公务车直奔机场，返回以色列。我们的关系与合作已恢复正常，我很高兴能够在维持以色列与印度正在进行的关系与合作中发挥重要作用。

美国

我在玛法特工作的12年里，我们与美国的军事和政府防务机构的关系是建立在20世纪70年代奠定的基础之上的。在赎罪日战争之后发生的关于战争技术和战术经验教训的多项工作和广泛对话，使以色列国防部与五角大楼建立了牢固的关系。虽然我离开国防部已经10年了，但对我来说，与五角大楼和美国军方重建紧密联系仍然不成问题。那时候，玛法特驻华盛顿代表团已建立完备，还包括以色列国防武官及其海陆空事务的助手。当"神箭"导弹防御计划开始时，我们又向位于华盛顿的以色列驻美大使馆增派了一名代表，这名官员只与美国国防部的战略防御计划局合作共事。1993年5月，就在比尔·克林顿入主白宫后不久，美国决定将负责"神箭"导弹防御计划的国防机构更名为弹道导弹防御组织（BMDO）。同年8月，马尔科姆·奥尼尔少将被任命为该组织的负责人，并晋升为三星将军（中将）。BMDO位于五角大楼深处的地下室，戒备森严。在我第一次访问BMDO的时候，奥尼尔热情地接待了我，如失散多年的兄弟重新见面一般。他曾向同事们透露，他不会忘记1991年海湾战争爆发之前，我访问美国期间给予他的慷慨相助。那时，奥尼尔任陆军准将，是美国军队研发实验室的指挥官。此次访问是我们与美军在战争期间保持的密切合作关系的一部分。当伊拉克军队控制科威特之后，在备战期间，美国人被即将与伊拉克发生的战事而困扰。美军实验室加紧武器研制工作以应对科威特地面战争。进攻前的这段时间对于任何大型项目来说都太短，美国人对我们回答问题的开放态度以及我们向他们提供技术信息的意愿印象深刻。他们也非常感谢我们与他们分享我们在反坦克和特种部队武器方面的一些经验。在我们参观奥尼尔所在的实验室期间，我们破天荒地接触到了战备期间由实验室负责的快速反应项目。借助这个绝好的机会，我们也有幸观看了美军在夜视、地雷探测、电子战防御和特种部队作战方面的新系统的展示。

奥尼尔将军拥有物理学博士学位。他还是一名伞兵军官，曾作为一名突击队员受过训练，并受骋为越南侦察公司的顾问，因战斗中的英勇表现和突出领导能力而获过奖章。从我遇到他的那一刻起，我就对他有一种亲切之感，但我从来没有想过我们的命运会再次交叉，当然不会像弹道导弹防御系统那么重要。在奥尼尔的职业生涯中，他从战斗岗位转到研发管理岗位，再回到战斗岗位，一直在升官。他是一个瘦小却肌肉发达的男人，坚持在五角大楼官员俱乐部锻炼身体，包括长跑和负重训练。奥尼尔有着棕色的眼睛，总是与人进行直接的眼神交流，表现出好奇心、温暖和一丝调皮的幽默。我很高兴看到奥尼尔身居高位，这对美国和以色列在导弹防御领域的合作至关重要。奥尼尔的行事风格影响了他手下的人员，他们为以色列方这一项目提供了开放、有效且鼓舞人心的帮助。我们现在也参与了美国导弹防御计划更为机密的部分，比如海湾战争期间爱国者系统失败后的疑虑。雷神公司在战后赞扬其研制的导弹系统的公关活动无法改变一个令人失望的事实，那就是他们的防空导弹系统无法对抗侯赛因的导弹。奥尼尔领导了复杂的研发计划，其中包括雷神公司试图改进爱国者导弹的PAC-2项目，并努力提升从海上拦截"飞毛腿"导弹的能力，由此成为宙斯盾海军巡洋舰先进防御系统的一部分。我惊奇地发现奥尼尔在国防工业、军队和国防部内部找到了新的导弹防御支持者。他懂得如何与不同的机构进行交流，把他们变成伙伴。在海湾战争期间，美国在寻求应对明显的导弹威胁方面所取得的最大成就，就是研发出了一种被称为萨德（THAAD）的新型防御系统。该计划背后的想法十分巧妙：它是一种轻便紧凑型导弹，可以通过直接接触摧毁敌方导弹，而不需要爆炸性弹头。该系统旨在覆盖导弹防御的外围，拦截射程为150-200公里范围内的敌方导弹。对于射程较短的导弹，美国人指定使用升级版爱国者导弹，即PAC-3进行拦截。新系统对于拦截导弹的制导有严格的雷达要求，要求导弹重量和体积都很小。该系统被设计成由C-130"大力神"运输机运载，这种运输机能够在短距离临时着陆带上着陆。

研制这种轻型快速导弹在最初几年遇到了很多困难，经历了一系列失败，奥尼尔请求我们派出一个"神箭"系统专家团队进行评估。我们认为这是我们研发人员可能受到的最高形式的称赞。它为我们提供了一个机会来报答美国人在我们研制"神箭"导弹的早期阶段提供的至关重要的帮助。由于项目的安全敏感性，维护行业声誉的需要，以及我们希望确保五角大楼和国会对THAAD项目未来的支持，我们派出了最好的团队，并严格保密。

在采购武器系统方面，美国人恪守一项神圣不可侵犯的原则：不购买美国本土以外研制并生产的系统（NIH，即"不在此地发明"）。这一主导性原则甚至阻止美国人考虑购买Homa防御系统，也不允许在过渡时期使用。但是奇迹发生了：在紧急时刻，当美国人投入了数亿美元，而且缺乏清晰且必胜的计划的时候，"神箭"导弹的一些元素开始融入THAAD。用于推动"神箭"最终拦截的热敏装置在美国导弹系统中发挥了作用，与使用复杂的爆炸性弹头摧毁敌方导弹的原理一样。

在奥尼尔计划退役之前不久，我去了华盛顿，很高兴在一个星期天的下午收到了他的邀请。那时正值夏季，我像往常一样，早早起床，沿着城市宁静的街道开始一小时的晨跑。我完全忘记了奥尼尔曾建议我们在五角大楼的官员俱乐部跑步和锻炼。我正坐在酒店大堂喝着一杯鲜榨橙汁补充水分，直到他来找我的时候，我才突然想起我答应过和他一起跑步。我不想让朋友失望，也不敢告诉他早上我已经跑了五公里。所以我们驱车前往五角大楼，换上运动服，开始跑步。太阳已经升起，天气很热，奥尼尔就像是一只鹿飞快地穿越森林。那个早晨与奥尼尔一起晨跑既是对我耐力和决心的考验，也是我们永恒友谊的象征，我永远不会忘记。我能想象得出在我们到达奥尼尔家之后，奥尼尔妻子看着我大口喝下一杯杯冰水之后心里的想法。

奥尼尔的继任者是另一位杰出人物，他就是莱斯特·莱尔斯将军。莱里斯是第一位非裔的美国将军，我与他保持着密切的联系。莱尔斯获得了机械工程学士学位和机械与核工程硕士学位。他在美国空军开始职业生涯，并因其卓越才能而迅速升职。到了1991年，莱尔斯已经成为美国空军后勤中心的一名准将，并于1993年晋升为少将。被任命 BMDO 的负责人后，他晋升为中将。尽管他身材高大、肩膀宽阔，在哈佛大学打篮球的时候非常厉害，但莱尔斯是一个害羞而敏感的人，他握手时很轻柔，略带迟疑，看起来与他的体型不相符。

最重要的是，他有才华，头脑敏锐，分析能力强，且有着不同于他前任亚伯拉罕森和奥尼尔的领导魅力。莱尔斯大智若愚，在美国空军服役期间积累了丰富的技术管理经验，并迅速建立了他在 BMDO 的领导地位。在和我们一起工作的时候，他能分清事情的主次，我们俩之间建立的关系是一项重要的资产。莱尔斯努力增加美国对额外的"神箭"导弹研制的支持力度，使我们能够部署全部国防力量，而不必做出不可能的 谢克尔预算支出。正如他的前任和他领导的许多高级官员一样，莱尔斯把我们看作确立区域导弹防御理念的先锋队，将 Homa 系统视为 BMDO 的一项能够确保政府持续支持的重要资产。

玛法特与美国国防部高级研究计划局（DARPA）之间逐步形成了一种特殊的关系，DARPA是美国国防部的一个小型机构（雇用不到100人），负责推动军事新技术的发展。DARPA的年度预算超过20亿美元，但同样重要的是该机构在选择活动领域和制定工作计划方面具有完全自主性。DARPA计划在未来20年内建立自己的网站。这一长期计划的一个突出的例子就是阿帕网的开发，阿帕网是一种基于包交换技术的分散式网络概念，最终发展成互联网。

DARPA是一个封闭的、高度机密的机构，外部人士难以进入。20世纪90年代初期，在维克托·赖斯博士任局长期间，我们通过礼节性拜访获得了一个难得的机会，可以了解更多关于DARPA的信息。赖斯博士愿意听取我们对以色列国防机构未来技术需求的评估，甚至分享他对未来的看法。我们的合作建议得到了礼貌而含蓄的回应："我们会看一下将来有没有具体的合作机会。"我们对成功合作不抱幻想。尽管如此，我们从来没有放弃通过合作项目参与这个独特组织工作的想法，即使他们只看重具体的、明确的议题。赖斯博士由加里·登曼博士接任，登曼博士使我们双方的联合年会制度化，在年会上我们可以就各种问题分享见解，但仍然没有实际的内容。这时候，我们决定改变策略，想办法让DARPA不能拒绝。

在20世纪90年代初期，我们开始全方位研制先进的装甲车防御系统。该项目仍处于探索性开发阶段，正寻求提供坦克积极和消极防御的可能技术。在赎罪日战争期间，我们对萨格尔导弹对我们的坦克构成的威胁感到惊讶。许多坦克也遭到了RPG-7火箭发射器的攻击，实际上RPG-7火箭发射器是俄罗斯Panzerfoust号（德语称作"坦克拳"）个人反坦克火箭发射器的复制品，这种反坦克火箭发射器由德国人在二战期间研制出来的。美国T.O.W等反坦克导弹以及德国和法国导弹的研制都凸显了我们坦克的日益脆弱。尽管我们在装甲车防御的开发方面取得了令人瞩目的成就，但我们很清楚装甲厚度和坦克及其他装甲车辆的载重都是有限的。我们有应对各种导弹和火箭的消极防御的技术解决方案。我们还能够应对带有智能引信和串联式弹头的导弹的威胁,这种弹头能一个个接连引爆,以便穿透最先进的装甲。

我们也考虑过对付反坦克导弹的积极防御,并且曾经想过对坦克炮弹等动能杀伤弹头进行防御,因为这种弹头近年来变得速度更快,更具穿透力。在那一阶段,我们不需要从地面部队或梅卡瓦坦克计划管理部门获得授权,因为塔尔仍然有全面控制权,即使他的官方头衔只是顾问。

我们内部讨论过是否分享这些想法,并决定尝试去激起 DARPA 对未来坦克和其他装甲车防御的好奇心。我们邀请 DARPA 的局长加里·登曼和他的同事们访问以色列,他们接受了我们的邀请。这一诱饵效果很好,双方决定建立一个秘密的联合小组,就现有的防御措施和今后可以研发的内容交换意见。登曼的三年 DARPA 局长任期已满,他的继任者拉里·林恩继续支持双方之间的合作关系。但是,当我们开始讨论应对动能子弹的积极防御时,合作之门突然关闭了,我们无法向前推进。我们得出的结论是,这是他们工作的一个方向,不想让我们加入。当我们意识到这些问题的讨论是单向的时候,我们决定在没有收到任何实际回报之前,我们不再提供信息来激起他们的好奇心。

在世贸中心发生恐怖袭击事件之后,美国调整政策,优先开展反恐战争并建立国土安全部,这时候 DARPA 想起了我们。DARPA 的关注点从未来的 20 年重新调整至更短的时间,并了解到以色列在反恐领域的投入,以此为基础试图与我们重新开展合作。这证明了我们在反恐方面所取得的成就,但也反映了合作机构框架的重要性,因为基于框架可以在需要时更容易地添加内容。我们与 DARPA 的合作框架融入了我们与 BMDO 的合作关系,以及我们前期与美国签署的技术协议。

尽管我最后一次作为玛法特负责人去美国是公务出差,但这也是一种告别。在出差的前几天,我们接到了保罗·赫佩尔博士办公室研发与收购助理部长的电话,他说:"埃拉姆将军是否愿意和赫佩尔博士在白宫打网球?"我立刻出去买了一个合适的网球拍和与这种场合相配的网球服。我还邀请一个朋友和我一起玩了几把以免手生。我第一次见保罗·赫佩尔时他担任国防部高级官员。他是比尔·克林顿的朋友，但他是因为功绩取得的这份工作。与在工程和精密科学方面受过训练的许多前任不同，赫佩尔是一名法律博士。他的管理和商业经验使他快速且顺利地晋升。在我们的第一次会议

埃拉姆和赫佩尔博士在白宫打网球

上，赫佩尔建议我们在波托马克河畔的一家海鲜餐馆吃午餐。就在我们交谈的时候，我开始欣赏这个年轻长腿男子的智慧、好奇和友善。即使那时我知道他是一个专业的网球运动员，但他也告诉我说，他从小就弹钢琴。我们从以色列的角度讨论了与工作有关的问题和优先事项，但我们也有时间进行更多的私人谈话，这让我有机会告诉他我会吹小号。我们也开玩笑地说要一起玩音乐，以及我们各自机构之间举办网球比赛的可能性。现在，转瞬间，我们将要举办网球比赛了。

保罗·赫佩尔与克林顿总统和白宫工作人员有联系，这使他能够预订白宫唯一的网球场，以这种游戏与我告别。在约定的那天下午，赫佩尔到酒店接我，之后我们在白宫南门下车。一切都事先安排妥当，我们很快就通过了安检，克林顿的一位秘书正在等我们。为了纪念我们的两局网球对战，她一直手持相机拍摄，从未离开过球场。在去白宫的路上，赫佩尔告诉我说，他很遗憾总统不在，"否则我们可以安排一个三重奏，"他笑着说，"比尔吹萨克斯，你吹小号，我弹钢琴。"尽管我做了准备工作并且尽了全力，但赫佩尔是一个非常棒的网球运动员。我可能只得到了几分，但我享受每一个瞬间。那天晚上，他为我准备了晚餐，席间亲切地对我说，我们甚至有时间在白宫打网球。在回答一位问"谁赢了？"的宾客时，赫佩尔这位经验丰富的外交官答道："我们都赢了，我们都很享受。"

我在法国期间还和保罗·赫佩尔保持着联系，甚至在巴黎的布尔歇航空

第十二章　玛法特（MAFAT）　<<<<<　281

展遇到过他。在莫妮卡·莱温斯基（Monica Lewinksi）丑闻发生及比尔·克林顿摆脱国会弹劾之后，我觉得有必要写几句话鼓励总统。

对我来说，尤为重要的是对他的称赞，尽管他遭到了弹劾，但他仍然下定决心，拿出精力继续推进中东和平进程。写完这封信之后，我请赫佩尔亲自帮我送到白宫。

大约两个星期后在巴黎的一个上午，我的秘书西玛·裴利在办公室碰到我，激动地说："你收到了美国驻巴黎大使馆的一封信。这是克林顿总统的来信！"的确，我收到了一个很大的官方信封，里面有一封来自克林顿的私人信件，总统于百忙中抽出时间在信中亲自表示感谢。

亲爱的埃拉姆将军：

感谢来信，信件已由我的朋友赫佩尔转交给我。非常感谢你的支持。在过去的一年里我收到了来自世界各地许多人的鼓励，对我帮助良多。

就和平进程而言，我们还有很多工作要做，我期待在地区乃至世界关切的问题上取得进展。

再次感谢来信，字里行间令我很感动。

祝好！

2001年9月12日，赫佩尔从美国打来电话告诉我，撞向五角大楼的那架飞机击中了他办公室的侧厅，伤亡人员中包括一些他的同事。我顿时沉默了，突然觉得这悲剧和我息息相关。我告诉我的朋友，我一直在担心他。回想起来我们当初的那次谈话，我对合作工作有可能把陌生人变成亲密朋友而感到震惊。事实上，尽管距离遥远、时光流逝，我仍然和许多与我一起工作多年的美国朋友保持密切的关系。

另一名与我保持着良好关系的美国官员是1995—1997年间担任国防副部长的约翰·怀特（John P. White）博士。当时克林顿总统决定任命国防副部长约翰·多伊奇博士担任中央情报局局长，并任命怀特填补国防副部长职位的空缺。约翰·多伊奇和约翰·怀特是两个完全不同的人。多伊奇是一个出生在布鲁塞尔的犹太人，从小就移民到美国。后来他在麻省理工学院任化学教授，然后在美国能源部任高级职务，并负责核能的军事发展。多伊奇是一个粗暴却坚定的人，令五角大楼的官员心生畏惧。有一次，为了获得广泛的支持，使美国持续为"神箭"项目提供资金，以色列国防部执行长大卫·伊夫里在不告知五角大楼的情况下出席了美国国家安全委员会会议。时任国防部副部长的多伊奇气急败坏，粗暴地告诉他的下属局长："下一次我会给他点颜色看看！"我们很快吸取了教训，下一次当我和乌兹·鲁宾为介绍 Homa 导弹防御系统而到访华盛顿时，我们首先在国防部做了报告，并且只有在以色列驻华盛顿国防武官乔拉·拉姆协调之后，我们才能进入美国国务院和国家安全委员会。

　　与约翰·多伊奇正相反，约翰·怀特是一个安静且和蔼的人，他的理解和善意使人信任。他曾是一名经验丰富的经济学家，曾在海军陆战队担任过年轻军官，拥有丰富的商业和国防工业经验，其中包括九年兰德公司高级官员、三年人力与预备役事务助理国防部长。在我们两人的私下会晤中，他在防务领域内就美以关系提出了重要的见解，他解释道："乌兹，你必须明白在这个建筑（五角大楼）里有 50% 的人可能成为你的朋友，但另外 50% 是你的敌人。现在，上面的政策是积极的，一切看起来都很乐观。然而，一旦事情发生变化，你的敌人就会突然冒出来。"

　　在我作为玛法特的负责人最后一次访问美国期间，怀特在他家中为我举办了特别的告别晚宴。傍晚时分，他派人到酒店接我，我乘坐他的公务车前往他家。我不知道接下来的安排，只为眼前穿越华盛顿郊区茂密森林中的漫长且弯曲的道路所吸引。夜很黑，我们唯一能看到的亮光就是车头灯照在道路两侧茂密树林间的斑驳闪烁。最后，透过树木我们看到了另一道亮光，然后我们把车停在了一个空地中央的一座大木屋前面。约翰前来迎接我并把我介绍给他的妻子，他的妻子很快就寝，留下我们两人独处。我们走上大露台，我拿起一杯威士忌与国防副部长干杯。在露台的边缘放着一个烧烤架，怀特已经开始在上面放置鱼和其他海鲜。他所做的一切是如此平静且适宜,这让我克服了由美国国防部副部长来烧烤所带来的尴尬。那是一个静谧的夜晚,鸟儿鸣叫、蟋蟀作响为我们提供了舒适的背景音乐。虽然此次交谈是我们过去交谈的延续,但这一次充满了告别的气氛。我被这种亲密方式下举办的晚宴所感动。我觉得这比在一家高级餐厅和一大群人一起吃饭更有意义。私人环境更有利于对敏感问题展开有意义的对话,并取得新的见解。晚餐结束时,怀特送给我一把内战时期漂亮的装饰手枪,这将使我永远铭记着他。

特比昂计划

如果不提科学和技术研究最重要的组成部分——人,那么任何关于玛法特的章节都是不完整的。毫无疑问,玛法特最显著的成就之一就是特比昂(Talpiot)计划。该计划是在赎罪日战争后制定的,对我们产生了深远的影响,它促使我们不断检查并重新审查我们的目标和认识。这一过程涉及在所有相关领域寻求新的方法。来自耶路撒冷希伯来大学的菲利克斯·多森(Felix Dothan)和扫罗·雅兹夫(Shaul Yatziv)两位教授提出了一种新式创新方法来培养以色列国防军和以色列国防机构的高科技人才。1979年,经过多次讨论和磋商,两位教授向总参谋长拉斐尔·艾坦提交了详细的文件,内容如下:

……这里提到的建议最初是我们几年前想法的总结,并于赎罪日战争后变得更加成熟完善。出于对国家未来整体发展的担忧,以及希望尽可能减少未来战争中以色列人的伤亡数量,我们在此以书面形式提交该建议。它基于三个出发点,这些出发点在任何一个研发机构中都没有体现:坚决承认这样一个事实,以色列必须努力发展尽可能现代化且创新型的武器;为了实现这个目标,我们必须有计划地利用20岁出头的年轻且极具创新能力的人才;发明能力需要创造性的想象,丰富的知识和集中的方法,这可以通过提出挑战,营造活泼、鼓舞的氛围,并且使每一个实际的努力和贡献得到认可和鼓励来实现。作为实现这一目标的一种方式，我们提出了一个集中且系统的行动计划来发明和开发有效的新型武器，这里的"新型"意味着它尚未被其他军队使用，即使是那些超级大国。计划的核心部分必须由极具才华和献身精神的人组成，他们需要有适当的自然科学和武器技术方面的背景。

艾坦信服并批准了这个计划，在短短几年内，这个计划已经成形，并开始在以色列军队研发机构中培训出色的高中毕业生。对该方案的全面监督，包括预算责任，由研发机构管辖，最终很快被纳入玛法特的研发单位。希伯来大学同意在吉瓦特拉姆（Givat Ram）校园为这个项目提供培训场所。在那里，特别为特比昂计划的学生建造了一个军事基地，并配有宿舍和教室。

1986年初，当我第一次到玛法特时，该计划的课程体系已准备就绪，数学，物理和计算机理论构成课程基础。我们最初每年只接受25名青年男女学生，这一数字后来上升到了50名。整个培训计划，包括军事部分在内都是雄心勃勃，令人印象深刻的。三年内，学生要达到学士学位要求，完成班长指挥官培训和军官培训课程，并通过其他专项培训了解空军，海军和陆军思想。专项计划指挥官灌输给学生们的团队精神和集体荣誉以及学生们的积极性给我留下了深刻的印象。我们需要任命班级军官和指挥官，决定尽快任用特比昂计划的毕业生完成这个任务。这个想法在几年内就已经制度化，今天的特比昂计划指挥官和班级军官都是这一计划的毕业生，都曾完成了所有课程。

该计划的初始目标不仅仅是把学生培养成优秀的研究人员。还注重将技术知识与对操作需求的理解相结合。我们努力克服障碍使学生顺利融入被分配单位并作出贡献。在该计划的前几年，以色列国防军内部普遍对特比昂计划的学生感到担忧。他们担心的是，学生太独立，会胜过他们的指挥官。要让特比昂计划的学生融入军队，需要很大的耐心和说服力。结果，较之于地面部队，空军，海军和情报部队融入得相对顺利，地面部队则较为困难。

多年来，该计划具有很强的灵活性，可根据所获得的经验来实施改进。我们从各个层面都获得了经验，包括选拔和培训过程以及毕业生在以色列国防军中的服役。我们在许多方面努力工作：学术工作，需要保持高水平的教学；有效管理该计划和军民校园；引导学生的动机并加强团队合作。课堂之外也必须推进重要的工作，以确保该计划能延续到未来。制度和官僚体系难以容纳例外情况，特比昂计划是以色列国防军中最特殊的计划之一。该计划确立十年后，仍然为自身存在而作斗争。有时甚至有必要与副官长本人会面，以确保我们所采取的步骤不会破坏这个年轻计划。

作为改善计划的一部分，我们想出了一个特殊的路径，即在作战部队的指挥岗位上服役几年，然后再回到研发岗位。我们采用的模式与我自己的经验有点类似，把作战部队的指挥岗位和研发部门的行政岗位相结合。并非所有特比昂计划的学生都具备成功胜任战斗部队指挥岗位的必要特征，但确有一些学生成功地在陆军，海军和空军服役，实现了这一路径的发展。海军准将奥菲尔·肖汉姆（Ofir Shoham）就是其中一个很好的例子，他完成了海军军官培训课程，并担任导弹艇指挥官。随后肖汉姆回到了研发岗位，逐步晋升直到成为准将。现在，他担任玛法特的研发主任——是防务研发领域的最高职位。

在玛法特工作期间，我心系特比昂计划。通过在课堂上讲课，与学生沟通，聆听学生在整个学习过程中发表关于研发项目的自我展示，以及在学期结束之前通过与每个班级谈话等方式保持与学生的定期联系。以色列的高科技产业越多，平民生活对特比昂毕业生的吸引就越大，以至于他们不愿延长服役。尽管如此，在过去的25年里，该计划为以色列国防军和国防机构培养了大量的高素质人才，毫无疑问，它为以色列的长期安全作出了贡献。

第十三章

与法国战略研究基金会的合作

在玛法特的最后一段时间

我在玛法特主任这个职位上的工作不但非常有趣、有挑战性、有个人满足感，而且还对以色列民族的利益至为重要。但是，即便如此，我也从没想到我竟然会在这一职位上一直工作了12年。当然，我很高兴1992年初我能与当时的总理和国防部长伊扎克·拉宾共事。像往常一样，拉宾给我的感觉是：他的大门永远为我敞开着，并且他总是会认真对待我的意见。每当我在拉宾召开的有关重大发展议题相关会议上发言时，拉宾总在认真倾听。拉宾为履行作为国防部长的职责投入了大量的时间，以至于在我们看来，相比于总理一职，他更享受他在国防部的工作。

虽然我在玛法特工作的第六个年头里就想着辞职了，但这一想法被我手头上千头万绪的工作湮灭了，而且我觉得在没有找到好的理由前，我不能就这样一走了之。一直到1995年我才开始觉得离开的时机到了。霍玛导弹防御项目已经相当成熟，而且"利箭"导弹也进行了一系列成功的试验。奥菲克系列卫星已经在轨道上正常运行，并传回了高分辨率的照片，以色列国防军最终也认识到了卫星项目的重要性，并享用其源源不断的成果。鹦鹉螺项目旨在研发高功率激光器以击落喀秋莎火箭，该项目以向世人证实其有摧毁飞行中的喀秋莎的能力。这样一来，鹦鹉螺项目管理处就在玛法特成立了，此外鉴于国会就此事的决议，美国军方被迫要向该项目派遣小组并拨款。

我请求和拉宾总理进行一次私人会面，告诉他我的想法并想征询他对我应从事新职位的建议。我其实对当时还空缺着的以色列电力公司主席一职感兴趣，我焦急地等待着我俩11月6日星期一的会面，来讨论这个问题。但是11月4日星期六的晚上拉宾总理不幸被暗杀，我和所有国民往常的工作都遭遇了可怕的停顿。我崩溃了。语言无法描述拉宾被暗杀的那天晚上、之后几周乃至几个月里以色列国民所遭受的震惊、失望、愤怒及无助。又过了一年，我才又准备好继续我的离职计划，这时新的国防部长是伊扎克·莫迪凯，新一任的执行长是伊兰·比兰。

最重要的任务是要找到继任者。所有可能人选的都考虑到了，最合适的候选人是研发所所长伊齐克·本-以色列准将，他在我手下已经工作了四年。本-以色列当时在尝试晋升少将军衔，这就意味着我们得说服总参谋长沙乌勒·莫法兹（Shaul Mofaz）和国防部长莫迪凯同意授予玛法特主管少将军衔，但这一做法并不能成为惯例，以免以后的玛法特主管跟少将军衔挂钩。最终，我们决定授予本-以色列一个短暂的、有三个月过渡期的少将军衔。之后，他将从军队退伍，并成为以色列国防军预备役军队的少将。当所有相关方都达成一致后，本-以色列上任为玛法特主管以及关于他的军衔的特殊安排的紧凑的安排使我们没有任何时间可以蹉跎了。

国防部提议我1998年夏去欧洲就职于其巴黎分处处长，我同意了。这时候，我提出了一条对我来说很理想的提议：尽快腾空我的职位好让我剩下的时间在法国休假。巴鲁克·拉兹教授，以色列驻巴黎大使馆的科学顾问，在探索可能性方面给予了我有力的帮助，并且他很快召唤我前去法国会谈。我知道，我的老朋友保罗-伊凡·德·圣热尔曼上将是现任的FRS主管，FRS与法国国防部紧密相连。这个法国智囊团坐落于巴黎郊外的巴黎综合理工学院的校园里，这所著名的国家理工学院为法国军队、法国国防部和法国国防业培养了一批又一批的工程师和管理人员。圣热尔曼毕业于该学院，在领导法国国防建立国际技术发展方面有着极为丰富的经验，现已被任命为

FRS 的首脑。

在我启程参加巴黎会面离开以色列之前，拉兹告诉我，FRS 有兴趣从事非常规恐怖主义研究，而且会很高兴让我来牵头这一项目。在那时候，西方国家，包括以色列，不敢公然谈论这一话题，相反他们仅限于情报研究机构所进行的分类评估。我和沙伯泰·沙维特（Shabtai Shavit）进行了一次会面，沙维特是摩萨德的前主管，也是最近成立的位于赫兹利亚的交叉学科研究中心（the Interdisciplinary Center，简称 IDC）下属的反恐研究院（Institute for Counter-Terrorism）的主席。一位年轻的博士候选人博阿斯·加诺（Boaz Ganor），曾参与了该研究院的成立筹备工作，他也参与了这次会面。会上，我提议由三个不同的研究中心通力合作，开展对非常规恐怖主义的联合研究。我也和特拉维夫大学技术分析及预测交叉学科中心的主任亚伊尔·沙兰（Yair Sharan）博士，讨论了这一计划，沙兰博士也渴望参与这一计划。我希望玛法特会同意为两个研究中心拨款，这一款项相对很小但对研究工作会用到，最终玛法特也确实同意拨款。我想向法国方面提议各个合作伙伴承担各自工作范畴上的费用，我还拟好了项目大纲，IDC 的沙维特和加诺，以及特拉维夫大学的沙兰都很认可该大纲。做好了多方面的准备，FRS 会谈之行我已蓄势待发。

离开玛法特

动身去巴黎前，我还有两件事需要处理，一是把我的私人文件和物品从办公室里搬走，二是向国防部长和执行长交接告别。我知道办公室的大保险箱里装着几十份我在以色列国防军、以色列原子能委员会和玛法特供职生涯中积攒的各类文件。然而，我并没有预料到，书面文件的数量会如此之大。以色列国防军和国防军档案馆愿意为我提供储存我个人文件的地方，此外，要是没有办公室里秘书们的鼎力相助，我是绝不可能整理好所有文件并按主题和时间顺序将其归档的。整理过程中，我找到了厚厚的一沓笔记本，上面很全面地记载着这些年我在职业生涯中所经历的每一个关键时刻。这些都是非常珍贵的资料，也是这本书很多章节的资料来源。我把所有的这些文件都整齐地放在纸箱子里，然后送往档案馆收藏。

当我走进国防部长莫迪凯的办公室的时候，我的脑海里一直回荡着对往事的回忆。我想起达扬对以色列国防军和国防部政治的裁决，研发部门应运而生。我想起佩雷斯在赎罪日战争后批准提交给美国的寻宝计划。我想起国防部长威茨曼以他特有的坚定和果断下定决心启动拉维战斗机项目。我还想起，国防部长阿伦斯用他很重的美国口音，批准整个导弹防御计划。向国防部长拉宾汇报发射失败的"利箭"导弹和卫星时的失望和不安，以及向他汇报奥菲克发射成功的喜悦和兴高采烈都历历在目。国防部长莫迪凯很友好、很乐观，他向我表示感谢并祝我成功。我和总干事比兰的会面也相当积极。

我下定决心要向部长、总干事和自己证明国防部驻欧洲代表处有新的事情要着手处理。我也明白我将在休假期间牵头的 FRS 研究项目是我从未经历过的。铭记这两项任务，巴黎之行将很有趣且充满挑战性。

圣热尔曼将军和法国战略研究基金会

拉兹和我抵达了 FRS，它坐落于巴黎综合理工学院校园之中。这栋大楼生动地体现了法国现代建筑风格，与传统的政府部门和其他国家组织的那种建筑迥然不同。我们到达时，圣热尔曼和他的同僚正在开会。那时，虽然说得并不是很流利，但我已经基本上可以用法语表达自己的想法了。

我们的讨论很快进入了正题，我向 FRS 的领导层通报了我们初步拟定的工作草案。我很清楚他们有预算，但我还是告诉他们以色列方面的研究，将会由 IDC 和特拉维夫大学负责，以色列国防部承担研究费用，以使他们安心。提议一经提出，立马就通过了，没有人发表任何意见。几个小时后，我已会见了法国研究小组组长让 – 弗朗索瓦·达谷赞（Jean-Francois Daguzan）博士，小组的恐怖主义专家杰勒德·沙连（Gerard Chaliand）博士，以及刚拿到一战期间化学战应用领域博士学位的一位聪慧、漂亮的年轻人奥利维尔·雷皮克（Olivier Lepick）博士。达谷赞博士之前去过以色列，并在很多场合表达了他对我国所取得的成就的钦佩之感。沙连博士来自一个20世纪初期移民到法国的美国家庭。

随着我对沙连博士了解的加深，我开始明白他身边的人如何影响了他的人生轨迹。他在利比亚和黎巴嫩山谷的恐怖主义训练营里度过了15年，这还不算20世纪80年代他在在阿富汗各地萌芽的训练营中所度过的时光。他对这些恐怖组织的同情与支持溢于言表，他一直称呼他们为"自由斗士"。他是一个高产的作家，他的作品包括：《游击队战略研究》（Guerrilla Strategies）《漂泊者的地图》（The Atlas of Diasporas）《没有国家的民族——库尔德人与库尔德斯坦》（A People without a Country: The Kurds and Kurdistan）和《世纪历史中的战争艺术》（The Art of War in World History）。尽管我俩之间有很多争论，但我俩一直都是朋友，我很钦佩他独立思考、涵盖广泛问题而不陷入肤浅、以及其作家兼演说家的能力。

圣热尔曼希望我们对非传统恐怖主义的研究更上一层楼，对其的研究同时开始在FRS和以色列研究机构成形。受其独特的技术成就的吸引，法国方面对以色列国防军和以色列国防机构很感兴趣。我也快被智囊团资深成员接纳了。我们的会议主要侧重于讲座和报告，但也包括在校园食堂非正式的小组午餐会。圣热尔曼想尽一切办法让我参加各种讨论，并确保自己放慢语速、清晰吐字好让我能听懂他的法语。对我来说，每一次小组成员共同用餐都是双重考验：第一重考验是我表述观点和回答同事提问的能力，一般来说，所涉及的话题都还只有一个框架；第二重考验便是我的法语沟通能力。从一开始，我就坚持只讲法语，开始时对我是很大的挑战。在我们的谈话中，我们制定了一个计划，我将为FRS成员和他们的来访者举行一系列讲座，跟他们分享以色列方面的战略、战术和技术观点。圣热尔曼让我准备系列讲座的主题清单，并明确暗示如果我能谈及核能话题，成员们会非常感兴趣。我会尽量避免讨论核能问题，我说列举的发言目录中一般不会包含类似的话题。

我的讲座主题包括：以色列人民眼里的美国军事革命（the American Revolution in Military Affairs，简称 RMA），科技趋势及其对未来战场的影响，战争信息，及在预算削减的情况下维持科技能力的挑战。FRS 把这些主题作为它"工作早餐"系列讲座的一部分公之于众，已经没有变动的可能性了。我别无选择，只能着手讲座的准备工作。我的法语老师多米尼克·科塔尔（Dominique Cottard），也被迫时刻做好准备，检查我准备的法语讲稿。

各种政府机关人员都会参加 FRS 的早餐会，从 DGA（法国国防部的研发和采购部门的简称）、国防部的策略部（the Strategic Department），再到法国原子能及替代能源委员会（the French Atomic and Alternative Energies Commission，简称 CEA）。一小时的讲座后，便是另一小时的问答环节。会议中的讲座环节我总是准备得很充分，但问答环节我却无能为力，与会人员通常会直截了当、不带偏见地提出各种问题，不留任何情面。圣热尔曼坐在我的旁边，有时会帮我更明了地重述他们所提出的问题。

我的假期结束了，对非常规恐怖主义的研究仍在进行中，但在研究未完成之前，我并没有让 FRS 和两个以色列研究中心的研究人员停顿。研究期间，法国团队访问了以色列，圣热尔曼本尊也去了，以色列研究团队也两次造访巴黎。研究进行到尾期，两篇分类报告———一篇由法国团队编写，另一篇由以色列团队编写——呈交给了两国政府。还有一篇非分类报告是英文版的。

对于我来说，指导一个由三个满是天赋异禀、胸怀大志的员工组成的研究机构合作完成一个国际研究项目是一种前所未有的体验，让我对不同恐怖主义组织有了深刻而全面的理解。这也是我第一次听到"基地"组织（al-Qaeda）这个名字并意识到它的破坏性潜力。我们都没想到"基地"组织会变得如此非传统，他们以简单的方式劫持飞机，并用这些乘客为炸药的炸弹袭击了世贸中心和五角大楼。对生化袭击的技术材料和历史的研究，对报告的编写有着重要的指导性意义。

报告为读者评估了恐怖主义组织的促成因素，他们的多种不同的组织形式，以及未来袭击使用化学、生物或放射性物质的可能性。以色列和法国专家详细地编写了一篇所有可能会用到的恐怖袭击物质，并相应分析了其防卫措施。研究特别分析了个体性袭击，如东京地铁沙林毒气袭击案。研究还着重总结并预测了未来恐怖袭击中非传统物质的使用。我们的分析结果表明，恐怖组织发动核恐怖袭击的成功概率极低。我们还分析到使用放射性的放射能武器不会很有效，因此化学和生物材料更有可能被恐怖组织投入使用。报告强调，使用化学和生物材料可能造成的大规模恐慌远胜于它们实际可能产生的危害。"9·11"事件一周后，美国爆发了炭疽病毒邮件事件，这充分说明了生物恐怖袭击威胁可能造成的巨大心理恐慌。

FRS还要求发表我在智囊团工作早餐期间进行的演说。我把所有我写的文件都交到了圣热尔曼之手，他的文字功力非常突出，可以说是变腐朽为神奇。由此出现在智囊团网站上的出版物，包括四篇优秀的专业法语文章，以及一些我自己写的英文文章。

在我担任国防部驻巴黎代表团主任期间，我一直是一个受FRS欢迎的朋友，并出席了很多次FRS组织的活动。在此期间，我学会欣赏法国人在工作早餐时提出讨论主题的优雅和有效，我甚至还说服了几位国防部代表处的成员也去出席了这些会议。

第十四章

国防部驻巴黎代表处

直到我开始供职于国防部驻巴黎代表处的头儿时，我才意识到我在FRS度过的时光，尤其是我所参与的"工作早餐"，是我委派工作的一个极好的开端。突然间，法国国防部上上下下意识到以色列在巴黎设有一个国防部代表处，他们的门向我们敞开着，似乎它们是自动打开的。在FRS工作时我便开始坚持只说法语，事后也证实这一坚持对我在任期间保持与外界联系很有裨益。

我在工作伊始安排的系列介绍性会议带我来到了法国国防部秘书处主管让－克洛斯·玛莱（Jean-Clause Mallet）的办公室。身材高大的玛莱走起路来像黑豹随时准备猛扑一样，1992年到1998年期间任法国国防部策略处主任。供职期间，他领导的法国团队与以色列方面进行了战略对话，我也是在这时第一次遇见他。当我提及这次会议是我入职新工作的系列介绍会之一时，玛莱突然打断我，"你还需要介绍会？"他笑着问我，"你已经熟悉了整个巴黎城，而且大家也都知道你了！"两年后我利用玛莱敞开的大门，请求他批准向以色列出口以前以色列国防部没有成功的从法国买到的部分武器。玛莱为这次会面做足了功课，对我们要求的细节以及之前国国防部拒绝向我方出口背后的原因了然于胸。

驻巴黎代表处历史悠久，其黄金时代是在20世纪五六十年代，一直到"六日战争"。大家都以为代表处是"采购处"，我不得不努力说服人们：代表处的任务远不只是简单地购买武器和每年组织国防部精英参加巴黎布尔歇机场（Le Bourget）的巴黎空中秀或陆地系统秀。为此，我强调了以色列和欧洲国防机构在研究及发展、战略对话以及向欧洲尤其是向法国的国防输出的联系。代表处的新名叫做国防部驻欧洲代表团（Mission Europeen de Ministere de la Defense）。

我在FRS度过的休假时光使我更加认识到开发个人关系的重要性，并为我提供了这一方面的动力信念和信心。无疑，我们的家会是一个很好的会面场所，为关系的形成提供了一个非官方、非正式的氛围。我休假期间在第四区玛雷区（Marais）的居住体验使我想在这儿安顿。我们在圣路易斯岛（Ile Saint-Louis）上找到了一处很吸引人的房子，很宽敞，房子由两个小点的房子组成，其基座可追溯到12世纪。房子的五楼可以看到塞纳河和河左岸拉丁区（Latin Quarter）的大部分地方。狭窄阳台上的风景美不胜收，阳台的栏杆是铁铸的，从阳台上往西看是埃菲尔铁塔，往东看是万神殿穹顶、圣母院教堂和法国财政部。这个宝石般的家的大客厅很快成了小型亲密晚餐、大型晚餐聚会以及晚音乐活动的理想场地。

一天晚上，作曲家、特拉维夫大学教授布劳恩（Yechezkel Braun）为我们播放了一些他自己的作品，并用法语为我们呈现了一场关于他的音乐之路的精彩演讲。我的朋友约书亚·约特纳教授，以色列科学院院长，给我们来了一场关于以色列科学开放的讲座。当埃利·巴纳维（Elie Barnavi）教授来到巴黎担任以色列驻法国大使时，他告诉我他听说了我们的文化之夜，并提出他可以发言。询问了他的背景后，我建议他谈论中世纪以来的宗教战争。尽管那时"基地"组织尚未发动对世贸中心和五角大楼的恐怖袭击，激进的伊斯兰主义已经开始在世界范围内大肆扩张，引起广泛关注。巴纳维大使欣然接受了邀请，很多法国人专门赶来听他这场讲座。讲座结束后，一群人围住了他，他们还想了解更多。几天后，新大使需要去会见法国国防部长阿兰·理查（Alain Richard），大使让我和他一起去。参加这次会面的人还有法国国防部战略事务主任马克·培恒·德·布里尚博（Marc Perrin de Brichambaut），和国防部长政治顾问雅克·奥迪博（Jacques Audibert）。这两位之前都去我们家里听了大使的讲座，这样一来，熟悉感使会面氛围轻松不少。

1997年7月，莱昂内尔·若斯潘（Lionel Jospin）组阁的左翼政府开始执政。自从我成为国防部驻巴黎代表团团长以来，我就一直想邀请国防部长理查去访问以色列。我们得到了布里尚博和奥迪博的帮助，他俩是国防部内部圈子的两位关键成员。我和战略事务新主任布里尚博的第一次会面，我的副手斯蒂芬·多伊奇（Stefan Deutsh）博士和武官亚伯拉罕·亚塞尔（Avraham Asael）准将也在场。会面前，我对布里尚博做了些了解，他也是毕业于法国国立行政学院（the National School of Administration，简称ENA）。布里尚博瘦瘦的，戴着眼镜，长着一张害羞的学生脸。我们第一次见面时，他并没有展示他真正的人格魅力。他辉煌的一生都在为国家效力。在34岁时，他被任命为外交部长罗兰·杜马（Roland Dumas）的办公室主任，后来他被派往美国，担任驻华盛顿大使馆的文化随员。1988年他回到法国后，他被任命为国防部长让-皮尔内·舍维内芒（Jean-Pierne Chevenement）的首席顾问。

"我该怎么称呼您？"布里尚博在我们第一次见面一开始就问，"代表先生？埃拉姆将军？还是应该叫您埃拉姆先生？""叫我乌兹吧，"我几乎条件反射般地回答道，"我的朋友们都是这样叫我的。"尽管我的同僚们对我以如此不合乎法国标准的方式开启我与布里尚博的认识之旅感到震惊，但他们并没有说什么。之后，他们告诉我他们非常惊讶布里尚博最后是这样结束了会议："谢谢你，乌兹，下次见。"这次的会面是一段美好友谊的开端。至今我还仍乐在其中。

雅克·奥迪博，国防部长的政治顾问，在被调到国防部之前，也在法国外事部门工作了很多年。从最开始一见面，我俩之间就产生了化学反应。后来，他告诉我他是犹太人，来自阿尔萨斯，他很多的亲人都丧命于大屠杀。

我们开始一起筹划法国国防部长的以色列之行，此行将要去哪儿和将要和什么人见面都有着极为特殊的政治敏感性。当我和奥迪博在国防部长办公室商量此次访问的相关事宜时，他以国防部长的口吻问道，理查将会从此行中得到什么？也就是说，他将对法以关系作出什么特殊贡献？我没有料想到他会问如此直白的问题，但我还是迎难而上，分析了一下两国国防部门之间的关系。两国之间一直以来都有着强大而稳定的情报合作。两国的军事会议相互开放，而且两国之间保持着一个持续的、牢固树立起来的法以战略对话机制，会议在积极友好的气氛下进展得非常顺利。此外，1994年以色列国防部长拉宾和法国国防部长弗朗索瓦·雷奥塔（Francois Leotard）就研究与发展领域的合作事宜签署了一份协议。我跟奥迪博说，剩下的就是为鼓励法以国防工业之间的合作提供一个框架。

第二天奥迪博给我打电话，问我是否可以摘要地记下几句话来简要总结一下。接下来的几个小时里，我们就在代表处认真写下一小段文字来说明两国鼓励相关国防工作合作的意图。当天，文字就专门送到了奥迪博的办公室。同时，我将其翻译成英语和希伯来语，用电报传给了耶库提尔·莫尔（Yekutiel Mor），他在以色列国防部负责外交，我告诉他这些文字可作为让部长们签署的协议。我焦急地等待着两边国防部的回应，很快我期待的好消息都来到了。法国国防部和以色列国防部原则上都同意我们起草的内容可以作为让法国国防部长理查和以色列国防部长巴拉克签署的文件。

为期两天的访问要求精准的时间观和密切观察每一个细节。目标是把尽可能多的重要事项都压缩进来，同时也要按照法国国防部长的要求行事。理查要求见一见以色列知识分子，法国大使自己全权邀请了以色列学术界和工业界杰出的人物前往他家聚会，大家共进晚餐。由于总理埃胡德·巴拉克的身份原因，第二天的午餐我们只好安排成一场大型的、精细策划的以色列官方午餐。我这该午餐的主持人，主持期间，我自如、舒适地说着法语。宾客们到了后，我带着一份英文版的部长们需要签署的协议来到了法国部长下榻的酒店。我特别担忧我们可能遗漏了什么内容，使理查最终反悔，不同意签署该协议。不过最终证明我的担忧是没有必要的。欣赏了纪念游行和音乐表演之后，巴拉克和理查坐在国防部长办公室里，丝毫没有任何犹豫地签署了法以国防部之间的合作协议。

法国国防部长还要求与以色列士兵交谈，以获得他们效力于以色列国防军经历的第一手印象，尤其是他们在已被占领领土上服役的感受。为此挑选的士兵包括来自装甲部队、伞兵和炮兵部队的讲法语的战斗士兵的交叉代表兵，部长与士兵们直接的接触铸造了一个充满活力、非常成功的聚会。对理查来说，这是他此行中最有意义、最感人的环节之一。

登机前，理查亲切地感谢我为他安排了此次他永远都不会忘记的以色列之行。他特别说到他和以色列国防部长之间的积极讨论，以及他坚信他俩签署的协议会促进两国之间的合作。他还强调到他从和士兵们的交谈中学到了不少。最后，他感谢我安排了此次访问的方式。理查离开时，我就知道我们在法国政府里有一个朋友了。我还清楚国防部驻巴黎代表处将比以前有更多的机会接触到法国政府官员。

两位国防部长签署的文件本质上是申明性文件，有必要再起草一份详细的由DGA主任和以色列国防部总干事签字的文件。他们一般会在巴黎空中秀时会面，我们为他们的会面准备了材料，还有一份详细的规范合作和授予他们执行监督权的文件也让主任们签了。

法以国防工业合作测试比预料的更早，以无人驾驶飞行器方面的合作为开端。玛特拉公司（Mecanique Aviation TRAction，简称MATRA），是一个在导弹发展领域——包括其众所周知的空对空导弹——有着国际声誉的法国企业，和IAI关系很好。20世纪90年代末期，以色列考虑开展一个联名项目开发先进的能够覆盖大地理区域的无人驾驶机系统。起初该系统有点儿像是给穷人设计的卫星系统，但随着项目愈加成形，就愈明显这些穷人实际上需要相当富有。对于法以国防部合作关系来说，IAI为开发完整的、已经在运行中的UAV系统贡献了相当多的知识。对于法国人来说，国防部已经有能力来部署卫星网以在大地理区域里控制无人驾驶机的移动。

在这个雄心勃勃、造价颇高的项目中，波斯湾的一个富有的小国家所遭遇的一个严重问题为该项目提供了一个千载难逢的机会。伊拉克入侵科威特和第一次海湾战争使该国领导层决心大力发展军事力量。1999年，MATRA和IAI提出了开发"雄鹰"重型无人驾驶机的提议。法国工业的政治和工作力量和以色列在无人机领域的运行经验及技术专长被证实是很好的组合。到1999年底时，法国和以色列政府批准了两国合作向第三国出售"雄鹰"无人机。

20世纪90年代末期，德国和法国组建了欧洲空中防务与航天公司（European Aeronautic Defense and Space Company，简称EADS），一个大型的航空和防务企业，西班牙飞机制造公司（Construcciones Aeronauticas SA，简称CASA）也加入其中。和MATRA的长期合作，使IAI突然意识到：自己在和一个新的大公司合作。有些姗姗来迟，以色列和法国合作伙伴决心说服法国空军购买重型无人机的第一批模型，并使用无人机指挥和信息传输系统。然而，法国空军意识到未来这种系统的重要性，已经自己下了功课并决定购买美国"猎食者"无人机，一个由加州圣迭亚哥通用原子能公司（General Atomics）开发的系统。为了使自己的公司有一杯羹可分，EADS职员总结道，他们的当务之急就是要说服法国空军改变主意。

这时候，EADS和IAI史无前例地要求和以色列国防部驻巴黎代表处进行一场合作会议。EADS的法国职员知道法以两国就国防工业合作签署了协议，由此认为我们能够影响国防部长来协助改变他们之前寻找的方向。

几天内，我召集IAI人员、EADS商业发展副总裁和他的团队到我的办公室开了一场重点战略会议。对以色列方面来说，实地与EADS人员会面是了解这种庞大公司运作的直观印象的黄金机会。这次会议持续了三个小时，进行了清晰和实际的情况评估，并划分了所有相关方的任务和责任，还制定了一个有明确时间表的综合行动计划。根据该计划，法国空军会受邀去往以色列了解以色列空军当时是怎样使用无人机系统的。我们负起责任，劝服以色列国防部总干事给DGA的主任写信请求他的援助。我们还达成一致要说服总理兼国防部长巴拉克在适当的时机给国防部长理查写信，请求他批准向法国空军介绍法以无人机，并加以学习和评估。我们大家都明白我们不能让美国无人机在法国空军里存在，即使只是一个实验模型。

几个月后，我又去到法国国防部办公室和我的朋友雅克·奥迪博会面，奥迪博告诉我部长已经决定了，法国空军会遵照其决定，改变主意，购买以色列无人机。

在这种重要、负责的战斗中胜利很重要。看见由双方主任延伸并规范化的法以协议牢固树立起来，很受鼓舞。协议还为我们提供了在欧洲整体的一个重要战略成就，因为欧洲一体化进程使泛欧洲国防体之间的合作更通用也更容易实现了。在实际层面上，这就意味着每个以色列和法国防务公司建立的合作关系都为和其余的欧洲国家开展广泛的合作打开了大门。重型无人机项目和由此衍生的与EADS的合作是很好的实证。而且作为两个独立主权国家签署的协议，法以合作伙伴关系不会因为两国之间可能产生的小问题而废除。我们大家很清楚，充分利用协议的可能性很大程度上取决于我们。

我被新欧洲迷住了，虽然进程缓慢，但肯定会在欧盟框架下产生。在政治竞技场上，托尼·布莱尔领导下的英国也已经开始更靠近大陆了。我仔细聆听了布莱尔在国民大会上的演讲，我对他用法语演讲的决定印象尤其深刻。布莱尔和斯拉克在圣马洛（Saint Malo）的峰会，以及两位领导人宣布欧盟的义务是保持主权并用欧洲军事力量来维持这个自治体，为两国领导层建立欧洲军事力量铺设了道路。之后，是英法德三角促成了欧盟干预巴尔干冲突。

欧洲对科索沃危机的处理凸显了大陆的根本弱点以及军事、政治的无能为力。最后，欧盟被迫请美国在该地区继续军事行动的领导责任，这是一个很明智的解决方案，也是把美军纳入军事行动的唯一途径。

各国家以前所未有的速度加入欧盟的行为非常清晰地表明以色列现在面对的是一个非常不同的欧洲。与越来越强大、对欧洲经济影响越来越大的美国防务业的竞争，促使欧洲人团结他们的防务业，如EADS。这种动态也促使欧洲人颁布新法律，实施新法规，以使他们的防务业能在国际舞台上竞技。

考虑到所有这些因素，我认为，驻扎在欧洲的以色列国防部门的代表应该加强联系，建立更为稳固的关系网络。对于驻扎在欧洲各国的大使馆武官以及各大军工企业代表来说，每年只有一次的空军和地面系统展示是远远不够的。为提升合作水平，我与国防部执行长、外事主任和以色列国防部下属的国防出口与国防工业办公室（the Defense Export and Defense Corporation,

简称DEDC）主任讨论了此事，并得到他们授权来组建一个"欧洲论坛"。我们决定每年在巴黎召开一次特别会议，会上，国防部代表和他们的同事分享报告，包括对大陆整体发展方面的报告。代表们对新的公开信息交流网的建立激情澎湃，信息交流网将定期传送他们自己得到的信息。我们意识到，大部分信息可以通过公开网络传送，而对于一些保密级信息，我们可以通过以色列外交部特设的通讯系统来进行传输。驻扎在巴黎的代表团负责建立一个欧洲信息中心，用来收集、处理并传播各位代表所提供的信息。

不久，我回到了以色列，加入了位于特拉维夫大学的杰夫战略研究中心（Jaffe Center for Strategic Studies），随后我打算研究我国国防工业与欧洲的联系这样一个课题。我之所以提出这一课题，是因为我在工作过程中注意到：尽管欧洲面积很大，与以色列在地理距离和亲密程度上都非常重要，但很多以色列人却对那里知之甚少。就是在这种情况下，恰逢北约邀请我去科索沃考察。我们先是在位于布鲁塞尔的北约总部开了几天会，然后就进入了科索沃地区。这次考察使我对于科索沃的了解更为深入，而且也加深了对于美国军事实力的认识。而且我还了解到，欧盟是无法单独应对这场战争的，他们必须得到其他国家的支持。我据此写了一份名为《欧洲防务研究》（L'Europe de la Defense）的报告，里面讨论的内容相当广泛，其中就包括对于欧盟的战争总结的评估意见。里面还提出了我们与欧洲合作的几种建议：持续在武器研发方面进行合作，扩大军工企业合作的范围，寻求与北约建立更为正式的关系。报告中还强调了在全世界（特别是在欧洲）打击恐怖主义的必要性，以及以色列能够在其中起到的特殊作用。这些都是基于以色列在这么多年来与恐怖主义不懈斗争的经验来提出的。我们所积累的经验是我们与其他国家合作的基础，其中包括反恐斗争、低密度战争、信息战、短程与中程火箭的危险、远程导弹，等等。

第十五章

以色列国防安全奖

在我担任研发所所长期间，以色列国防安全奖评选委员会（the Israel Security Prize Selection Committee）曾多次邀请我对很多事务进行评估。

赎罪日战争让全体以色列人都经历了一次痛苦的反思，它自然对以色列国防安全奖评选委员会也有很深刻的影响。

战争结束后不久，我受命整理所有与这一奖项有关的武器系统的资料，同时还有与国防部选择获奖者的程序相关的材料。整理出来的结果有些令人失望。

因为他们选择获奖者的标准过于强调了某种武器系统的独创性，而没有充分考虑这一系统在国防军中的实际应用情况，特别是在战场上能够起到的具体作用。

其中一个很典型的例子就是滚轮活动桥。在战争爆发前几个月，它赢得了以色列国防安全奖。战争一开始，它就被运到了苏伊士运河边，但是这种所谓的创新在战争中没有起到多大作用，只是在战事快要结束时才派上了一点儿用场。

根据我的调查结果，我写了一篇文章，具体论述了过去的获奖项目与它们的实际贡献之间的不匹配。

据此，我提出：评选委员会应该修改选择标准，将更多的注意力集中在能够在实际战争中发挥重要作用的项目和人员。我的这一建议很快得到了采纳，一直持续到现在。

这个奖项除了授予某些具体的武器装备以外，也会选择一些长期以来为以色列国防做出贡献的个人，这些人会被授予终身成就奖。

但是，能够获得这一奖项的人非常之少，委员会在这方面很谨慎。

在我从巴黎返回国内，并退出公职之后几个月，评选委员会的秘书耶胡达·恩格尔（Yehuda Engel）给我打来电话，用颤抖的声音告诉我：委员会已经基本批准授予我2002年的以色列国防安全奖的终身成就奖。

我当然非常兴奋，但我还是不太相信这最终能够获得通过，我觉得自己还远远没有达到那么高的成就。

但是，没过几天，正式的官方文件就通过邮局寄过来了，信中不仅邀请了我，还有我的家人，同时我还可以邀请我的亲朋好友一同前往。

我又惊又喜，这种感觉到现在为止还非常强烈。

2002年6月，颁奖仪式如期举行。我在获奖后发表了如下的致辞：

总统先生，国防部长先生，总参谋长，国防部执行长，以色列国防安全委员会主席阁下，我的各位家人，当然，还有今天的各位获奖者：

能够在犹太历5762年（即公元2001—2002年）获得这一奖项，对我来说是莫大的荣幸。

每年的这一时刻，我们都会举行这样一个颁奖仪式，这就像是整个的国防系统向外界打开了一扇窗子，让身处局外之人借机看到这一庞大系统是在如何运作，并产生了怎样的成果。

如果您是局内人，您自然会知道，这只不过是冰山一角（但是考虑到比喻的恰当性，我更愿用火山喷发来比喻这一奖项）。

三个星期前，奥菲克五号卫星成功地进入了轨道，我当时就委托这一项目的主管向所有参与卫星发射的工作人员表示祝贺。

同时我还提醒他们：在畅饮庆功酒的同时，不要忘记我们曾经遭遇过的失败，那时的我们是多么孤立无援，那时候的我们经历了多少懊恼与焦虑，我们拼命地寻找失败的原因，当然，同时还得想尽办法搞到进行下一次试验所用的经费。

女士们、先生们，这就是我们所经历的每一个武器研发项目。这不仅仅是智力与技术的问题，同时，或者说更为重要的是我们的一些意志品质，比如决心、勇气，以及面对困难时的反省与坚韧。

能够站在台上领奖的只是少数几个人，更多的人躲在他们身后默默无闻，但是，如果没有了他们的无私奉献，任何成果都只是空谈。

我们每一个人都有家庭，所有的家庭成员都在无形中支持着我们为保卫以色列做出自己的贡献。没有他们作为基石，就不会有今天这么盛大的颁奖典礼。

对于我们以色列人来说，国防安全是一个常谈常新的话题。尽管我们已经取得了巨大的成就，但是各种威胁依然时时存在。从远的方面来说，有些敌对国家还在研制大规模杀伤性武器，这就是我们头上的达摩克利斯之剑；从近处来说，几乎每天我们都需要面对各种形式的袭击。面对这样的挑战，我们需要的不仅仅是发明创新，还有团结一致的能力、坚强的信念和积极乐观的态度，最为重要的是，我们要有远见卓识。

几十年前，国防研发领域接受了这一挑战，现在大家看到的就是迎接挑战所带来的成果。以色列国防安全奖激励着我们每一个人为之继续奋斗，坚持不懈，直到胜利与成功！

以色列国防安全奖终身成就奖颁奖

观众席中有很多熟悉的面孔，一路走来，你们一直陪伴在我的身边。借此机会，我向你们表达我真诚的谢意，感谢你们的理解与支持！

当然我还要感谢我的家人：妻子娜奥米，我的几个孩子奥斯纳特、罗恩、宁录、诺亚和奥菲尔，还有我的孙辈们，他们的爱也是我前进的动力。

感谢评选委员会把这么高的荣誉加在我的头上，我着实有些受宠若惊。

最后，感谢大家的到来，感谢你们对于国防人员的理解与鼓励。谢谢大家。

在公众得知我获奖的消息后，各种祝贺信、祝贺电话纷至沓来，应接不暇。

如果拉宾还在，他一定会亲自打电话给我，用他那浑厚深沉的声音表达对我的祝贺。

在此，我想把佩雷斯的这封祝贺信与大家分享。

副总理与外交部长办公室
耶路撒冷
2002.6.24

亲爱的乌兹：

得知你获得了今年的以色列国防安全奖的终身成就奖，心里特别欣慰，我由衷地为你感到高兴。

我一直非常钦佩你在国防研发方面的才能，这是你能够在这一领域取得如此辉煌成就的坚实基础。

在以色列如此严峻与复杂的国防形势下，你充分表现出了你的卓越才干。对于以色列来说，国防安全是头等大事，而你在这方面做出的贡献值得每一个以色列人向你致敬。

在你担任 IAEC 主管期间，我有幸与你合作，亲眼见证了你在管理大型国防项目中所起到的重要作用。

由于你对于专业人才的重视，你对以色列的贡献已经不仅局限于国防，后世都会因为你的努力而大受其益。

这个奖项对你来说绝对称得上实至名归。

你的朋友
西蒙·佩雷斯

后记

小国如何发展高科技

以色列建国时间很短,我们一直被世界看作是"形成中的国家"。我们在过去的六十多年时间里,确实取得了让世界瞩目的成就,但这一切都不是注定就要发生的,其中有着太多的机缘巧合。我们之所以能够取得一些成就,背后最大的推动力就是要想方设法保证民族的生存,保证我们能够在这片土地上继续存在下去。在整个20世纪,各国都在努力发展军事科技,这是大家共有的不安全感的最好体现,当然也是各种政府努力推动的结果。因为不管是哪个国家,不管你的经济实力多么雄厚,总有真实存在或者假想的敌人对你虎视眈眈。到了21世纪,技术发展仍在继续,但与20世纪不同的是:军事方面的考虑在逐渐减少,而更多的是考虑经济发展的需要。

以色列建国之初,我们之所以要获得先进武器,只是为了保证国家安全。阿拉伯人与我们不共戴天,先进武器属于刚需。那时候,我们只有一些轻型武器,包括手榴弹和炸药包。当时有一个科研部队,成员都是年轻人,比如以法莲(Ephraim)和阿哈龙·卡其尔-卡恰尔斯基(Aharon Katzir-Katchalsky)兄弟,他们中大部分都是希伯来大学的学生。

在建国前,或者更准确地说,在独立战争爆发前,我们的首位总理和国防部长大卫·本-古里安就意识到:我们必须利用自己在人才方面的优势来确保自身生存。在他看来,这不仅需要在军事上保护自己,同时还包括促进自身经济发展的能力。所以,他很早就致力于唤醒全国人民增强科技创新能力的意识。在第一届国会发言中,本-古里安这样说道:

创造奇迹的第三个要素就是增强我们的科技创新能力。我们这代人见证了人类历史上最为震撼人心的科技革命——人类已经掌握了大自然的诸多规律，我们已经升上了天空，控制了原子能，甚至还开始探索宇宙中的各种秘密。在这些方面，以色列人不输给世界上任何一个民族，不管是在脑力上还是道德层面上。

在1949年至1956年期间，以色列在空间技术方面取得了几项大的成果，其中最引人注目的就是拉斐尔公司生产出的第一颗地对地导弹。这一时期，我们主要依靠法国的支持。当时是法以关系的黄金时期，我们在很多领域都形成了雄厚的人才储备。在这一时期，我们最突出的成就是乌兹冲锋枪，这主要是乌兹·盖尔的功劳，是他努力与智慧的结晶。

我们的第二个发展阶段是从卡代什行动开始，到六日战争结束为止。这一时期有两个事件影响了以色列的武器发展战略。第一个是苏联开始在中东地区（主要包括埃及、叙利亚和伊拉克）部署武器装备。苏联插手中东事务后，我们的神经再次紧绷起来，我们必须找到一个全面的应对方案。第二件大事就是以色列与法国关系的不断加深，这主要是由于法国当局与阿尔及利亚民族解放阵线正在激烈作战，法国的武器装备需要源源不断地运送到北非地区，这就为我们提供了很好的合作机会。实际上，位于迪莫那（Dimona）的核能研究中心就是在法国科学家的指导下建成的。

这一时期影响以色列国防技术发展的另一个重要因素就是我们对于边界安全的焦虑。这迫使我们与美国合作。经过不懈努力，我们终于争取到了美国生产的一批武器装备，这些都是美国在越战期间逐渐研发出来的。其中主要是第一代的夜视设备，包括红外线探照灯和星光可放大风镜。我们还学会了防止边境渗透的报警设备，并开始研发自己的电子报警网。但在这一阶段，我们没有获得任何与飞机制造、坦克与船舶相关的先进技术。

六日战争的巨大胜利让我们欢欣鼓舞，并造成了一种虚假印象：周边的阿拉伯人根本不值得放在眼里。所以直到赎罪日战争爆发，我们一直沉浸在傲慢自大中，吸取作战教训和武器研发的步伐都有所减缓。现在想起来，那时的我们真是愚蠢，其实只要稍微多动动脑子，就能从所谓"辉煌的胜利"中看到很多破绽与失误。

战争无论胜负，总有经验教训可以吸取。这是我们从战争中得到的最大收获。六日战争后不久，我们就在两线与敌军展开了消耗战——苏伊士运河与约旦河谷。在苏伊士运河沿线，我们的空军需要重点防范埃及从苏联进口的 SA-2 与 SA-3 导弹系统。而在地面上，我们研究的主要问题是如何减少巴列夫防线上士兵的伤亡，因为对岸不断会有狙击手放冷枪，或者用炮弹进行轰炸。在约旦河谷一侧，我们的主要任务是严密封锁边境线，通过报警系统、偷袭和搜捕越境者来保证边境安全，在这方面我们在整体上是很成功的。这一时期对我们影响最大的外部关系就是与英法的决裂，我们只能更多地依靠美国。出于政治考虑，美国的支持一直很慷慨，我们的空军是受益最多的部门。他们的慷慨支持也带来一些负面影响，那就是我们国内研发进程的减缓。

赎罪日战争给我们带来的教训非常惨痛，而我们也痛定思痛，决心一定要大力发展高科技含量的武器装备，而且一定要确保能够超越对手。在我们提交给美国的"寻宝计划"名单中，高科技的装备赫然在目：夜视设备，加密通讯设备，导弹（包括兰斯和潘兴），以及可以空投的地雷。尽管美国拒绝向我们出售在技术领域比较敏感的武器装备，我们却因祸得福。我们很快摸清了美国人背后的思维逻辑：他们在向我们提供某项技术支持之前，先要确保我们已经掌握了其中的核心技术。知道了这一点，我们就更没有理由不大力发展高新科技了。这些努力的成效显而易见，我们现在不仅能够保证先进武器自给自足，而且还能够与欧美国家合作发展新式武器。

我们的这种技术优势主要来源于国防军的科技人才储备（Academic Reserves）项目，这一计划培养出了一大批优秀的科学家和工程师。还有一个重要因素，那就是我们不时要经历真正的战争，这虽然惨烈，但对于武器研发人员来说却是不可多得的实践机会。

尽管自主研发成效显著，但依然不足以满足整个国防军对于武器装备的各种需求。

为此，我们还是要广泛寻求合作伙伴。为了找到合适的伙伴，我们先要证明自己有足够强大的科研能力。另外，从卡代什行动到赎罪日战争，我们总是有机会实地接触苏联武器，因此搜集了大量相关资料与数据，这是那些西方国家可遇而不可求的。这使我们在与西方国家进行合作协商时有了一个重量级的砝码。

为了更有效地提升我们的尖端科技能力，很重要的一点就是就是不断保持大型研发项目所带来的推动力。我们经常把大型项目比作彗星：项目本身就是彗星头，而它的尾巴中包含着与之相配套、或者说由它所带来的各种科技创新。

举例来说，在研究空对空导弹的过程中，我们在空气动力学、可归航弹头和导弹导航方面都取得了新的进展。第二个例子是梅卡瓦坦克的研究。随着这一坦克的逐渐成形，我们在坦克火力掌控系统和装甲防御技术方面都有了新的收获。第三个例子是中途停滞的拉维战斗机项目，虽然我们没有看到这种战斗机最终成型，但在研制过程中我们在航空学和雷达技术方面都取得了可喜的进展。这些进展最终为"霍玛"和"利箭"项目的成功做出了巨大贡献。最后一个例子是我们的卫星项目，这使我们拥有了卫星发射器、观测系统和SAR等多方面的收获。

在这里，我们特别提醒大家注意"移植"这个词，也就是说，本来是为某一种系统服务的技术或者发明可能在其他领域发挥作用。

在坦克研究过程中，我们更新了加农炮，使其口径更大，而且与之配套的炮弹的飞行路线也更为稳定，穿透力也更强。在已经成型的坦克上安装新型的火力控制系统为我们提出了一个工程技术上的难题，但最终我们还是成功了。由于国防部和国防军给我们的财政预算有限，我们有时不得不寻求其他方式。有些国家希望在他们旧有的武器装备上安装一些新式设备，于是我们就有了更多进行试验的机会。

为友好国家提供先进技术固然是进行研究的一部分，但在其中我们会特别注意保密问题。我们要确保核心技术不会泄露，不只是这些友好国家，有时还要防备第三方的有意窃取。

但是现在情况和以前大不一样了。首先，赎罪日战争之后，我们就失去了与苏联制造的武器在战场上交锋的机会，其次，国防军也不再是以色列国防工业的最大客户，现在各主要军工企业生产的产品百分之七八十都用来出口。原来我们的营销口号是"国防军用着好，你们用着也不会差"，而现在这个口号已经不适用了。不过我们在反恐装备方面还是有巨大优势的，这也是因祸得福。

第一次黎巴嫩战争结束后，我们开始考虑如何在下一次反恐"大型战争"中拿出我们的秘密武器来，当时我们就已经意识到了，下一次的战争不再是集团军作战，而是会以更为激动灵活的方式来进行，对于科技的要求也更为细致，而且还需要有极好的反应能力。我们现在很有信心，来面对各式各样的恐怖活动，这主要依赖于我们对于各种恐怖活动的细致分析。

以色列这样一个小国，之所以能够在军事方面跻身发达国家之列，很大程度上依赖于我们对人才的重视。我们最终实现了一些似乎只有在科幻小说中才可以见到的技术，这得力于我们有一批有天分又有创造力的科研团队，更为重要的是他们有着极强的研究动力，在过去这种动力主要来源于爱国心和责任感。以色列地理位置非常特殊，当时的邻国中基本上没有一个友好国家，我们需要时刻警惕他们以各种方式对我们的利益造成损害，当时这可以说是我们唯一的动力来源，而现在这已经不再是唯一的。对我们造成威胁的，是一些长规导弹和非常规武器，其次就是各种形式的恐怖主义，还有就是与其他军事强国在国际市场上进行竞争，争取更大的市场份额。最后我想给以色列党政的决策者几个忠告：首先，绝不要因为我们暂时取得的竞争优势而沾沾自喜，一定要保持危机感，因为危机时时刻刻无处不在。其次，发展军工的首要目的还应该是保家卫国。一旦有了国家安全所必需的技术设备，我们应该毫不犹豫地放弃一些其他利益，把时间精力和金钱都投入到这上面来。如果没有国家安全作为保障，其他一切都是空谈。

本书各章节中出现缩写索引

第 1 章

UNSCOP：巴勒斯坦特别委员会，全称为 United Nations Special Committee on Palestine

IDF：以色列国防军，全称为 Israel Defense Forces

El Al Israel：以色列航空公司，全称为 El Al Israel Airlines Ltd.

第 2 章

无

第 3 章

IMI：以色列军事工业公司，全称为 Israel Military Industries

第 4 章

FRS：法国战略研究基金会，全称为 the Foundation for Strategic Research

第 5 章

无

第 6 章

MBB：一家德国的航空航天公司，全称为 Messerschmitt-Bölkow-Blohm

IMI：以色列军事工业公司，全称为 Israel Military Industries

第 7 章

PLO：巴勒斯坦解放组织，全称为 Israel Aerospace Industries

第 8 章

IAI：以色列航空航天公司，全称为 the Israel Aerospace Industries

MAFAT：武器与科技基础设施发展管理委员会，全称为 the Administration for the Development of Weapons and Technological Infrastructure。

第9章

RAFAEL：拉斐尔防务系统公司，全称为 Rafael Advanced Defense Systems Ltd.

第10章

DDR&E：美国国防部的研究与工程处，全称为 Department of Defense Research and Engineering

IMI：以色列军事工业公司，全称为 Israel Military Industries

IAI：以色列航空航天公司，全称为 the Israel Aerospace Industries.

Malmab：信息安全科，全称为 the Department for the Security of Information

第11章

IAEC：以色列核能委员会，全称为 Israel Atomic Energy Commission

ICTP：国际理论物理中心，全称为 International Center for Theoretical Physics

IAEA：国际核能理事会，全称为 International Atomic Energy Agency

NRC：美国核能管理委员会，全称为 Nuclear Regulatory Commission

第12章

MAFAT：武器与科技基础设施发展管理委员会，全称为 the Administration for the Development of Weapons and Technological Infrastructure。

SDI：战略防御计划，全称为 Strategic Defense Initiative

SDIO：美国战略防御计划组织，全称为 US Strategic Defense Initiative Organization

ISA：以色列太空局，全称为 Israeli Space Agency

IMDO：以色列导弹防御组织，全称为 Israel Missile Defense Organization，也称作霍玛（Homa）项目

THAAD：萨德导弹防御系统，全称为 Terminal High Altitude Area Defense

THEL：战略型高能量激光项目，全称为 Tactical High-Energy Laser，也称作鹦鹉螺工程

DGA：法国国防部装备总局，全称为 Direction générale de l'armement

DRET：法国军事研究机构

BMDO：美国弹道导弹防御组织，全称为 Ballistic Missile Defense Organization

DARPA：美国国防部高级研究计划局，全称为 Defense Advanced Research Projects Agency

第13、14章

FRS：法国战略研究基金会，全称为 the Foundation for Strategic Research

RMA：美国军事革命运动，全称为 the American Revolution in Military Affairs

DGA：法国国防部装备总局，全称为 Direction générale de l'armement

CEA：法国原子能及替代能源委员会，全称为 the French Atomic and Alternative Energies Commission

EADS：欧洲空中防务与航天公司，European Aeronautic Defense and Space Company

CASA：西班牙飞机制造公司，全称为 Construcciones Aeronauticas SA

MATRA：玛特拉公司，全称为 Mecanique Aviation TRAction

SIBAT：国防出口与国防工业办公室，the Defense Export and Defense Corporation

第 15 章

无